台湾研究系列

北京市属高等学校人才强教计划资助项目（PHR201106148）

台湾民主化与政治变迁

——政治衰退理论的视角

陈星 著

九州出版社 JIUZHOUPRESS | 全国百佳图书出版单位

图书在版编目（CIP）数据

台湾民主化与政治变迁：政治衰退理论的视角 / 陈星著. —北京：九州出版社，2013. 5

ISBN 978-7-5108-2125-7

Ⅰ. ①台… Ⅱ. ①陈… Ⅲ. ①民主政治-研究-台湾省-现代 Ⅳ. ①D675. 8

中国版本图书馆 CIP 数据核字（2013）第 101384 号

台湾民主化与政治变迁——政治衰退理论的视角

作　　者	陈星　著
出版发行	九州出版社
出 版 人	黄宪华
地　　址	北京市西城区阜外大街甲 35 号（100037）
发行电话	（010）68992190/2/3/5/6
网　　址	www. jiuzhoupress. com
电子信箱	jiuzhou@ jiuzhoupress. com
印　　刷	九洲财鑫印刷有限公司
开　　本	720 毫米 × 1020 毫米　　16 开
印　　张	15
字　　数	251 千字
版　　次	2013 年 10 月第 1 版
印　　次	2013 年 10 月第 1 次印刷
书　　号	ISBN 978-7-5108-2125-7
定　　价	38. 00 元

目　录

第3章 政治变迁与政治衰退：过程、机制和行为模式化成

第4章　比较视角下台湾政治衰退的理论意涵

导言：问题的提出

任何事物的发展都具有两面性。我国古代对这个问题就有深刻的认识。“塞翁失马、焉知非福”、“福兮祸之所倚，祸兮福之所伏”、“水能载舟，亦能覆舟”等广为流传的谚语和俗语都非常传神地表达了先贤们对事物两面性的辩证认知。马克思主义唯物辩证法也指出，事物的发展正是在自身矛盾辩证运动中实现的。“两个互相矛盾方面的共存、斗争以及融合成范畴，就是辩证运动。谁要给自己提出消除坏的方面的问题，就是立即切断了辩证运动。”① 在马克思看来，任何事物都有对立的两个方面，这两者是矛盾和对立的，同时又是同一的。事物的发展就是通过矛盾运动，完成自身的否定之否定，最终实现螺旋式上升。马克思的唯物辩证法为社会科学研究提供了方法论的指导。在对民主化问题的研究中，必须既看到民主化为政治变迁所带来的正面影响，也要看到其负面效果，更要看到两者的相互作用对社会治理所产生的影响。

长期以来，民主化及其引发的政治和社会后果一直是政治学理论讨论的基本问题之一。随着世界范围内民主化进程的展开，民主及其诉求已经成为基本的“普世价值”。尽管目前学界对民主及民主化的理解并不一致，但是民主话语确实已经越来越意识形态化。正如我们所看到的那样，世界上形形色色甚至无论是形式和目的都南辕北辙的政治运动和政治活动均被冠以“民主”的名义，似乎只有这样才能获得道义上的正当性。

---

① 马克思著：《哲学的贫困》，见中央编译局编：《马克思恩格斯选集》第一卷，人民出版社，1995 年，144 页。

在世界范围内，不管民主化的推进是主动的还是被迫的，民主化过程都确实对政治结构和政治发展产生了巨大影响，使包括制度结构、观念结构、话语结构、政治运作模式在内的政治生活诸多方面都发生了根本性变化。以普选权的实现和以制度化的竞争性选举为中心的民主制度的确立，确实在一定的国家和地区使民权得到张扬，使权力的滥用得到一定程度的遏制，使社会对立和对抗所产生的应力得到了有效释放，使社会矛盾得到了一定程度的化解，民主诉求得到了部分实现，社会系统在一定程度上实现了良好治理的目标。

但是在大部分的国家和地区，民主化却未必进展得如此顺利。如我们所看到的，民主化的推进在一些国家引起了暴力冲突，引起了政治对抗，引发了社会分裂，更有的国家在民主化过程中出现了经济衰退和政治动荡。这些均是不同程度的政治衰退。所以说，民主的价值诉求是美好的，但是推动起来与现实政治之间似乎总是有差距。现在的问题是：这个差距大到什么程度？民主化的代价是不是能够为社会所承受？或者说，民主化所带来的阵痛是否足以冲击社会的可持续发展？这些都是观察民主化进程和讨论民主化理论时所必须关注的问题。换言之，民主是个好东西，但是民主化却要经历痛苦的历程，而且民主化和民主制度本身也不能解决所有问题。① 正是因为这样，民主化与政治发展（political development）② 之间并不能简单地划上等号，民主化在带来政治发展的同时，也有可能带来政治衰退（political decay）③。在推动民主化进程的国家和地区中，有的国家和地区经过民主化过程以后实现了总体上的政治发展，但是有的国家和地区却在政治变迁中遭遇了程度不同的政治衰退。

可以看出，在讨论民主和民主化问题时，必须区别“民主价值的应然”和“民主化结果的实然”两个不同概念。前者是指人文关怀的基本诉求，后者是指这些关

① 俞可平著：《民主是个好东西》，《书摘》，2007 年 3 月。

② 如果没有特别说明，本书的“政治发展”概念主要内涵是指政治生活的“正向发展”，是与政治负向发展概念“政治衰退”相对而言的。这里的社会正向发展即社会合价值预期的发展，指在政治系统的运作中，经过了比较合理的制度安排，政治和社会矛盾得到了一定程度的消解，没有因为政治变迁引发大规模的政治冲突与政治动荡，整个社会经过民主化以后基本实现了一定程度的治理。本书在讲“政治发展理论”时，政治发展的概念与政治变迁的概念是通用的。但是如果不做特别说明，本书的“政治发展”概念均是限制在“政治的正向发展”这一狭义范围内。

③ 关于 political decay 的中文译法，学界没有一致的看法，目前看到的有“政治衰退”、“政治衰败”、“政治衰朽”三种，这些译法所反映的译者理论旨趣各不相同，本书将在不同意义上使用这三种概念。相关说明见本书 1·2·2 部分。

怀实现的基本途径。从二战结束以后世界各国政治变迁的过程来看，在民主价值应然的观照下，民主价值的实现并不一定要遵循唯一的路径，也不可能遵循唯一的路径。由此我们可以继续追问的问题是：经由何种民主化路径才能实现政治发展和社会的良好治理？民主化的路径有什么样的地域性特征？在不同的文化语境中，民主化遭遇到了什么样的问题？民主化在带来了积极社会价值结构变化和政治行为模式改变的同时，对政治系统带来什么样的负面影响？民主就像一座高高在上的理想楼阁，但是如何上去却是颇费踌躇的事情。“我们并不缺少理想楼阁的蓝图，但是我们并不知道通往理想楼阁的梯子在哪里，并不清楚应该如何去建造梯子，并不清楚攀登梯子的风险，并不清楚如果我们缺少必要的资源把理想楼阁的基础夯硬结实，理想楼阁崩塌的风险有多大。”① 如何找到适合自己的政治变迁路径，对于发展中国家和地区的民主化进程而言是不得不考虑的重大问题。

按照结构功能主义理论的观点，民主化与经济发展及其带来的政治结构变化密切相关，一旦经济增长达到一定程度，民主也就具备了基本的实现条件。李普塞特认为，“对那些认为美好社会就是民主与自由社会的人来说”，还有必要认识到民主需要富足，或“至少认识到这些国家（在这些国家里存在着政党对峙，竞争性的选举和新闻自由）总的来说是富足的。”李氏认为那些长期保留了民主政权、反民主的政党力量薄弱的国家是迄今为止最富裕的国家。② 这种民主化及其化成模式的理论背景是结构功能主义，即经济发展带动社会结构的变化，然后是政治系统结构和功能的改变，政治观念、意识形态等影响政治运作基本样态的政治结构及其功能也会发生相应调整。这些因素综合起来，形成民主化的趋势和推动民主化的基本动力，民主制度也会在这个过程中不断走向成熟。可以看出，这种民主化的理论在相当大程度上是线性模式，特别突出了经济发展与经济增长对民主化的正面影响，基本的假设就是经济增长一定会带来政治结构和社会结构的合理分化以及政治发展的逻辑后果。

但是后来的政治发展却否定了这样的推论。一方面，在西亚，由于石油资源的开发与利用，这些产油国家财富增长惊人。但是这些国家政治结构却并没有因此产生根本性改变，民主化之路依旧显得很漫长。另一方面，在西欧和北美以外的其他

---

① 何高潮著：《政治制度与经济发展关系分析：比较政治学的新视野——评〈民主与发展：政治制度与各国的福利状况〉》，《管理世界》，2005 年 4 期。

② ［美］西摩·马丁·李普塞特著，张华青等译：《一致与冲突》，上海人民出版社，1995 年，368 页。

地区，越来越多的政治经验表明，民主化摧毁了传统政治结构以后，却无法建立起较为稳固和有效的治理结构，在有些地区甚至因此造成了大规模的政治动荡。这些事实已经表明，政治发展远比李普塞特等人预想得要复杂。

因此，西方理论开始关注民主化与政治发展的关系。亨廷顿力图弥补李普塞特等人民主化论述中的缺陷。亨廷顿较早认识到了政治现代化①带来的政治衰退问题，将政治效能和政治稳定作为衡量一个国家和政府是否进入政治现代化的重要指标，并提出了“政治衰朽”的概念来描述那些现代化失败国家和地区的政治变迁。② 进而，亨廷顿又提出，民主化在世界范围内的发展取决于两个方面的因素：经济发展和非西方文化对民主的接受程度。③ 亨氏将民主化国家和地区的文化引入分析范畴，增加了民主化模型中的分析变量，从而在一定程度上弥补了李普塞特结构功能主义分析范式的缺陷，能较真实地反映发展中国家和地区政治变迁和民主化的现实。

政治衰退是许多发展中国家或地区在政治发展过程中都会遇到的问题，特别是对于后发外生型国家的政治发展而言，尤其如此。在政治结构变迁的背后，其实是文化传统的演变和相应的社会行为模式、心理习惯变迁，这些因素在相互影响中不断向前推展，构成了这些国家和地区民主化进程和政治变迁过程中的全景。唯其如此，在发达国家曾经出现的历时性问题现在在发展中国家和地区以共时性问题的面目呈现出来，即这些国家和地区要同时处理经济、政治、社会、文化等领域出现的问题，其难度和复杂程度之大，可想而知。凡此种种因素导致的政治衰退成为发展中国家和地区政治发展过程中必须面对的挑战，能否成功处理政治衰退问题，成为这些国家和地区能否保持政治稳定和提升社会治理绩效的关键。

可见，围绕政治衰退现象展开系统讨论对政治变迁理论的发展有一定理论价值，对发展中国家和地区的政治发展也有现实意义。但是，到目前为止，学界对政治衰退的讨论却没有系统展开。何以如此？笔者认为，讨论政治衰退问题是一件很

---

① “政治现代化”和“政治民主化”的概念之间存在着一定的差异。政治现代化的理论前提和预设是将政治划分为现代与传统两种类型，政治现代化是政治体系由传统类型向现代类型的转变；政治民主化概念一方面有着现代化的若干内涵，但是更强调在一定的制度安排下（例如选举和政党政治等）进行的政治制度结构和政治运作模式变革。

② ［美］塞缪尔·亨廷顿著，王冠华等译：《变化社会中的政治秩序》，上海世纪出版集团，2008年，第一章。亨廷顿的这本书（“political order in changing societies”）有不同的译本。目前见到的有李盛平、杨玉生的译本，还有台湾江炳伦的译本。本书引文主要出自王冠华等人的译本。

③ ［美］塞缪尔·亨廷顿著，刘军宁译：《第三波——20世纪后期的民主化浪潮》，上海三联书店，1998年，3页。

冒风险的事情，原因在于：（一）在民主话语已经成为世界范围内政治主流话语的时候，对民主制度和价值的意识形态化甚至是神化的现象在相当多时候给单纯的学术探讨增加了许多不必要的压力。在目前情况下，讨论民主化过程中的政治衰退问题，必须对民主制度和价值诉求之预设的正确性进行讨论。这很容易被扣上“反民主”的帽子，对于学者来说显然是不可承受之重。（二）对民主化所产生的政治衰退现象展开探讨，意味着在一定程度上否定了西方民主制度的普遍有效性，或者说只是在局部的范围内承认其有效性。对戮力推广西方民主制度的学者来说，这显然是一个他们不愿意听到的结论，他们对政治衰退理论探讨产生的反弹也可能会非常强，从而形成政治衰退理论探讨的巨大阻力。（三）对政治衰退理论的探讨可能为反改革和强化威权统治打开逻辑之门。规避政治衰退造成的消极后果是人之常情，特别是规避如政治动荡、社会失序等极端政治衰退，更是政治领袖决策时的重要依据。但是从逻辑上说，对政治衰退的恐惧可能导致对稳定的过分强调，正像在亨廷顿那里看到的那样。当维持稳定成为一种价值的时候，就可能成为遏制改革者的避风港，为在价值上否定改革提供了条件。这也成为政治衰退理论难以突破的一个现实困境。

所以，这里特别要强调的是，对政治衰退的关注和探讨并不等于简单地否定民主的基本价值。毫无疑问，民主化过程中提出的若干价值和人文关怀诉求具有普世价值的意涵，本书的论述正是在对这些基本价值诉求认同的基础上展开。但是民主和民主化本身却不应被意识形态化，民主化的路线是多种多样的。从一般的经验看，民主化最先得以展开的，并不是在社会价值领域进行系统改造，而是推动政治结构和运作模式的变革。本书所指的政治衰退，是民主化后果的一个面向，与政治发展一起构成了政治变迁的基本样态。所以，对政治衰退的分析不可能以否定民主价值为前提。

从逻辑上说，民主化理论具有地域性特征，它所反映出的是特定地区和特定族群、特定文化背景下的政治发展路径问题。正如台湾学者李丁赞所说，每个民主社会尽管框架大同小异，但因为孕育的土壤不同，也就一定会长出不一样的形貌。也就是说，每个民主都有其文化与社会的特殊性，我们要讨论一个社会的民主实践，或分析其民主困境，就必须回到该社会历史和社会关系中，才能对这个社会的民主特性有所掌握。① 西方学者在看待民主化问题时，不可避免地带有西方文化的视角，

---

① 李丁赞著：《民主社会如何可能？二十年台湾经验的反省》，（台湾）《思想》第11辑：《民主社会如何可能》，（台湾）联经出版事业股份有限公司，2009年，135—136页。

他们的理论也因此不可避免地带有西方政治发展经验下形成的前提和预设。无论是李普塞特还是亨廷顿，在其理论著作中均坚持了两个基本预设：（一）西方社会已经迈入现代社会，政治现代化过程已经完成；（二）西方的民主政治模式具有普世适用性。但是这种基本的理论预设在世界范围内遭到了挑战。远的不说，东亚地区的民主化和政治发展就已经出现了许多西方民主理论范式无法解释的问题。日本有学者甚至认为，亚洲可能根据自己的情况出现“亚洲式的民主”。① 对于本土学者来说，在理论建构中最终落脚点是“已学”，对于西方理论该学习的学习，该扬弃的扬弃，才能建构出自己的理论。② 在自己的理论建构中，立足于本土语境，对引入理论的形成语境展开检讨，推动本土化理论的建构，无疑是一项困难但却是相当有意义的工作。

2000 年以来的台湾政治发展出现了严重的政治衰退。民进党上台以后，台湾基本实现了包括传统政治发展理论和民主化理论所设定的民主制度目标，如竞争性的选举、制衡的制度安排、言论自由、全面的政治参与等。但是也正是在这段时期内出现了严重的政治衰退，政治操守沦丧、政治道德失范、政治无力感扩大、社会失序问题严重、经济发展放缓等现象纷纷出现。虽然 2008 年马英九上台以后上述情况有所改观，但是上述的大部分问题却不可能在短期内消除。这就意味着对这些政治衰退现象所隐含的理论意涵还是有讨论的必要。以长时段的视角来看，这事实上是台湾政治变迁和民主化过程中出现的必然现象，无论谁在台上，都没有办法根除这些政治衰退现象。事实上，马英九上台几年的经验已经为这种判断提供了注脚，马英九虽然极力按照他自己“清廉政府”的理念去执政，但是在现实中却遇到了空前的阻力，来自己方阵营的攻击尤其猛烈。对台湾民主化过程中出现的政治衰退现象进行清理，对全面理解台湾民主化进程具有一定的现实意义。进而，通过对若干与中国台湾地区具有相似文化背景和社会心理结构的东亚社会政治发展和民主化问题的比较性检视，对在特定文化背景地区政治变迁所呈现出的政治衰退现象的比较，在社会和文化视角下对东亚社会民主化的进程展开分析。正是在这个意义上说，政治衰退的理论意涵在于：它不仅限于讨论台湾地区的民主化进程，而是可以为其他地区乃至世界范围内的民主化和政治变迁提供解释范式。

---

① ［日］猪口孝著：《亚洲式的民主》，见［日］猪口孝、［英］爱德华·纽曼、［美］约翰·基恩等编，林猛等译：《变动中的民主》，吉林人民出版社，1999 年。

② 李义虎著：《地缘政治学：二分论及其超越》，北京大学出版社，2007 年，序言。

第 1 章

基本理论框架

1.1 文献综述

1.1.1 政治发展理论的基本脉络

政治衰退是政治变迁的一个重要面向，或者说是政治变迁后果中的一种。不过这个问题在过去一直没有得到足够重视。所以，如果要讨论政治衰退问题，必须先对政治发展理论的流变过程及其存在的问题进行简单梳理。

大致来说，西方学者关注政治发展问题始于上个世纪 50 年代，但是有意识地使这一研究概念化和系统化，则是上个世纪 60 年代的事情。按照亨廷顿的说法，政治发展研究的发展出于两股潮流的推动，一是上个世纪 40 年代末和 50 年代发展起来的区域研究，学者的视野随着冷战的发展而越出了西欧与北美的范围，开始向第三世界国家和地区扩展；二是政治学理论的行为革命，这次政治研究范式变化为政治学者提供了可以用于分析和比较不同国家政治变革的分析框架。① 此外，亨廷顿此处没有提到，但是对政治发展理论演变影响甚大的原因在于：二战后大量新兴国家独立，他们立即面对的问题就是如何进行政治制度选择、设计并使之有效运行。美国为了防止这些国家向社会主义阵营靠拢，力图找出一种可以使其走向现代化的方法，以求这些国家在价值上认同美国。在这种背景下，政治发展研究逐渐成为政治学研究的一个重要分支，在 60 年代受到了越来越多的关注。因此，早期的

---

① ［美］塞缪尔·亨廷顿、［美］乔治·I. 多明格斯著：《政治发展》，见［美］格林斯坦、波尔斯比编，储复耘等译：《政治学手册精选（下卷）》，商务印书馆，1996 年，148 页。

政治发展理论带有这一时期世界范围内政治格局调整的明显烙印。

同时，政治发展理论也因受到这一时期政治学理论发展潮流的影响具有较为明显的行为主义特征。行为主义在学术上诉求于经验、实证和价值中立，以定量分析和模型建构为重要手段，力图通过变量控制的方法，寻求社会和政治发展中的因果关系，并为发展中国家和地区的政治发展提供理论上的范本。这一时期研究政治发展理论的典型代表人物和学派有：以戴维·伊斯顿、马里恩·列威、加布里埃尔·阿尔蒙德和伦纳德·宾德为代表的体系功能学派，以伦纳、多伊奇、雷蒙德·坦特、迈克尔·哈德森、菲利普斯·卡特莱特为代表的社会进程研究学派和以西里尔·布莱克、S. N. 艾森斯塔特、西摩·马丁·李普塞特、丹克沃特·罗斯托、小巴林顿·摩尔、塞缪尔·亨廷顿等人为代表的历史比较学派。在这三个学派中，社会进程研究学派身上行为主义的特征最为明显，历史比较学派在较为传统的方法与严密性相结合方面具有代表性，在另外一个向度上体现出了行为主义的特征。

政治发展理论的初衷是在政治现代化的理论框架内为落后国家和地区的现代化实践设计道路。在早期的政治发展研究中，“政治发展”和“现代化”的概念有很大的重叠性，有时“政治发展”被完全等同于“政治现代化”。西方学者以西方的政治发展经验为蓝本，并将西方社会政治发展的历史和经验绝对化，以政治的传统形态与现代形态的二分法为基本前提，认为第三世界国家政治发展就是政治现代化，即由传统政治向现代政治的转变，也就是由当前政治形态向西方政治制度转变的过程。

西方学者在讨论政治发展理论的时候，其理论预设自然来自西方社会。如阿尔蒙德和鲍威尔在《比较政治学——发展的研究》中，将政治体系作为核心概念，政治结构和政治文化处于分析的中心；政治社会化、政治录用和政治交流则对体系起到了维护的功能；利益表达、利益综合、政策制定和执行则成为体系运作的基本机制。这些因素综合起来，形成了一个交换和更新的循环系统。① 在这个分析范式中，政治参与和政治动员已经是作为理论预设先在地存在于论证过程当中，无需特别说明。正是因为有了西方式的前提和预设，所以政治发展理论的概念及逻辑进路很难不是西方式的。白鲁恂（Lucian W. Pye）在论及发展中国家和地区的政治发展时，认为政治发展的要素之一就是人本身要发生变化，从臣民转变为公民，随之产生大

---

① 本书发表于1966年，1978年再版，更名为《比较政治学——体系、过程和政策》。

众参与的扩大，逐渐增加对平等原则的追求，以及法律的普遍接受。[①] 事实上，在西方政治学者的政治发展研究范式中，政治动员和政治参与成为政治现代化的一个核心指标，政治发展的所有其他路径都是以这个指标为中心展开的。[②] 即使是对政治发展理论做出重大贡献的政治学者亨廷顿，也没有摆脱这种政治前提和预设。[③] 他所定义的政治发展概念，将西方语境下形成的政治现代化概念奉为圭臬，将西方语境下的政治发展路径作为实现非西方国家和地区政治发展的主要路径。

这种以西方历史和经验为蓝本建立起来的政治发展理论很快遭到了来自现实的挑战。20 世纪 60 年代一系列发展中国家出现的民主化挫折，以及因为民主化而带来的政治衰退，使民主化的神话被打破，也引发了学者对政治发展的进一步理论思考，最突出的表现就是对政治发展概念的系统反思，使该概念的内涵与外延都出现了较大的变化。白鲁恂注意到了政治发展过程中出现的混乱与紧张状态，对政治发展的概念进行了整理，总结出了 10 个方面的内涵：（一）政治发展是经济发展的前提；（二）政治发展是工业社会典型政治形态的生成过程；（三）政治发展是政治现代化过程；（四）政治发展是民族国家建设和运转的过程；（五）政治发展主要是国家行政与法制的建设；（六）政治发展是政治动员和政治参与的过程；（七）政治发展是政治民主化的过程；（八）政治发展是稳定有序的政治变化过程；（九）政治发展是政治体系能力增强的过程；（十）政治发展是多维社会变迁中的一个向度，与社会的经济、社会发展相关。[④] 这里已经把政治发展过程中需要观照的一些重要问题提了出来，如社会的协调发展、政治变迁过程的稳定性与有序性等等。透过纷繁复杂的概念丛林，白鲁恂抓住了这些概念的共同理论旨趣，即在现代性冲击之下，低度发展国家和地区从传统向现代过渡过程中，如何进行现代性意义上的“国家建构”。他得出

---

① Lucian W. Pye, “Introduction: Political Culture and Political Development,” in Lucian W. Pye and Sidney Verba, eds., Political Culture and Political Development, Princeton University Press, 1965, pp. 3 – 26. 大陆也有学者将白鲁恂的名字直译为路辛 · 派伊。

② 在有的学者那里，作为政治发展重要标准之一的民主化同样也是以政治参与的扩大为核心展开的，认为“就技术操作层面说，民主化主要表现为政治制度的改变，核心则在于政治参与的扩大。”见郭秋永著：《当代三大民主理论》，（台湾）联经出版事业公司，2001 年。该书认为不论在初期民主政治中，还是在民主政治的转型过程中，或是在成熟的民主政治中，政治参与皆居核心地位而具有无与伦比的重要性，见郭著 11 页。

③ ［美］塞缪尔 · 亨廷顿著，王冠华等译：《变化社会中的政治秩序》，上海世纪出版集团，2008 年。

④ ［美］白鲁恂：《政治发展的面向》，转引自严强、魏姝主编：《社会发展理论——发展中国家视角》，南京大学出版社，2005 年，170 页。

的结论是，低度发展国家和地区的政治发展应该关注的基本面向为“平等”、“能力”、“分化”等方面“发展的综合”。① 这种视角无疑是政治发展理论的突破。

同一时期，亨廷顿也对政治发展及其过程提出了自己的看法，认为政治发展遵循独立于经济发展的、自身的逻辑。虽然有证据表明，长期的经济发展和发展阶段较高的经济发展可以培植更为坚实的民主基础，但是这并不意味着经济发展与政治发展之间有更为直接的线性关系。亨氏认为，在富国可能是这种情况，但是对于穷国而言，政治秩序和有力的政府机构是经济发展的前提。因此，亨氏的政治发展理论强调秩序、稳定，强调政治参与的制度化，减轻过度的政治参与对制度本身带来的冲击。② 亨廷顿对政治发展理论的创新性诠释在一定程度上修补了传统现代化理论的缺陷，使政治发展的研究进入了一个新的阶段。不过这里需要提及的问题有两个：1. 亨廷顿强调的并非是要实现单纯的稳定，而是要在“政治变迁”（political changes）中——也就是在政治现代化过程中保持政治稳定。在他看来，保持政治稳定是政治现代化能够完成的一个前提条件。从时间段上来说，亨廷顿将理论研究的焦点集中于民主化初期。他所强调者，是这一段时期政治稳定和秩序的功能性意义。2. 显然，亨廷顿的这个理论框架并没有否定政治现代化的分析范式，也没有否定他对西方政治发展模式的基本信仰，更没有否定他对西方价值传统的坚持。如果说有变化的话，只能说亨氏在推进和扩展西方价值观和政治模式问题上表现得更加灵活和务实。这种情况在他后来出版的《第三波》中说得相当直白。在该书中，亨氏认为政治发展的最终方向仍然是民主化，而目前发展中国家中所经历的民主化挫折，在相当大程度上可以认为是民主化巩固过程中的“回潮”。

从上面的理论演变轨迹可以看出，政治发展理论的发展与现代化理论的发展有着比较紧密的联系。所以，70 年代以来，随着现代化理论受到批判和影响力削弱，政治发展理论也走向低谷，其研究的重点也由理论模式的探讨转向事实经验模式的解释。③ 但是这一时期政治发展理论对研究对象比较务实的研究以及大量经济学方法的运用，特别是理性选择主义和公共政策理论的运用，又为以后政治发展理论的

---

① 徐珣：《早期政治发展理论流脉及其价值探讨》，《江南大学学报（人文社会科学版）》，2008 年 5 期。

② ［美］塞缪尔·亨廷顿著，王冠华等译：《变化社会中的政治秩序》，上海世纪出版集团，2008 年。

③ 姚建宗著：《法律与发展研究导论：以经济与政治发展为中心的考察》，吉林大学出版社，1998 年，272 页。

发展累积了更多学理资源。

20 世纪 70 年代，随着对学界政治发展问题反思的加强，本土化的政治发展理论模式开始建立起来，并被投入政治实践。在经受了发展主义一次又一次的失败，经历了非洲、亚洲、中东和拉丁美洲压迫性的、践踏人权的政体纷纷掌权的风潮以后，内生或本土发展理论对发展中国家和地区无疑有巨大的吸引力。“与舶来的、经常不合时宜的西方模式相比，这种内生模式将会更贴近当地的情况。因此将不可避免地出现东亚的或许是儒家的发展理论，印度的、可能是印度教的发展理论，撒哈拉以南非洲的发展理论，拉丁美洲的发展理论，以及独特的伊斯兰发展理论。”其中以儒家文化对发展的影响之讨论较为典型。① 但是，正如威亚尔达指出的，这些理论也并不是没有问题，这些本土、内生观念和发展模式被证明（东亚或许例外）并不能比先前的理论更有效地推动实际的发展，而且常常直接造成危害。② 但是，这并不意味着否定了政治发展模式的地域性特征和政治发展理论地域性限制的解释力和正确性。

20 世纪 80 年代以来，新制度主义研究范式逐渐取得了学术研究的主导地位，为政治发展的研究注入了新的学理资源。这一时期西方重新兴起了制度研究的热潮，并在这个过程中形成了历史制度主义、理性选择制度主义和社会学制度主义三大流派。道格拉斯·诺思发表了《西方世界的兴起》、《经济史中的结构与变迁》等著作，开创了新制度主义分析的先河。而政治发展理论受其影响，也出现了新的研究题域与研究路径。从研究取向上看，诺思的“路径依赖”理论引导人们重新审视非西方社会的本土性文化、制度传统对于政治发展及实现路径的约束作用，使寻求单一的政治发展模式的努力转向具有多元本土发展模式可能性的研究。因此，政治发展模式的探索开始越来越注重本土文化语境的因素，学者们愈发认识到政治发展不但不可能抛弃自身传统，反而只能是在各个国家和地区自身传统和文化基础上实现。只有这样，才能更好地达到政治发展所诉求的基本目标：政治稳定、经济发展和文化繁荣。“正确的做法应该是正视各国各自的传统，以传统为基础，以普世的自由民主宪政制度为目标，创造性地走出各国自己的政治发展之路。”③ 在新制度

① ［美］霍华德·威亚尔达著，刘青、牛可译：《新兴国家的政治发展——第三世界还存在吗?》，北京大学出版社，2005 年。

② ［美］霍华德·威亚尔达主编：《非西方发展理论》，北京大学出版社，2006 年，2—3 页。

③ 刘军宁、王焱著：《自由与社群》，三联书店，1998 年，267 页。转引自王孝勇、周莹冰：《西方政治发展理论的生成、发展与批判》，《前沿》，2008 年 1 期。

主义的视角下，政治发展的研究更强调在各自的传统与文化背景下建构发展路径。

20世纪90年代至今，随着东欧剧变和苏联解体，向民主制度过渡重新成为政治发展理论研究的重要题域。主要的研究也多集中在对拉美与东欧的政治发展问题方面。代表作如《最新民主化的历程》①，对拉丁美洲、中东和非洲、共产党国家和“后共产党”国家的民主化问题进行了讨论，理论的基本立足点在于如何在这些国家和地区实现民主化转型和民主制度的巩固。普沃斯基（Adam Przeworski）的《民主与市场》② 等著作，提出了民主化转型模式的问题。不过，在普沃斯基那里，经济的发展在一定程度上与政治发展是分离的，即经济发展与特定的政治体制之间没有必然的、统计学上的联系。③ 总体来说，这一时期出现的政治发展理论研究成果不多，这多少也意味着政治发展研究的一个高潮已经过去。然而学者们对政治发展的热情没有减弱，不过他们关注的焦点不再仅仅局限于发展中国家和地区的政治结构本身，而是深入到社会深层结构的层面去讨论政治发展问题。如亨廷顿等学者对政治欠发展地区文化与民主化关系的探讨，④ 从文化的角度讨论了民主制度如何能够巩固的问题。

以上是政治发展理论的大致发展脉络。从这个简单的脉络来看，政治发展理论其实走过了一条由西方化到在地化的道路。政治发展研究起源于针对不发达国家和地区的政治变迁进行的政治结构和制度设计，以西方经验为参照系进行的理论研究，反映了当时国际力量对比格局变化和当时国际话语结构下西方学者对发展中国家和地区未来政治变迁样态的基本期待。经历了半个多世纪的曲折后，政治发展理论现在又从西方中心的政治现代化模式回归到个殊发展的道路，在政治发展过程中更强调变迁的基本语境和本土情境。所以，政治发展理论的逻辑归宿是确定的：社会和政治的协调发展以及人的价值实现，也就是社会的良好治理。当然这是一种最高的理想状态。从这个意义上来说，政治发展所关怀的价值其实是在政治

---

① David Potter、David Goldblatt、Margaret Kilon、Paul Lewis 等著，王谦等译：《最新民主化的历程》，（台湾）韦伯文化国际出版有限公司，2003年。本书为论文集，初版为1997年，Polity Press.

② ［美］亚当·普沃斯基著，包雅均、刘忠瑞、胡元梓等译：《民主与市场——东欧与拉丁美洲的政治经济改革》，北京大学出版社，2005年，本书初版为1991年，Cambridge University Press.

③ ［美］亚当·普沃斯基著，郦青、张燕等译：《国家与市场：政治经济学入门》，上海出版集团·格致出版社，2009年。

④ ［美］哈瑞森（L. E. Harrison）、［美］塞缪尔·亨廷顿主编，李振昌、林慈淑译：《为什么文化很重要》，（台湾）联经出版事业股份有限公司，2003年。本书为论文集，初版为2000年。

变迁过程中如何避免政治衰退，如不能避免，也应该尽量减少政治衰退所带来的消极影响。① 不过遗憾的是，我们在政治变迁理论研究中对于政治发展的问题强调得很多，但是对于政治变迁过程中出现的政治衰退现象以及在政治变革中出现的衰退后果却没有给予足够重视。也正是因为如此，福山在给亨廷顿《变化社会中的政治秩序》写的序言中说，“在政治衰朽问题上，亨廷顿的论点与其说需要修正，不如说有待扩展。我们看到现今一些亨氏所谓政治衰朽的典型例证：政治参与超越了组织机构建设。但是，如果我们看看最近二十年来出现的衰弱和失败国家的全貌，显然还有其他力量在起作用。”② 那么，这些力量到底为何？它们在政治变迁过程中的作用如何？这都是政治变迁理论所要关注的问题，也是关乎发展中国家和地区政治发展前景的问题，必须给予充分的关注和研究。

1. 1. 2　政治衰退理论的流变

此处的政治衰退概念主要指政治变迁过程中与政治发展相反的运动，主要指涉二战以后政治民主化和政治变革过程中出现的现象。政治衰退概念和理论的发展根源于对发展中国家和地区在发展过程中出现问题的反思。20 世纪 50 年代和 60 年代初，政治发展理论主要关注点在于民主的先决条件和民主制度在发展中国家和地区的发展，而这种民主制度主要是西方意义上的。③ 总体来说，这一时期学术界，无论是政治学者还是经济学者，关注的中心问题都在于现代化问题。20 世纪 50 年代和 60 年代，现代化理论在政治理论研究中占据了主流地位，其主要观点为：新兴的发展中国家和地区将因袭欧洲早期走过的路线，将所谓的传统社会结构转变成为一种更加现代类型的社会结构。因此，这一时期的发展理论强调扩大生产和物质及社会基础设施现代化的重要性。在这种背景下，发展政治学兴起，发展问题成为学术界聚焦较多的一个领域，李普塞特和罗斯托是其中比较主要的代表。李普塞特认为，经济发展是民主政治必不可少的条件，“国家越富裕，出现民主的可能性就越大。”④ 罗斯托提出了“经济成长阶段论”，成为“线性阶段模式”的理论代表。他将人类

---

① 从绝对的意义上说，政治衰退是不能避免的。但是这并不否定可以在一定程度上减轻某些政治衰退所带来负面影响之命题。

② ［美］塞缪尔·亨廷顿著，王冠华等译：《变化社会中的政治秩序》，上海世纪出版集团，2008 年，序言，6 页。

③ 孙关宏、胡雨春、任军锋主编：《政治学概论》，复旦大学出版社，2004 年，326 页。

④ ［美］李普塞特著，刘钢敏、聂蓉译：《政治人——政治的社会基础》，商务印书馆，1993 年，33 页。

社会划分为：传统阶段、为起飞创造前提阶段、起飞阶段、向成熟推进阶段、高额群众消费阶段等五个阶段。在《经济增长的阶段——非共产党宣言》一书中，罗斯托认为，人类经济活动是由社会、政治、经济、文化和心理等多种因素决定的，每一成长阶段都有与之相适应的主导部门。[①] 按照这种模式，非西方国家和地区按照西方国家的发展模式和路径走向现代化是必然的结果。这一时期，相关的学术研究机构也纷纷出现，例如苏克塞斯大学的发展研究所、东英吉利大学成立的海外发展研究小组等。这一时期的政治发展理论研究主要集中于经济发展方面，对于政治发展相对来说是忽视的，在这些研究中，大都有一个没有经过验证的预设：随着经济发展，政治的现代化转型自然就会实现。英国经济学家莫里斯·多布[②] 1951 年在印度德里经济学院讲演时，就已明确地把世界资本主义体系分为发达与不发达两大部分，强调不发达国家加速工业化发展过程是获得经济独立和经济发展的关键。在这一时期的基本理论框架中，经济发展与政治发展概念指涉的内涵在相当程度上是重叠的，二者往往被认为是发展中国家和地区现代化过程中不同的发展阶段和发展面向，而且随着经济的发展可以实现向政治发展的自然过渡。

但是 20 世纪 50 年代末和 60 年代初发展中国家和地区的政治现实却证明了现代化理论的一些基本预设是有问题的。二战以后，大部分发展中国家和地区的经济发展并不理想，虽然取得了一定的成果，但是大部分国家和地区在世界经济体系中日益被边缘化。另一方面，即使经济发展取得一定成绩的国家，也没有必然带来政治发展的结果。相反，在这些发展中国家和地区，政治腐败、政局动荡、族群和种族冲突屡见不鲜，现代化理论陷入了困境。

于是，学术界开始对这些现象进行系统的检讨。政治发展与经济发展不再被看做某一过程的不同阶段，而是被看做有联系的不同题域。相应地，集中于经济研究的学者发展出了依附理论，比较关注政治变迁的学者发展出了政治欠发展理论。同时，发展经济学与发展政治学之间的交流也日益增多，政治发展研究获得了新的学理资源。

（一）“依附理论”。“依附理论”的先驱是阿根廷的经济学家兼社会学家 P. 普

---

① ［美］W. W. 罗斯托（W. W. Rostow）著，郭熙保、王松茂译：《经济增长的阶段——非共产党宣言》，中国社会科学出版社，2001 年。

② 多布关于发展问题的论述在其 1946 年出版的专著《资本主义发展问题研究》中有系统表述。1951 年多布曾作为德里大学经济学院的客座教授访问印度，就不发达国家社会经济发展问题作了多次演讲，演讲的内容后编辑为《关于经济发展的几个问题》一书出版。

雷维什。普雷维什早在 20 世纪 40 年代末就提出，世界经济是一个体系，西方发达资本主义国家构成了这个体系的核心，非西方欠发达国家处在这个体系的边陲，核心和边陲之间的经济关系是不平等的。前者通过不公正的贸易条件来控制和剥削后者，这是后者之所以处于欠发达地位的根本原因。不过，普雷维什的观点在当时并没有引起足够的重视。及至发展中国家和地区的发展遭到了挫折以后，依附理论才流行起来。1957 年，美国经济学家保罗・巴兰出版了《增长的政治经济学》一书。① 在这本书中，巴兰指出，世界上大多数国家和地区社会经济的不发达是由当代垄断资本主义的发展造成的，当代不发达国家的资本主义发展和发达国家历史上经历的资本主义发展具有不同的性质，它们不可能走当代发达国家历史上已经走过的道路。他把对"经济剩余"② 利用不当看做是不发达国家社会经济不发达的根源。同时，他也强调了对经济剩余的利用不当是由不发达国家的社会经济结构决定的。因此，他认为，不发达国家只有在经历了一场社会革命之后，才有可能有计划地使用经济剩余，真正形成有利于它们经济增长的社会制度。③ 巴兰以马克思主义的分析框架，对现代化理论进行了检讨，对不发达问题进行了研究。凭借着这些成就，巴兰成为依附理论的重要代表。

到了 20 世纪 60 年代后期和 70 年代初，在广大发展中国家和地区出现的政治动荡、经济衰退等问题愈发凸显出传统政治发展理论范式的不切实际。依附理论（或者叫不发达理论）正是在这个基础上逐步发展完备起来。"依附理论"的主要代表人物有拉美的 A. G. 弗兰克、美国的保罗・巴兰、埃及的 S. 阿明、巴西的特奥多尼奥・桑多斯、英国牛津大学研究人员格里芬等。依附理论强调从西方发达国家与欠发达国家之间的政治、经济联系，特别是贸易关系入手讨论欠发达的问题，即从前者对后者的控制，后者对前者的依赖中解释非西方国家的欠发达原因。④ 所以，依

① 汉译本为 2000 年商务印书馆出版。

② "经济剩余"是巴兰理论的核心概念。

③ 张雷声著：《不发达国家社会经济发展理论的发展轨迹》，《财贸研究》，1992 年 4 期。

④ 章开沅、罗福惠主编：《比较中的审视：中国早期现代化研究》，浙江人民出版社，1993 年，16—17 页。依附理论是一个洋洋大观的理论流派，经典依附理论一般可以分为两个主要流派：（1）以塞尔索・福塔多与奥斯瓦尔多・桑克尔为代表的改革派，起源于拉美经济委员会的内部，认为拉美国家在现有政治框架的基础上，进行一系列的社会改革，就能促进经济发展与社会进步。（2）以安德莱・弗兰克与特奥多尼奥・桑多斯为代表的革命派，认为在拉美国家发展资本主义，最终只能成为发达国家的附庸．必须进行社会主义革命才能实现边缘地区的发展。见周运清主编：《新编发展社会学》，武汉理工大学出版社，2003 年，24 页。

附理论认为，如果不把发展的过程和问题放在商业和工业资本主义向较贫困的外围国家和地区扩张的更广泛社会历史范围内考察，不可能真正理解这些过程和问题。他们的基本观点是：发展中国家和地区面临的基本问题，是当时国际经济与政治统治体系综合作用形成的结果。因此，只有当依附结构中固有的基本社会矛盾得到有利于第三世界的解决之时，才能真正解决不发达问题。这就意味着，第三世界政治经济发展的历程确实不同于发达国家，而是具有自己鲜明的特点。因此，阐述不发达理论的学者，常常指出由于第三世界国家与西方资本主义结合而形成的政治和经济畸形，导致了这些国家和地区不发达局面的出现。他们认为，受欧洲国家利益左右的社会，是没有独立发展机会的，只有由本国控制的生产系统，才能服务于本国市场的需要。① 有学者认为，这种情况的出现使得发展不再被认为是通过移植现代技术和价值观念就可以实现的目标，而是一种相对自我的生长过程。于是，学者们对发展的基本政治和意识形态特质已经有了较为明确的认识：制定社会变革的目标和手段，必然要涉及承担价值义务和进行价值选择。② 易言之，政治变迁其实是一个比较复杂的系统，仅靠经济发展未必能带来政治的正向变革，在经济发展的同时，还必须配合着价值的选择和建构。否则，政治发展只能是一个空泛的概念。

依附理论（不发达理论）着重于研究第三世界国家和地区的经济落后状况、成因、性质和特点，并据此探讨走出落后困境的一系列理论主张。所有这些理论的实质性内容是：国际资本主义经济井然有序地运转，使不发达国家经济畸形得不到发展。他们坚持认为，这是世界市场经济正常运转的固有特征，这个系统的性质有损于穷国的利益。③

依附理论讨论的焦点还是集中于发展中国家和地区经济发展层面，对于政治发展则着墨较少。出现这种情况的原因大概也和当时比较经济学与比较政治学之间的交流比较少有关。因为如此，在比较政治学的研究视野中，很多时候政治问题与经济问题是割裂的、互不相通的。所以，依附理论的拥趸大都分布在经济学领域，而

---

① ［英］韦伯斯特（Webster，A.）著，陈一筠译：《发展社会学》，华夏出版社，1987年，49页。

② ［英］亚当·库珀、杰西卡·库珀编，复旦大学译：《社会科学百科全书》，上海译文出版社，1989年，179页。

③ ［美］吉尔平（Gilpin，R.）著，杨宇光等译：《国际关系政治经济学》，经济科学出版社，1989年，306页。

从比较政治学角度去讨论不发达和欠发展问题的学者就相对来说比较少。

（二）政治欠发展理论。20 世纪 50 年代和 60 年代发展中国家和地区的政治变迁实践打破了经济发展与政治发展之间的必然正向联系预设，学界对政治发展的单向研究范式也遭到了批评。亨廷顿在论及当时的政治发展研究时说，当时学者所认知的政治发展往往是一个单向的概念，而对政治发展很少或者根本就不做反向思考。他举例说，如果政治发展是将民众动员进政治系统，那么就要考虑“去政治发展”（political de - development）的情况，即民众被动员出政治系统（demobilized out of politics），结构分化（structural differentiation）可能出现，但是结构的纯一化（structural homogenization）也同样会发生，国家范围内的整合（national integration）和国家范围内的分裂（national disintegration）同样都有可能出现。所以，在表述政治发展的同时，一定要注意它的反概念（A concept of political development should be reversible）。[①] 基于以上认知，亨廷顿开始将政治衰退问题的研究系统化。

20 世纪 60 年代中期，对发展中国家发展状况研究的共同兴趣推动相关经济学者和政治学者之间实现了较好的互动。正是在共同研究发展中国家的现代化问题时，他们开始了较高程度的交流与沟通，发展经济学与政治发展理论就是在这种交流与沟通中成长起来的。那些著名的发展经济学学者及其成果逐步受到政治发展研究者的关注，而比较经济学者也开始关注政治变迁的问题。到这个时候，政治发展理论的研究者与经济发展理论的研究者在关注自己研究题域的同时，也开始关注其他领域，并开始了跨学科的交叉研究。罗斯托在发表《经济成长的阶段》十多年后，又写了《政治与成长阶段》一书，不仅进一步发展了他的“经济成长阶段理论”，而且专门论证了这一理论所指涉的政治问题。[②] 对于发展中国家和地区在政治变迁过程中出现的一系列尖锐矛盾和问题，诸如种族和阶级冲突加剧、社会动乱和暴力增加、军事政变、领导人权力集中、政党恶斗、官员腐化、司法缺乏社会公信力等，有些学者用“政治欠发展”的概念进行概括。所以，政治欠发展具备了超越于经济欠发展之外的更为宽泛的理论意涵。一般认为，政治欠发展的主要表现有：1. 政局不稳。2. 行政不力。包括行政体制不健全，行政机构松散，行政效能低下等。3. 政治独裁。指政治权力高度集中，政治权力运作缺乏宪法的约束，政治统治

---

① Samuel P. Huntington, “Political Development and Political Decay”, World Politics, Vol. 17, No. 3 (Apr., 1965), p. 392.

② 张小劲、景跃进著：《比较政治学导论》，中国人民大学出版社，2001 年，261 页。

的合法性不是来自被统治者的认可。4. 两极分化。指政治生活中人们参与政治的两极分化。5. 政治腐败。[①] 以上诸方面往往相互关联、犬牙交错，对发展中国家和地区的政治变迁产生综合性的影响。

对于政治欠发展问题出现的原因，学者们的解读并不一致，其中以白鲁恂的观点较为典型。他认为，过渡时期发展中国家和地区出现的问题是由一系列危机引发的，这些危机主要有六类：1. 认同危机，主要指新兴国家建立之初，社会整合度低，民众对宗教、家庭等保持着高度的认同感，相反，对国家的认同感反而不高。2. 合法性危机。政治体系的权威与职能是否具有正当性，常常受到民众和传统政治集团的挑战。3. 贯彻危机，指发展中国家的制度建设尚未完成，政府与民众严重脱离，缺乏沟通，导致政府政策、法令难以实施。4. 参与危机，指发展中国家和地区缺乏正规参与渠道，无法满足快速增长的参与需求。5. 一体化危机。一体化指将民众纳入政治系统，使利益诉求与利益整合的系统完善起来，并能成功运行，使整个社会趋于良性发展。由于发展中国家社会整合程度不够，因此在一体化方面存在着很大的缺陷。6. 分配危机。经济增长同时引发的贫富分化加剧，难以满足民众实现公平分配的要求，从而引发政治冲突与矛盾。[②] 总的来说，在白鲁恂等学者看来，政治欠发展问题主要体现在现代化初期由于社会结构变动而引发的功能调适失灵。所以白鲁恂的主要理论框架依然没有摆脱现代化理论的基本范式。

亨廷顿实际上是从第三世界国家的政治欠发展开始自己的理论论说的。意欲实现政治发展，首先就必须建立稳定的政府并确保政治秩序，至于政府的形式及其统治政策的内容不能不退居其次。[③] 显然，亨廷顿对于政治衰退的定义并没有超出白鲁恂所罗列的“政治欠发展”政治现象的范围，在《变化社会中的政治秩序》一书中，亨廷顿主要将政治衰退现象框定在以下范围：1. 现代化引发的政治动荡。主要包括现代化过程中因不平等导致的动乱、现代化导致的贫穷与政治稳定的关系以及社会动员下的社会动荡问题等。2. 现代化过程中的腐化问题。包括政治腐化产生的原因、政治腐化对政治运行机制的影响等问题。总的来说，亨廷顿紧扣其论述的中心，即政治稳定问题，在论及政治衰退的时候也主要以政治系统能否促进政治稳

---

① 王邦佐等编：《新政治学概要》，复旦大学出版社，2006 年，318—321 页。

② 沈文莉、方卿主编：《政治学原理》，中国人民大学出版社，2007 年，258 页。

③ 张小劲、景跃进著：《比较政治学导论》，中国人民大学出版社，2001 年，206 页。亨廷顿这样一种推崇政府权威的基本取向理所当然地被称为“新权威主义”。

定为基本评价标准。从这个意义上说，亨廷顿的政治衰退概念所涵盖的范围更窄。对此，亨廷顿也不讳言，他在述及写作《变化社会中的政治秩序》一书的动机时说，“我之所以写这本书，是出于对政治稳定的关注，对于那些正在经历着迅速的社会、经济变革而灾象丛生的国家来说，我力图找出一些条件，俾使这些国家借此能在某种程度上认识到这个目标。”① 亨廷顿力图在另外一个向度上对于发展中国家和地区所形成的政治问题进行诠释，并进而提出解决这些问题的方案。

不过需要提及的是，政治衰退理论主要关注的对象与政治欠发展理论有了一定程度的不同。在政治衰退理论中，亨廷顿强调的是社会、经济发展与政治稳定的先后顺序问题，也就是说更强调何者为条件、何者为结果的问题。政治欠发展理论关注更多的是对结果的分析。亨廷顿所关注者更多的则是政治变迁的过程，即民主化与政治变迁过程中稳定与发展的动态关系问题。

同样是在现代化的语境下面讨论政治变迁中出现的问题，但是从依附理论到政治欠发展理论再到政治衰退理论，西方学者们对现代化理论的基本态度有所改变。亨廷顿的政治衰退理论已经从经济发展与政治发展线性相关的思维范式中突破出来，对政治发展进行了更多向度的辩证考察，得出的结果相对来讲也比较客观。也就是说，同样是关注政治发展问题，但是关注的理论层次并不相同。政治衰退理论虽然承继了政治欠发展理论与依附理论关于发展中国家和地区政治发展缓慢甚至出现政治衰退的诸多学理资源，却在处理政治衰退问题的方法上开出了不同的药方，更强调政治稳定与政治秩序在政治变迁过程中的作用。这些都是亨廷顿政治衰退理论与前述政治欠发展理论的不同之处，这种理论流变既与第三世界政治发展的历史经验相一致，同时也与西方政治理论发展的脉络相符，带有从行为主义到后行为主义理论转变的痕迹。

1.1.3　学界对台湾民主化与政治发展的研究概况

台湾民主化过程与政治变迁的关系是一个广受关注的问题，关于这个问题的相关评论非常多。这里没有能力、也没有必要对这些研究成果作逐一罗列，现仅就与台湾政治变迁过程中出现的与政治衰退现象相关的论述进行简单述评。

---

① ［美］塞缪尔·亨廷顿著，王冠华等译：《变化社会中的政治秩序》，上海世纪出版集团，2008年，1968 年英文版前言。

台湾学界对台湾政治变迁的研究成果较多，在民主化及政治变迁问题分析的切入点、分析路径等方面的差异也最为显著。其中比较典型的分析视角主要有以下几种。

（一）制度变迁。这种分析路径将台湾的民主化过程作为一种政治变迁过程来对待，主要强调台湾民主化过程的演变，以及在这个过程中政治制度结构的变化。彭怀恩认为，台湾政治变迁其实涵盖了政治体制的重构、“国家”与社会关系的重新定位、精英结构的变化、公私二元经济结构的发展变化、威权体制下的民主化运动等各个方面。① 进而，彭怀恩对民主化运动及其结果进行了解释，认为台湾民主化在大环境上是与经济发展密切相关的，用现代化理论来看台湾的政治民主化可以提供大致正确的解释。同时，彭怀恩也对民主化所带来的诸如族群政治的阴影、政权转移的治理危机等问题进行了分析。但是总体上来说他认为这是台湾政治变迁的一个阶段性现象。

（二）权力斗争。权力斗争是政治学关注的基本和核心现象。以此视角对台湾民主化及其带来的政治后果分析从另外一个向度上展示了台湾民主化及其影响的面貌。许介鳞在论及90年代台湾政治发展时说，如果说李登辉对台湾的民主化有贡献，就是将国民党“一党独大”的政治生态，改变为多党轮替的局面。但是从“非主流”的观点来看，李当时是有私心的，主要在于利用改革来抢夺中国国民党的资源。李的这些措施最后导致了台湾的政党衰败。② 类似分析在台湾学者和大陆学者中均很多。在政治权力斗争的视角下，族群政治、民粹动员同样也能够找到具有解释力的分析范式。

（三）强调台湾的民主化对政治伦理和价值方面的影响。这种观点在台湾研究伦理学和文化的学者中较为多见，有学者认为，台湾民主化的发展，基本上是步欧美近几百年民主政治的后尘，这些学者往往将政治领域视之为诸如阶级、社群或族群利益冲突以及协调的场所，在他们看来，政治不再是古代中国儒家所想象的道德社区，政治人物也不再是人民道德福祉的创造者，而是自己利益的追求者与协调者。③ 对于民主化所带来的价值结构调整以及影响，这些学者大都主张通过传统价值的现代转型，实现对社会价值伦理规范的重新设计，以适应民主化发展

---

① 彭怀恩著：《台湾政治发展民主化》，（台湾）风云论坛有限公司，2005年。

② 许介鳞著：《李登辉与台湾政治》，社会科学文献出版社，2002年，143页。

③ 黄俊杰著：《儒学与现代台湾》，中国社会科学出版社，2001年，298页。

的现实。

（四）历史结构主义的视角。如果将台湾民主化进程及其结果放到更长的历史阶段中去考察，可能会得出不同的结果。许倬云认为，台湾的民主化是台湾长程政治革命的一部分，每个阶段都只是这个政治变化的一小段。这一小段大都只是浮在表面上的，如果没有其他因素存在的话，并不会产生这样的政治变革。“我们可以想象，例如没有台湾的经济发展，没有台湾的教育发展以及市民阶层的出现，没有中产阶级的力量，台湾不会有今日的民主发展，这些都是经济社会、文化力量所导致的，而非政治力量。”① 如果以此逻辑进行推论，台湾民主化过程中出现的各种问题自然会随着社会的整体发展而得到解决。

从目前情况来看，台湾学者对政治发展与政治衰退进行研究时，大都对西方民主所宣称的一些基本价值如民主、人权等诉求持有预设性的肯定，对这些价值能够在台湾生长与发育成熟也鲜有怀疑者。也正是因为如此，他们对台湾政治变迁过程中出现的各种问题大都抱持比较乐观的态度。

大陆与港澳学者对台湾民主化及其引发的政治衰退问题的研究大都是在两岸关系的语境中展开的，相对来说纯学理性的、主要集中于讨论台湾民主化与政治发展规律的研究不多。就目前看到的资料，比较具有代表性的有姜南扬《台湾大转型——40 年政改之谜》②，孙代尧《台湾威权体制及其转型研究》③，黄嘉树、程瑞《台湾选举研究》④ 等。姜著和孙著主要笔墨集中于台湾民主化初期的政治变革，主旨在于对台湾民主化的历史背景及脉络的梳理。姜南扬对转型的背景及其过程进行了比较详尽的分析，孙代尧则从政治结构的角度对台湾的政治发展进行了分析，但是这两本著作均对民主化带来的政治问题着墨不多，这与这两本书出版时间较早、当时台湾政治民主化的负面现象还没有充分展示出来有关。黄嘉树、程瑞的著作对台湾选举及其带来的问题有比较详尽的分析。

概括来说，大陆与港澳学者对台湾民主化及其政治影响的分析角度主要有以下两种：1. 民主化对“台独”运动及大陆对台政策的影响。林震认为，台湾当局发

---

① 许倬云著：《从历史看时代转移：在台湾洪建全基金会的系列演讲》，广西师范大学出版社，2007 年，10 页。

② 姜南扬著：《台湾大转型——40 年政改之谜》，（台湾）克宁出版社，1995 年。

③ 孙代尧著：《台湾威权体制及其转型研究》，中国社会科学出版社，2003 年。

④ 黄嘉树、程瑞著：《台湾选举研究》，九州出版社，2002 年。

端于1986年的“国家政治革新运动”是有进步意义的，它使台湾从国民党独裁统治下的社会向民主社会迈出了关键性的一步。但是，李登辉上台后的民主化进程却以“民主”为名将“台独”合法化，对两岸关系产生了较大的影响。[①] 大陆学者中更有从台湾政治转型与分离主义倾向发展视角进行分析研究者。[②] 港澳学者如郑海麟[③]、林昶[④]等对这些问题也均有论述。学者们在论及“台独”运动的发展及大陆对台政策调整时，台湾的民主化问题是一个重要的考查变量。2. 台湾民主化对中美关系和美国与中国台湾地区的关系的影响以及其对美国台海政策及两岸关系走向的影响。有学者认为，台湾的民主化是影响美国态度的主要原因之一。“由于台湾的民主化及台湾与美国的很多地区开展贸易活动，美国民众对台湾的支持率很高。在美国国会，对台湾的支持更加明显。”[⑤] 陶文钊教授也是从这个角度对美台关系进行解读：在台湾问题上，美国国内十分认同自上个世纪80年代以来所进行的“民主化”变革，认同中国台湾地区是继韩国之后亚洲地区民主化的又一个榜样，而且还可以对中国大陆施加影响，推进中国的民主化进程。因此，后冷战时期，除了共和党极右的反共分子外，不少自由派民主党议员也要求给予台湾更多支持。[⑥]

在大陆学者中，也有将台湾民主化及其出现的问题放在亚洲政治发展的背景下去考量者。陈峰君认为，台湾的民主化具有初级性的特征，即转型后的民主政体尚属于初级阶段，存在着诸多反民主的现象。台湾虽然被西方国家称为东亚民主化的楷模，却弊端甚多，仅台湾地区最高领导人的大权独揽就已经说明了这个问题。[⑦] 俞新天教授则从价值与发展之关系的角度分析台湾及亚洲政治发展过程中出现的独特政治现象，认为亚洲人应该明确提出，西方的价值不适用于亚洲。“长期以来，西方的民主、人权和个人主义概念占据了主导地位，表示异议者常被扣上专制主义辩护士的帽子。”但是事实却是，西方曾激烈地批评韩国、中国台湾和新加坡的“专制”、“集权”，但是它们却保障了经济起飞，促进了市场的发展，取得了巨大

---

① 林震著：《李登辉主导下的台湾“民主化”进程》，见北京大学世界现代化进程研究中心主编：《现代化研究（第3辑）》，商务印书馆，2005年。

② 赵勇著：《台湾政治转型与分离倾向》，中央编译出版社，2008年。

③ 郑海麟著：《从对抗走向融合》，（香港）明报出版社，2002年。

④ 林昶著：《两岸观察评论选（共四册）》，（澳门）东望洋出版社，2008年。

⑤ 张沱生、［美］史文主编：《对抗·博弈·合作：中美安全危机管理案例分析》，世界知识出版社，2007年，238页。

⑥ 陶文钊主编：《冷战后的美国对华政策》，重庆出版社，2006年，220页。

⑦ 陈峰君著：《东亚与印度：亚洲两种现代化模式》，经济科学出版社，2000年，153页。

的成绩。[①] 这里其实又回到了民主化理论及政治发展理论长期关注的一个问题：亚洲式的、颇带威权色彩的社会治理模式应该如何评价？亚洲应该采用什么样的民主模式，才能既符合自己的历史传统，同时又能达到良好的社会治理？

国外对台湾政治变迁及民主化过程中出现问题的研究为数也不少。相对而言，这些学者秉持西方的政治价值观和基本分析框架，对台湾的政治变迁问题展开分析。国外学者在研究台湾的民主化及其负向运动时，更加注重于重大题域的阐发，对于制度、结构等根本性的问题着墨比较多。有学者认为，台湾的民主化过程瓦解了党国体制，削弱了国民党当局的政治权威，但是也触动了原来政治生态下既得利益集团的利益。不过，相对于在改革过程中引发的身份地位问题，这个问题只是小巫见大巫。所以，吊诡的是，台湾的民主化转型和政治改革主要是围绕着“主权”、“法统”、政治忠诚问题展开，但是却引发了严重的民族和国家层面的认同危机，更让当局想不到的是引发了族群认同边界的清晰与强化。因为这些情况的出现，关于转型正义、政治治理的讨论均在一定程度上被搁置下来。同样，关于新政府能否制定有效发展政策等课题也无人关注，种种迫切需要解决的管治课题被化约成族群认同的政治问题。[②] 布鲁斯·迪克森（Bruce. J. Dickson）1997 年出版的《中国和台湾的民主化：列宁主义政党的适应性》以执政党适应性为主题，较为系统地探讨了列宁式政党民主转型的问题。[③] 丹尼·罗伊则将台湾民主化及其引发的“台独”问题的变化放到整个中国“民主化”问题的视域中去考察，并与两岸关系的发展联系起来。[④] Philip Paolino 等人对台湾民主化及其过程进行了比较详尽的论述，并用较大篇幅讨论了台湾在民主化过程中出现的问题，其中包括政治发展的反向运动问题。[⑤]

以上这些研究成果均是以专著形式出现，专门对台湾的民主化过程及其问题进行了分析。至于相关的学术论文数量更多，对民主化引发的政治衰退问题着墨较

---

① 俞新天著：《东亚现代化的前景及其对世界的影响》，罗荣渠、董正华编：《东亚现代化：新模式与新经验》，北京大学出版社，1997 年，75 页。

② 吴德荣：《民主化过程中台湾行政改革的困局》，见《公共管理评论》编委会编：《公共管理评论（第 5 卷）》，清华大学出版社，2006 年。

③ Bruce. J. Dickson，“Democratization in China and Taiwan：The Adaptability of Leninist Parties”，Clarendon Press，Oxford，1997.

④ ［美］丹尼·罗伊著，何振盛等译：《台湾政治史》，（台湾）商务印书馆股份有限公司，2004 年。

⑤ Philip Paolino and James Meernik，“Democratization in Taiwan：challenges in transformation”，Ashgate，2008.

多，如有的学者对台湾民主过程中的政治腐败问题展开的系统讨论，① 对台湾民主化过程中政治衰退问题的理解颇有助益。这些研究和中国境内（中国大陆和港澳台）的研究形成了互为补充的局面，对民主化理论的发展和推进起到了积极的作用。

1.2 政治衰退概念性解析

1.2.1 基本理论预设

学术概念的基本前提和假设是该概念得以展开的重要条件。从逻辑上说，政治衰退概念内蕴地隐含着下面三个基本假设：(1) 政治衰退隐含于政治变迁之中，政治变迁是一个过程；(2) 政治变迁的目标是达成较高程度的社会治理，或者说，社会的良好治理是政治变迁的可欲目标；(3) 政治衰退的普遍存在与不同语境下的个殊性样态共存。此处将对这三个前提和假设进行简单清理。

一、政治变迁（political change）

无论是现代化理论还是政治发展理论，都要研究政治走向的问题，政治变迁是政治走向的基本内容。只不过，现代化理论和政治发展理论关注政治变迁的面向不同，理论观照的目标也不一样，用于政治变迁分析的路径依据当然也不相同。政治现代化理论主要强调以西方的基本经验为发展范式和基本目标的政治演进路径；政治发展理论则更加强调在政治变迁过程中政治结构和功能实现的正向发展。政治衰退从前提上说是政治变迁的一种结果，该概念也只有在政治变迁的学理背景下展开才具有分析功能。

世界是不断变化和发展的。恩格斯说，当我们深思熟虑地考察自然界或人类历史或我们自己的精神活动的时候，首先呈现在我们眼前的，是一幅由种种联系和相互作用无穷无尽地交织起来的画面，其中没有任何东西是不动的和不变的，而是一

① Chilik Yu, Chun - Ming Chen, Wen - Jong Juang and Lung - Teng Hu, "Does democracy breed integrity? Corruption in Taiwan during the democratic transformation period", Crime, Law and Social Change, 2008 Vol. 49 No. 3, pp. 167 - 184.

切都在运动、变化、生成和消逝。[①] 所以对于事物的发展而言，变迁才是常态。虽然具体到变迁的原因和变迁的结果均可以表现出多样性。

从历史的视角来看，政治变迁的动力可以归纳为三种类型，即来自下层的动力、来自上层的动力、来自国际的动力等；而变迁的形式可以分为革命和改革两种基本模式。[②] 在引发政治变迁的各个不同类型内部，又可以分为许多次类型，如来自下层的动力中可以分为合法与非法两个类型；革命的变迁模式又可以分为良性革命与恶性革命等不同类型。从原因上说，以不同的视角分析，政治变迁的诱因显然也是不一样的。中国大陆学者杨光斌认为，制度范式可以有效地解释政治变迁。他认为，在中国，制度变迁与其说是制度安排，不如说是制度环境的变迁，制度环境变迁决定着制度安排的创新并产生相应的制度绩效即制度竞争力。[③] 李博曼（Robert C. Lieberman）从制度与观念的交互作用出发，认为观念和制度的断裂、摩擦和交迭，导致了政治变迁的出现。这两种因素对于理解政治变迁而言都是至关重要的，但是这两种因素中的任何一种都无法充分解释政治变迁的出现和发展。[④] 这里显然更加强调政治变迁的综合面向。

尽管政治变迁是政治生活中的基本现象，但是政治变迁的理论研究却相对滞后。出现这种情况，主要因为政治变迁作为严格的学术概念来说，涵盖的范围太广、难以形成比较有效的分析框架，因而难以形成对政治演进过程的有效解释范式。另一方面，这种理论发展的滞后也与西方学者的研究习惯和基本的思维定势有关。[⑤] 也正是因为这样，对于政治变迁这样一个内涵与外延都非常复杂的概念，学界现在一般都是从政治结构及其功能变化的角度进行解释。尼德勒认为，变迁包含了政治系统功能的变化，同时也包含了系统之间的相互转化，系统可以由一类系统

---

① 恩格斯著：《社会主义从空想到科学的发展》，《马克思、恩格斯选集（第三卷）》，中央编译局编，人民出版社，1995 年，733 页。

② 陈鸿瑜著：《政治发展理论》，吉林出版集团有限责任公司，2009 年，48—49 页。

③ 杨光斌著：《制度范式：一种研究中国政治变迁的途径》，《中国人民大学学报》，2003 年 3 期。

④ Robert C. Lieberman, "Ideas, Institutions, and Political Order: Explaining Political Change", The American Political Science Review, Vol. 96, No. 4 (Dec., 2002), p. 711.

⑤ 亨廷顿认为，政治变迁研究受到忽视的原因大致有以下几个方面：（1）西方的政治学者长期生活于稳定不变的政治系统内，他们只研究次级系统的变迁，而不关心整体之变迁；（2）政治学的行为主义影响的遗绪，行为主义强调系统内的循环，但是对重大政治变迁难以作历史性的分析；（3）比较研究不受重视的结果。见陈鸿瑜著：《政治发展理论》，吉林出版集团有限责任公司，2009 年，42—43 页。

变成另外一类系统。[①] 里普森也基本依循这样的逻辑理路，认为政治系统中某个方面的扩张会引发一系列连锁反应，诸如公民资格、国家职能与国家规模的扩张等，均是如此。政治权威的变化及其执行效率也是导致政治系统发生变化的重要方面，[②] 不过与前面三个因素比较起来重要性稍次而已。

结构和功能变化的分析路径基本上代表了政治变迁研究的主要的、也是基本的方向。但是，由于结构、功能等概念涵盖范围同样过于庞杂，所以也面临着必须简化以求增强概念分析功能的问题。事实上，要对整个社会结构，或者仅是政治结构进行比较系统的分析，在政治生活越来越复杂的现代社会，几乎已经成为一个不可能的任务。因此，在“结构”的名义下，不同学派从不同的理论预设出发，展开了对政治变迁问题的研究。马克思主义认为，经济基础及其基本状况决定了社会的上层建筑，生产结构的变化最终会导致整个社会结构的变迁。在这里，马克思强调生产力与生产关系和上层建筑之间的辩证互动关系，这些范畴在相互扭结中向前发展。这种理论经过不断发展已经显示出了对现实的巨大解释力。阿尔蒙德等人将研究的范围进一步收缩，借鉴了系统论的方法，从政治文化的角度对政治变迁进行分析，认为政治文化的变迁对政治系统变迁具有重大影响。但是他没有解决的问题是，在过分强调政治文化影响的同时，却忽略了政治结构对政治文化的反作用。其实，这里反映出的仍旧是以既有政治系统为中心的结构功能分析中存在的问题。如白鲁恂所说，如果要提高政治文化概念的分析功能，则需要加强对整个政治系统的分析。但是目前的困难在于，现有政治结构可以看做是政治文化影响的结果，但是却忽视了政治结构也可以在很大程度上影响到政治文化。[③] 这种系统分析的范式尽管存在着这样那样的局限，但是在理论上说，在这个范式下的政治变迁理论在一定程度上摆脱了目的论倾向，将主要的研究题域集中在政治变迁的过程、速度和范围等方面，可以比较客观地探讨政治系统内部诸因素及其相关关系的变化。

由于系统分析往往只强调系统内的变化及循环，有的学者在进行政治变迁的分析时修正了这一模型，认为政治变迁其实应该包含两个层次，即系统的政治变迁

---

① Martin C. Needler, “Political Development in Latin American”, Random House, 1968, p14.

② ［美］里普森著，刘晓等译：《政治学的重大问题：政治学导论》，华夏出版社，2001 年，326 页。

③ Carole Pateman, “Political Culture, Political Structure and Political Change”, British Journal of Political Science, Vol. 1, No. 3 (Jul., 1971), p. 292.

（systemtic change）和非系统的政治变迁（non－systemtic change）。前者指权威的分配（distribution）和实施（exercise）之变化，后者指在现行政治系统内的变迁，如政治参与模式的变化、政党关系（party affiliation）变化等。当然，这两者的界限并非是绝对的，非系统的政治变迁可能引发或转变成系统的政治变迁。[①] 政治系统层次的变迁因为相对简单，在西方社会有较大代表性，往往成为学者进行结构功能分析的典型案例。在稳定的系统内部，系统变化主要表现为结构变化和相应的功能调整。阿尔蒙德认为，政治系统内部，大型政党和大型媒体的出现都有可能影响到系统的运作方式，进而从内部和外部两个方面影响到系统的功能实现（capability），整个系统的运作模式都可能因此而改变。[②] 按照一般的逻辑常识来说，政治结构的变化是政治变迁的主要内容，是基础性的变化，结构的变化引发功能的调整，整个政治系统在新的调整以后形成新的平衡。

政治变迁从来就是多面向和多层次的。以价值判断而言，政治变迁的结果一定会有两个层面：发展和衰退。[③] 所谓发展其实可以是合价值预期的，可以称为正面的前进，例如社会矛盾的消弭、社会公平的实现等；而衰退则是相比较发展而言出现不合价值预期的后果，如政治动荡，及其引发的民生凋敝，或者政治制度设计时出现失误导致的政治效率低下等。应该指出的是，在有的情况下，政治衰退是在政治变迁过程中因为政治人物刻意为之而引发的政治后果。但是，在相当多的情况下，政治衰退是政治结构变迁自身所带来的结果。或者说，从过程上说，政治衰退与政治结构的变迁是与生俱来的。以此而言，政治发展与政治衰退是共生的关系，根本无法截然分开。易言之，二者可以在互为镜像中实现自己的存在。例如，官僚制的发展可以使政治事务的处理制度化和程序化，但是人文关怀也可能会被淹没在官僚机制运作的繁冗程序里面。

正是因为这样，政治发展和政治衰退一定要在政治变迁的脉络中才具备了逻辑展开的可能性，也只有在政治变迁的话语结构中才具有比较明确的意义。从过程来

---

① Gerald J. Bender, "Political Socialization and Political Change", The Western Political Quarterly, Vol. 20, No. 2, Part 1 (Jun., 1967), p. 393.

② Gabriel A. Almond, "A Developmental Approach to Political Systems", World Politics, Vol. 17, No. 2 (Jan., 1965), p. 185.

③ 发展和衰退有不同的判断标准。别的不说，如果分别从目的论和价值论的视角来看，区别是相当明显的。目的论视角下的发展和衰退问题评价标准可能是经济指标、政治体的实力、社会统合的效率等，但是价值论下的发展则主要反映人文关怀。

讲，政治发展与政治衰退其实是政治变迁的两个层面；从结果来讲，政治发展和政治衰退是政治变迁的不同后果。但是两者并不是绝对对立的，而是共存于政治变迁的结果之中，而且两者互相影响，互相作用，共同决定了政治变迁的基本方向。只有全面考察这两者的相互作用和转化，才能较为全面了解政治变迁的基本意涵（见下图）。正如恩格斯所言，“要精确地描绘宇宙、宇宙的发展和人类的发展，以及这种发展在人们头脑中的反映，就只有用辩证的方法，只有不断地注视生成和消逝之间、前进的变化和后退的变化之间的普遍相互作用才能做到。”“辩证法在考察事物及其在观念上的反映时，本质上是从它们的联系、它们的联结、它们的运动、它们的产生和消逝方面去考察的。”① 也正是在这个意义上，政治变迁成为政治衰退的第一个理论预设。

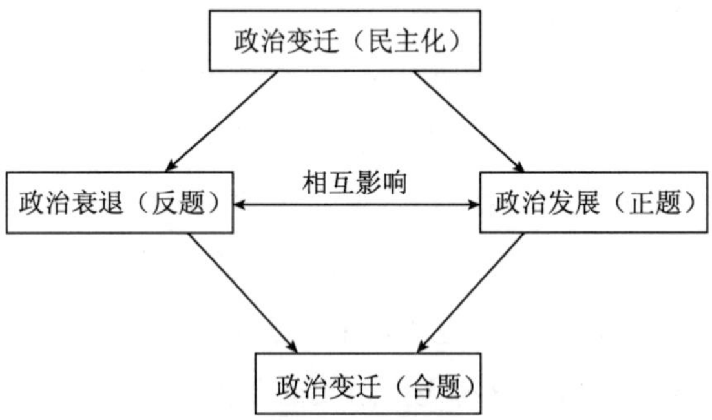

政治变迁示意图

二、治理（governance）

政治变迁的面向之中，政治发展的理想结果就是形成对社会的良好治理，相应地，治理失灵就是政治衰退。治理概念刚刚才进入政治学者研究的视野，尤其在国际政治学领域，更是如此。所以，一直到现在为止，也没有比较系统和明晰的概念界定。② 1989 年世界银行描述非洲的情形时，首次使用了“治理危机”（crisis in governance）的概念。随后，“治理”的概念被广泛应用到政治变迁研究中，特别是被用来描述发展中国家的状况。因此，治理是在落后国家和地区现代化语境中形成

① 恩格斯著：《社会主义从空想到科学的发展》，《马克思、恩格斯选集（第三卷）》，中央编译局编，人民出版社，1995 年，736 页。

② Paul Streeten, “Review: (untitled), Reviewed work (s): Sustainable Development and Good Governance”. by Konrad Ginther; Erik Denters; Paul J., I. M. de WartInternational Affairs (Royal Institute of International Affairs 1944 -), Vol. 72, No. 1 (Jan., 1996), p. 178.

的一个概念，主要讨论的问题初期也大都集中于解决这些发展中国家的政治和社会危机。学者们希望这些国家突破传统的治理模式，达成良好治理的目标。有学者梳理了治理理论的基本观点，认为最起码有以下五种：1. 治理意味着一系列来自政府但是又不限于政府的社会公共机构和行为者；2. 治理意味着在为社会和经济问题寻求解决方案的过程中存在着界限和责任方面的模糊性；3. 治理明确肯定了在涉及集体行为的各个社会公共机构之间存在着权力依赖；4. 治理意味着参与者最终将形成一个自主的网络；5. 治理意味着办好事情的能力并不仅限于政府的权力，不限于政府的发号施令或运用权威。① 治理概念集中于对社会各种力量整合与协调这一基本框架的分析，对原来的政府职能进行了重新定位，提出了新的政治互动模式。

不过这里依旧存在的一个问题是，治理的概念明显带有政治学理论的特定地域性色彩。如果进一步分析，治理概念最起码有两个基本前提和假设是必须要注意的：一是国家与社会的充分发展，这在西方的政治学理论中应该主要表现为公民社会（civil society）的充分发展；二是国家与社会均衡关系的达成。正是因为这个原因，治理概念在脱离西方语境之后，其理论和实践的价值显然会大打折扣。以落后地区非洲的情况为例，戴维·哈里斯（David Harris）认为，将公民社会的概念运用到非洲政治发展的研究中是有问题的。因为在非洲目前的政治情况下很难形成公民社会。② 所以，阿斯兰（Patrick Mc Auslan）认为，如果要达到非洲国家的良治，必须根据现实情况调整对他们的治理策略。他认为，非洲国家的政府有几个共同的特点：无能、不诚实以及独裁主义。在这些政府中，操行比较好的官员早已经被驱逐出去，国家资源和国际援助中的大部分都被浪费或者被贪污。作者甚至认为，当前对非洲国家的当务之急并不是加强援助，而是增加对援助国家内部政策透明的要求，同时增加对受援物资的管理，加强对受援国家贪污行为的惩罚力度，认为这才是使非洲国家走上良治之道的较佳路径。③ 所以，对第三世界国家而言，形成治理和良治的可能路径显然与西方背景下的经验不会一样。

也正是因为这样，对治理概念的内涵进行进一步的缩限是有必要的。在自由主

---

① 俞可平著：《引论：治理与善治》，见俞可平主编：《治理与善治》，社会科学文献出版社，2000 年，3—4 页。

② David Harris, “Review: (untitled)”, Journal of the International African Institute, Vol. 71, No. 1 (2001), p. 180.

③ Patrick Mc Auslan, “Good Governance and Aid in Africa”, Journal of African Law, Vol. 40, No. 2, Liber Amicorum for Professor James S. Read. (1996), pp. 169 – 182.

义学者那里，治理的关键是对政府权力的限制，“越来越多的国际发展机构承认，必须把政府的角色限定在为生产提供良好的环境和实现公平分配上，而不应该对市场机制进行不必要的干预。”① 但是这种观点显然是以社会的自我发展和强大的自组织功能为基本前提，这种情况在现代的非西方社会经常被证明是不存在的。越来越多的事实也证明，在一个强社会而又不能进行良好自组织的政治情境下面，社会治理出现问题的几率可能还要更大一些，台湾近些年民粹主义盛行就是典型例子。

于是，治理概念在经历了矛盾与折冲之后开始向技术性的方向发展。治理概念主要强调其程序性和制度性层面的内容，如强化行政和司法系统的功能、公共部门管理的进展、为发展经济而建构的法律框架效能、更严格的经济审核及责任的明确、地方与中央的关系、对待腐败的政策、公共服务机构的改革、决策者和公众就重大政策问题进行的沟通等，其最广的含义是协调社会生活的各种方法和途径。② 还有的学者在此之外加入了“权力”的内容，特别是在经济领域。于是，良治就变成了包括各种组织和政策的复合体，在其中可以保护私有权力，支持独立的司法审判。有人把治理看作是在政治经济生活中扮演重要角色的非政府部门和私人部门与政府形成的一个网络（network）。③ 这些政治行为的核心都是通过强化沟通，增强政治系统解决重大问题的能力，形成社会平衡发展和比较稳定的政治环境。有论者将治理能力进行简化以后，认为“良治包括新闻自由、强大的法律系统和有效的管理机制，这些都要通过政党以政治运动的方式对贫穷人口的政治动员来达成。尽管学者在研究国家理论时不断增加对个人主义的限制条件，但是代议制民主仍然为争论不休的重大社会问题提供了解决之道。因此，良治的重点是强化民主制度，而不是因为日益增多的个人和机构之人为干预而荒废了这一基本方面。”④ 当然，如果将治理概念进行延伸的话，正如目前在有些西方学者那里看到的那样，治理概念成为一种类似意识形态的话语，成为政治经济原则、统治规则、经济生产和社会分配的

---

① Kempe Ronald Hope, Sr.,“Development Solutions for Africa: The Need for Policy Reform and Good Governance, Issue: A Journal of Opinion”, Vol. 25, No. 1, Commentaries in African Studies: Essays about African Social Change and the Meaning of Our Professional Work (1997), p. 38.

② ［英］安德鲁·海伍德著，吴勇译：《政治学核心概念》，天津人民出版社，2008 年，22 页。

③ B. C. Smith,“Good Governance and Development”, Palgrave Macmillan, New York, 2007, pp. 3 - 6.

④ Sarah Joseph,“Democratic Good Governance: New Agenda for Change”, Economic and Political Weekly, Vol. 36, No. 12 (Mar. 24 - 30, 2001), p. 1011.

结合体，这种概念显然更加抽象，更具有哲学层面上的意涵。

无论是从产生的地域性背景还是主要指涉的问题来说，治理的概念均强调政治权威的利用及其运作方式。综合起来看，治理概念其实是一个概念的综合体，包含了政治权威、社会和经济资源的管理、政府制定并有效执行政策的能力等内容。在许多学者那里，社会治理能力的概念基本上成为对一个政府是否可以完成治理任务的基本测量标度。所以，从根本上说，尽管有反对的声音，但是社会治理能力其实反映的本质依然在于干预和控制，这是由于政治系统的本质属性决定的。一方面，社会治理是“有目的、直接的社会政治互动形式。”另一方面，“社会治理能力不只是政府单方面的事。……由于不同层次上的互动所具有的复杂性、动态性和多样性，政府管理和治理能力不能被看作是引导、管理、控制或规范等孤立而不重要的做法，而是应该被看作是反映了和体现了系统的基本特征。”① 与传统的政治统治模式不同的是，民主化理论语境中的治理概念在政治互动方面加入了社会力量的因素，因而导致了社会治理概念内涵的复杂化。这里，政治权力执行的方式、权力运作各个链条中不同群体的沟通方式、冲突解决及利益冲突问题的处理等，均是治理的重要内容，也是治理概念与以往单纯统治概念不一样的地方，后者往往更强调权力的单向运动，而治理概念则更强调权力的双向运动。

实现良治的关键是治理能力。治理能力至少包含以下几个层面：1. 政策执行的效率，即政治权威能够在多大程度上得以贯彻。2. 政治整合及其制度化程度。这种整合应该包括两个方面的内容，首先是各政治子系统的整合，例如面对不同的政党和政治势力，如何将他们整合进目前的体制中来，以减少对抗性的政治冲突；其次是整个政治系统的良好运作，即政治过程中的双向互动，包括下层政治利益的表达与综合，政治压力的传递机制等。3. 强化整个社会的耦合机制以应对冲击的能力，这种冲击可能来自外部，也可能来自内部。这种能力所反映出的是制度的韧性和弹性。

治理能力不足或者治理能力丧失即为治理失灵，或者可以称为治理失效。有学者认为，无治理能力问题主要讨论政治领导被接受的问题，如缺乏一致性、遵从性越来越差等。无治理能力在政治激进主义盛行的国家和地区往往会变得非常明显：

---

① ［美］詹·库伊曼著，周红云译：《治理和治理能力：利用复杂性、动态性和多样性》，见俞可平著：《治理与善治》，社会科学文献出版社，2000 年，234 页。

厌恶学派体制、出现新的社会运动和非正统的抵制、犯罪率提高以及再私有化力量增强等。[①] 在治理失灵的情况下，不但制度化受到破坏，政治沟通机制和正常的政治运作机制也遭到瓦解，制度规范对于政治行为的约束力会大为减弱，体制外的活动不断增加，政治混乱开始出现，整体政治效率下降。可以说，治理失灵是政治衰退一个重要表现。治理失灵的问题如果处理不当，甚至可能导致政治崩溃。

三、语境（context）

“语境”（context）本来是语言学领域的一个概念。一般的解释是：语境即“语言环境”，包括两层意思：1. 话语的现实情境，即运用语言进行交际的具体场合，一般包括社会环境、自然环境、时间地点、听读对象、作（或说）者心境、词句的上下文等因素。广义的语境还包括文化背景。语境是人们理解和解释话语意义的依据。2. 专指某个语言成素（主要是句子）出现的“上下文”。[②] 近年来，“语境”一词开始在历史学、哲学、解释学、政治学等学术研究中频繁出现，已经成为学术研究的一个较为主流的话语工具。在政治哲学和政治思想史的研究中，甚至形成了以语境重构为主要方法论依据的历史研究学派，该学派主要以包括波考克（J. G. A. Pocock）和斯金纳（Quentin Skinner）等思想家在内的英国剑桥学派为代表。他们强调政治思想系由论述所构成，论述之所以可能，必须掌握该论述所运用的语汇及观念之“语境”。这派学者所致力从事的历史分析，即在于辨识以及重构政治思想家同时代的“语境”范围与样态，然后进一步检视思想家如何在此种脉络上，提出自己的理论系统。剑桥学派的主要观点是，一个文本或观念系统的提出，唯有在重构语境的基础上，方有可能理解行动者提出这些观念时，空间所为为何。[③] 在这个意义上说，语境重构的研究及理论已经具有了学术

---

① ［英］雷纳特·梅因茨著，周红云译：《统治失效与治理能力问题：对一个理论范式的评价》，见俞可平著：《治理与善治》，社会科学文献出版社，2000 年，200—201 页。

② 辞海编辑委员会编：《辞海》，上海辞书出版社，2000 年，481 页。

③ 萧高彦著：《史金纳〈现代政治思想的基础〉导论》，见昆丁·史金纳著，奚瑞森、亚方译：《现代政治思想的基础·卷一·文艺复兴》，（台湾）左岸文化，2004 年，8 页。这里有两个需要说明的问题：（1）台湾一般将 Quentin Skinner 的名字翻译成“昆丁·史金纳”，而大陆一般习惯译成“昆廷·斯金纳”，本书采用了大陆的译法。以后凡是遇到国外学者名字或者重要的学术概念，台湾的译名和大陆不一样的，如果采用的是台湾的译本，则采用台湾的译名，但是会在脚注中给予说明。（2）剑桥学派的主要代表作除了上述昆丁·史金纳的《现代政治思的基础》之外，还有波考克的“The Machiavellian Moment”（Princeton University Press，Princeton，1975.）等。

范式的功能。

从概念内涵上来看，语境具有层次性。社会环境、自然环境、人物的生活经历和社会认知、文化背景等属于比较基础层面的语境，或者可以叫深层语境。而时间地点、听读对象、作（或说）者心境、词句的上下文等则是属于比较表层的语境。不同层面的语境对行为的影响是不一样的。有学者在研究政治态度与语境的关系时发现，公民对于候选人和政党的评价直接受到他们的邻居们即时评论的影响，这也就是说，受到现时讨论语境的影响。比较而言，公民们在自我认同问题上对更加稳固的、具有党派倾向的政治环境保持着高度的敏感性。这意味着，社会影响的政治效果起作用的方式对目前流行的政治争论具有严重的依赖性，社会背景在更为广义的沟通系统中是作为运行机制而非政治信息的外部来源而存在的。① 显然，基础语境对于文本和概念的影响更为稳定。

中国大陆历史学者赵世瑜在论及语境对历史学研究的重要性时，对于史料语境功能的表述或许能给我们更多启发。他认为，历史研究和历史文本的分析中，语境分析是非常重要的组成部分。史料留存到今天，与其原初形态已经有了很大的不同。在其存在至今的过程中，史料可能被重新诠释，因而史料可能带有不同时代的烙印，从而影响到了史料本身的基本样态。只有对这些因素进行全面分析，才能真正读出史料所蕴藏的意涵。概括起来说，对史料及其语境的诠释包含了三个层面的意思。1. 史料最初形成时的基本状况。在诠释史料的过程中，如果连它是如何出现的都搞不明白，对该史料的诠释很难做到精确与全面。2. 史料得以保存到现在的基本脉络。在史料保存的过程中，有许多因素都有可能使史料本身所承载的意涵改变，从而使史料的基本样态发生变化。也就是说，在诠释史料时，关注到史料演变过程中受到自然力影响因素固然重要，但更重要的是关注与史料发生关系的人及其所处的环境变化，这些对诠释史料的内涵意义更大。例如，一本族谱因为年代久远而发生的物理变化是史料研读中要注意的问题，但是这个族谱保存在哪个祠堂中、由谁保存，对理解这件史料来说可能更为重要。3. 史料的诠释不是一次就可以结束的。事实上，史料诠释在不同的时代一直在进行，不过每次诠释的内容都有差异。这些诠释改变了史料的基本内涵，本身也成为史料的一个组成部分。它体现了史料

① Michael MacKuen and Courtney Brown, "Political Context and Attitude Change", The American Political Science Review, Vol. 81, No. 2 (Jun., 1987), p. 471.

与环境的互动。[1] 在历史的重构过程中，唯有强调从语境的角度去理解，才能尽可能接近历史的真实。

与文本相比，作为理论基石的概念及其变迁与语境的关系更为密切。对文本而言，由于它是一个实际存在，具有相对稳定性，所以只存在解读的问题。但是对概念而言，从一开始就属于意识的范畴，是主观理解的产物，所以不可避免地呈现出易变的特征，在不同的时代和背景之下会出现不同的流变，这就是概念的变迁。概念变迁及对概念变迁的理解相比而言对语境的依赖性更大。政治学者罗伯特·马丁（Robert W. T. Martin）认为，理解政治学概念的变迁（conceptual changes）应该主要基于语言情境（linguistic context）和作者敏锐的洞察力，许多意义重大的概念变迁需要更加语境化的工作（contextualization）去理解其言词上的变迁和表述中的逻辑。[2] 马丁提出这样的看法主要是基于目前学术研究中出现的问题。现实的情况是：在政治学的学术研究中，对一些基本概念往往有不同的理解，而在学术争论中这些概念甚至成为不断改变涵义为某种观点进行辩护的工具。这些概念在特定时代促进了政治理论的发展，也成为政治理论得以建立的基础和核心，但是这些概念在后来的时代中和发展过程中均发生了一定程度的变迁。因此，马丁等学者主张要从文本出发重新恢复概念产生的语境，从而较为真实地还原概念本来的面目。

就文本和概念本身而言，语境与文本的关系最起码应该具有以下几个方面的内容：1. 语境本身具有本体性功能。这种情况主要是指文本和概念的产生而言。简而言之，语境是文本和概念产生、发展直至消亡的“母体语境”，因此对文本和概念发挥着本体功能。在这个意义上说，语境本身就是文本或者是概念的一个有机组成部分，有着无法分离的功能性联结，一旦离开具体的语境去单独寻求概念和文本的解释，就会造成这种功能联结的撕裂。2. 释义功能。释义功能的实现和语境本体性功能有密切联系，释义功能主要指对文本的解读而言。在现代语言学中，“语境化”是消除歧义的一个重要手段。语境的释义功能对政治学也具有同样的价

---

① 赵世瑜著：《文本、文类、语境与历史重构》，《清华大学学报（哲学社会科学版）》，2008 年 1 期。这里的“文本”主要指任何传递历史信息的材料。对于这一概念，其实隐含了以下的预设：（1）这些材料，哪怕是历史时期遗留至今的实物，都并不等于它们所处时代的历史，而是时人的创造物；（2）这些材料之所以是以这样的、而非那样的面貌存在，具有相对独立于它们产生情境的逻辑；（3）历史只能重构而不能重现，这一重构又与文本无法分离。

② Robert W. T. Martin，“Context and Contradiction：Toward a Political Theory of Conceptual Change”，Political Research Quarterly，Vol. 50，No. 2（Jun.，1997），pp. 413 – 436.

值，它是解读文本不可少的手段。3. 叙事功能。所谓“叙事功能”，即“有效叙事功能”，即通过语境的封闭，消除叙事话语可能出现的歧义，保证叙事话语的有效性。[①] 正是因为如此，对语境较为全面的理解是实现文本和概念客观解读的前提。

语境的提出及其运用到政治学领域对于政治学理论发展有着明显的理论意义。简单而言，最起码有以下几个方面：

1. 理论变迁的路径可以沿着两条路线演进。在某种意义上说，理论也只能沿着这两条路线前进。其一是概念和理论体系本身的变迁，或者可以称为文本或是理论的变迁；其二是语境的变迁及其对于理论变迁的影响。就前者而言，它是理论变迁的主要载体，也是主要形式，反映的是一个时期社会发展的抽象化描述和理论化概括。理论本身在形成之时就容纳了语境的要素。或者说，当时的语境本身就是理论的一个组成部分。当然，不同的时代，理论会以不同的文本形式表现出来，不同时段的文本流变构成了理论发展的基本脉络。理论的发展有时表现为新的概念和理论的生成，有时表现为旧有理论的改造。例如，同样是国家治理的概念和理论，在亚里士多德的笔下，最优良的政体共同体应该是由中产阶级执掌政权，“凡是中产阶级阶层庞大的城邦，就有可能得到良好的治理，”[②] 可以实现城邦的目的，即“最高的善”。但是在马基雅维利那里，国家治理成功的关键在于君主能够成功地驾驭人民，而且这种驾驭的手段可以突破传统的道德束缚，[③] 这与亚里士多德的城邦治理模式显然有很大差别。总之，在不同时代理论和概念的发展构成了理论发展主要脉络。

但是同时也不能忽视语境变迁对理论发展的影响，语境的变迁是理论变迁的一个重要组成部分。当理论形成以后，随着时间的推移，形成理论文本时的语境发生了变化，对理论文本本身的解读就成了问题。在具体的历史条件下，理论的形成具有特定历史语境的支持，一旦离开这种语境，可能出现理论意涵的流失，或者概念外延与内涵的伸缩，进而导致理论和概念所反映出来的各种意涵与作者原来想说的意思有较大差异。出现这种情况，除了理论文本本身表达的歧义之外，语境的变化是一个重要的影响因素。毋庸置疑，作者在原文写作时一定会有特定历史背景的支持，这种背景在当时是作为一个显然的、无需论证的基本认知存在，成为当时作者阐发自己观点的一个基本支撑。但事过境迁之后，后来的读者却没有意识到或无法

---

① 吴昊著：《语境是什么?》，《求索》，2007 年 12 期。

② ［古希腊］亚里士多德著，颜一等译：《政治学》，中国人民大学出版社，2003 年，138 页。

③ ［意］尼科洛·马基雅维利著，潘汉典译：《君主论》，商务印书馆，1985 年，第 18 章。

把相应的背景呈现出来，或者即使呈现出来也不是原作者所体悟到的那种背景，而是读者自己所主观理解的背景，这种背景条件下的文本呈现，也必然造成文本意思与作者所表达意思的差异。① 所以，在不同的时代背景之下，读者的差异和阅读方法的差异，均可能造成文本理解的差异，这并非文本解读者个人的主观意愿。甚至可以说，对文本的差异性理解基本上都是在无意识当中完成的。

2. 理论发展的地域性和历史性。从语境的角度出发去理解概念和理论的形成及发展过程，一个必然的推论就是理论发展的地域性和历史性。由于理论总是与特定的语境相联结，所以特定的理论总是与一定范围内、一定时间内的社会实践相交融，或者说是特定历史时期的社会实践的升华，对于当时和当代的社会现实具有较强的解释力。但是，随着时间的推移，或者随着地域的改变，这些理论的解释力和适用性就会相应下降。如果用这些理论来指导实践的话，则可能出现和原来语境下差异很大的结果。托克维尔在论及美国的民主时说，美国之能维护民主制度，应归功于地理环境、法制和民情。“总的来说，美国的立法是极其适应它所治理的人民的天才和国家的性质的。”与此形成比较的是，墨西哥所处的地理位置，其有利性不亚于美国，而且墨西哥还采用了与美国相同的法律，但墨西哥没有促使自己建立民主政府的民情。② 所以在墨西哥就没有出现美国那样协调发展的民主社会。

进而言之，政治实践活动中如果要进行政治制度的设计，更得注意理论与地域性特征的契合。艾克斯坦（Harry Eckstein）指出，在政治变迁过程中，当然无法排除对政治系统进行结构性改革使其按照已设定方向发展的努力。但需要注意的是，在现代社会，无论是大规模还是小规模的政治熔补（political tinkering）都是地方性的（endemic）。③ 二战以后，西方国家为发展中国家和地区政治发展所开药方多遭

---

① 易小明著：《差异语境下的马克思文本阅读》，《湘潭大学学报（哲学社会科学版）》，2007 年 5 月，第 31 卷第 3 期。需要提及的是，这里所谓的“文本”，与上文赵世瑜教授所说的“文本”指涉对象并不相同。这里的“文本”可以称为狭义的文本，主要是指理论的文字形式，或者说是理论的客观载体。而赵世瑜教授所说的“文本”可以称为广义文本。如果没有特殊说明，本书一般是从狭义的层面上去理解“文本”概念。但是就对客观存在的信息载体进行理解这个层面上说，两者却是相同的。易小明同时认为，不同读者对文本的差异性理解，从实践的角度来讲，是人们现实生活差异的反映，从理论的角度来讲是人们认知差异的结果，它是理论发展的必然表现形式。

② ［法］托克维尔著，董果良译：《论美国的民主》，商务印书馆，2004 年，356—357 页。这里所谓的“民情”是指人在一定社会情况下拥有的理智资质和道德资质的总和，见该书 354 页，脚注。

③ Harry Eckstein, “A Culturalist Theory of Political Change”, The American Political Science Review, Vol. 82, No. 3 (Sep. , 1988), pp. 789 - 804.

失败，特别是苏联解体以后俄罗斯按照西方模式进行经济复苏的“休克疗法”所遭遇的挫败，都一再说明了理论的地域性特征及理论的局部有效性。① 西方国家给发展中国家和地区所开药方屡遭挫败的原因在于，西方国家往往会以自己的经验对发展中国家的发展进行路径设计，与这些国家发展的语境其实相去甚远，关于这个问题，学界已经有许多讨论，这里不再赘述。

3. 由语境的角度去解读理论，是政治学理论跨文化传播和本土化的前提。长期以来学术界所谓的“外来理论是否会水土不服”“西方的政治学概念是否适合东方社会”等问题的争论，都是这些问题比较集中的体现。显而易见，理论和制度可以移植，但是语境却无法移植，这自然会导致理论的解释力和适用程度弱化。尤其是，如果这种理论移植在跨文化背景下进行，恐怕出现问题的几率更大。因为在语境的诸构成要素中，文化要素对理论的形成和基本样态影响最为深刻。文化一旦形成，就会形成比较固定的心理认知，会对概念和理论产生选择功能。“我们所意识到的外部世界结构，是由文化的选择功能提供的，这种功能既确定了我们同外部世界的哪一部分建立什么样的交流关系，又保证了交流活动中信息传收的适度与平衡。”② 这种选择功能会自动导致行为者对理论和概念的改造，从而使其适应本土社会的基本特征。选择者会按照自己的解读接受理论中的若干基本要素，然后再结合自己所在的语境去进行适应性建构。马克思主义到了俄国经过改造以后成为列宁主义，而到了中国之后则成为毛泽东思想和邓小平理论等理论形态，就非常典型地反映出这种理论本土化的现象。

理论的跨文化传播困难在于不同文化下的人在观念上具有较低的同质性，缺少共同的经历，因而导致语境形态信息匮乏，对理论和概念的理解会出现重大差异。但是反过来看，一旦传播开始，则会启动另外一个过程，即理论的传播可能会塑造新的语境。经过改造的理论会逐渐形成新的文化，通过一般的认知、情感和倾向(predispositions)，新的文化将人的新观念和经验转化为行动。至于转变的模式，因社会不同而有变化，因社会阶级的不同而有差异。这个过程也是一个文化学习与情

---

① 这里必然产生的一个问题是，到底有没有“普世”的概念和理论？由于这个问题不是本书能够解释清楚的，所以这里暂时对其不作过多讨论。笔者认为，普世的概念和理论是不存在的。当然，这并不影响某一理论对其他地区社会发展现实的部分适用性，这是完全不同的两个问题。

② 刘坚、程力著：《语境控制理论的跨文化传播意义》，《东北师大学报（哲学社会科学版）》，2007 年 4 期。

境适应的过程。早期学习经验会成为后期学习的文化环境，而且这些学习还涉及寻求自身认知与政治安排同一性的过程。一旦一种文化观念成为社会主流观念，会迫使其他的文化观念发生改变，因为只有这样做，才能将行动决策的成本降低，并增加社会交往过程的可预测性。① 经历了这一系列复杂的转换之后，理论的跨文化传播才算基本告一段落，新的语境形成，再反过来影响理论的发展。以此为基点，语境与理论展开一轮新的互动过程。② 不过，从历史发展的经验来看，这个过程相当漫长，而且其中还不乏失败的例子。正是从这个角度出发，有的学者将政治发展定义为：一个国家或地区根据本地区的具体情况把人类文明的已有成果应用到本国的实践，实现政治制度的创新和人的能力提高的过程。③ 这里反映出的，还是发展模式的问题。

总之，政治衰退其实是政治变迁的一种结果，政治衰退的过程只能在政治变迁的过程中展开；同时，政治衰退的程度与政治系统的结构及系统内部自我修复与协调能力强弱也有比较重要的关联，政治衰退在治理能力退化的语境下形成，一旦语境发生了变化，政治衰退的涵义也会有所调整。正是这三个基本概念构成了政治衰退的基本理论前提，也构筑了政治衰退基本内涵的约束框架。

1.2.2 政治衰退的基本涵义

从词源学的角度说，Decay 主要有两个来源，一是源自拉丁语 cadere，一是源自古法语 decair，两者均有“减低”、“变弱”的意思。在现代英文辞典中，decay 的涵义主要有：引起事情缓慢毁坏（destruction）的自然化学变化；坏掉的部分；信念、信仰、社会和政治组织的缓慢毁灭；从经济上的成功变得很穷困；建筑或者结构因为缺少照料而渐渐毁坏。④ 也有的英文辞典将其解释为“失去权力（power）、活力（vigour）、影响力（influence）”等。⑤ 尽管不同的辞典对于 decay 的解释不尽

① Harry Eckstein, “A Culturalist Theory of Political Change”, The American Political Science Review, Vol. 82, No. 3 (Sep., 1988), pp. 789 – 804.

② 这里牵涉到的一个问题是：语境与理论何者为先？这无疑又是一个鸡生蛋、蛋生鸡的问题。本书在处理理论与语境的关系时，专指某一理论形成时与其形成语境之间的关系联结并将其作为起点展开相关分析。

③ 卢正涛著：《新加坡威权政治研究》，南京大学出版社，2007 年，37 页。

④ 《朗文当代英语词典》，外语教学与研究出版社，1997 年，350 页。

⑤ 霍恩比著，李北达译：《牛津高阶英汉双解词典》，商务印书馆，1997 年，368 页。

相同，不过大致看来，decay 主要应该包含以下几个方面的涵义：1. 事物的某一层面特征逐渐由有序走向无序，最终结果是走向消亡。2. decay 的完成是一个比较缓慢的过程。3. decay 既可以是部分的，也可以是整体的。4. 从系统的角度而言，decay 发生的过程伴随着功能的弱化。5. 就人或者制度而言，decay 也包含有能力弱化的意涵。

和 decay 在理解上出现的多义性情况一样，在学术界，对 political decay 的理解也是五花八门。仅从对 political decay 的翻译上面就可以看出分歧。大陆学界有将其翻译为“政治衰朽”者，① 也有将其翻译成“政治衰败”者，② 而台湾学者有将其翻译成“政治衰退”者，③ 但是大都将其翻译成“政治衰败”。④ 如果从字面上理解，“政治衰退”的概念显然较为强调政治变迁的过程，以及在这个过程中出现的、与预设的价值目标相反的政治结构变迁方向。从这个角度上说，政治衰退是与狭义的“政治发展”相反的一个概念。而政治衰败与政治衰朽的概念则更强调政治衰退以后的结果，更强调一种结构上的既成事实。由于本书强调在政治变迁过程中考察政治的负向变迁问题，所以采用了“政治衰退”的译法。

在对政治衰退概念的理解中，当代学者有相当大的不同。在亨廷顿看来，衡量政治变迁是否走向衰退的基本指标有很多，他认为有关稳定（instability）、腐败（corruption）、威权主义（authoritarianism）、国内暴力（domestic violence）、制度退化（institutional decline）和政治瓦解（political disintegration）的理论，作为政治发展理论的反面，“可能告诉我们更多的东西”。⑤ 前文已经提到，亨氏基本上还是在政治现代化的基本脉络中去考察政治衰退问题，所以他衡量政治衰退与否的指标大都取自政治现代化理论中的基本指标，如制度化、结构分离、政治参与等。约翰·

① 主要的代表就是王冠华等翻译的亨廷顿《变动社会中的政治秩序》（“political order in changing societies”）一书。

② 同样是上文所提及的亨廷顿“political order in changing societies”一书，李盛平、杨玉生的译本译名为《变革社会中的政治秩序》，其中的 political decay 则被翻译成“政治衰败”，而在这本译著中，“政治衰败”与“政治衰退”又是通用的。见塞缪尔·亨廷顿著，李盛平、杨玉生译：《变革社会中的政治秩序》，华夏出版社，1988 年，目录及第一章标题。此外，“政治衰败”的译法也见于胡福明主编，邹农俭等编：《中国现代化的历史进程》，安徽人民出版社，1994 年，154—155 页。

③ Samuel P. Hantington 著，江炳伦等译：《转变中社会的政治秩序》（“political order in changing societies”），（台湾）黎明文化事业股份有限公司，1981 年。

④ 彭怀恩著：《台湾政治发展与民主化》，（台湾）风云论坛有限公司，2005 年。

⑤ Samuel P. Huntington，“Political Development and Political Decay”，World Politics，Vol. 17，No. 3（Apr.，1965），p. 393.

戈里斯（John R. Gillis）则用艾森斯塔特的政治衰弱（political breakdown）概念来解释政治衰退问题。所谓的"政治衰弱"，按照艾森斯塔特的定义，系指这样一种状态，对付日常统治问题的关键制度能力不断下降，不仅精英集团的效率处于一种比较低的水平上，而且这个集团应该具备的一些重要原始功能已经丧失。戈里斯指出，18—19世纪欧洲革命的原因在于政治衰弱引起的政治衰退，这种解释不同于历史学者和社会学者的解释路径，但是有效性是明显的。① 大陆学者杨先保认为，政治衰退其实是政治发展的反面，与政治发展的进步意义相反。政治衰退主要是指政治进步的过程被打断，政治生活陷于政治停滞和政治退步的状态。② 从这种表述中可以看出，这里的政治衰退其实就是政治倒退。大陆学者杨光斌也基本上是从政治倒退的角度运用政治衰退的概念。他在论及北洋军阀时期的政治状态时说，"在国家的政治变迁中，并不是直线的政治发展，期间有可能出现政治衰退。"③ 北洋军阀统治时期，民主、共和观念的流行虽然给当时的中国带来了革命性变化，但是这种革命性观念却在实践中被军阀们的"丛林规则"破坏得体无完肤，国家陷入空前危机中。

从学者们的研究指向看，大致来说政治衰退有以下几个方面的内涵：

一、政治系统的功能弱化。即政治系统不能按照设计的目标完成其本来应该具有的功能，这种功能弱化既有制度的面向，也有政治运作流程内部软约束机制的衰退，例如文化等更为深层的面向。形成这些衰退的原因各种各样。Sumit Ganguly 所举出的例子说明，制度的衰退在许多国家和地区主要是政治参与和选举动员的扩大所导致的。全球范围内，日益增长的政治动员不可避免，行政当局出于各种方面的考虑，可能会通过强制的方式来限制政治参与的需求，但是这种做法的后果会很严重。以强制方式对政治参与限制的努力从长期来看只能导致去制度化（deinstitutionalization）的结果。这种制度衰退（institutional decay）的代价是非常高的。事实上，利用强制方式对付意识到并要求政治权力的运动是非常冒险的。从长期来看，采取这种措施可能反而会破坏其采取措施时所持有的目标，也就是说可能会得到与预期

---

① John R. Gillis, "Political Decay and the European Revolutions, 1789 - 1848", World Politics, Vol. 22, No. 3 (Apr., 1970), pp. 350.

② 杨先保著：《北洋军阀与政治衰朽》，《湖北大学学报（哲学社会科学版）》，2006年5月，第33卷第3期。不过在这篇文章中，作者没有清理"政治进步"概念，似乎将政治现代化与政治进步等同。同时，这篇文章中"政治发展"和"政治进步"的概念是通用的。

③ 杨光斌著：《制度变迁与国家治理》，人民出版社，2006年，233页，脚注2。

相反的后果。这些政策的最终结果就是局势愈发恶化。① 由于政治制度是政治系统的主要载体，所以制度的功能衰退相应地会导致整个系统的功能衰退。

二、治理能力的退化（deterioration of governance）。上文已经提到，治理能力在一般意义上强调的是政治权威的有效性，即政治权威在社会运行过程中，在价值分配和资源分配中占据支配地位。在治理的概念及理论框架内，治理更强调的是政治沟通和不同意见的统合，最终达到政治系统的良性运转。尽管治理的概念和逻辑进路与纯粹技术层面的政治系统运作不尽相同，但是从追求结果是达成政治系统良性运作这一目标来看，其实两者还是有逻辑上的一致性。治理能力的退化主要表现在政治权威和政治系统对意见及行动整合的能力下降。如有学者在谈到香港的政治发展问题时认为，香港在政治和社会秩序稳定的同时，也出现了一定程度上治理能力退化的问题。主要表现在于：许多民众走上街头反对特区政府的改革政策。而且，政治衰退不但表现为市民的反对运动，也包括爱国者的动员和支持北京的政治团体动员起来支持特区政府政策等，同时也表现为政府内部对待游行示威者态度越来越大的分歧。② 治理能力退化最后产生的结果可能就是台湾学者吕亚力教授所说的弱质民主。按照他的解释，弱质民主系指以民粹民主为主的民主形式，这种民主的两个主要特点是：（1）多数民意，即对少数民意并不重视。（2）对多数民意拥戴的领导者之绝对信任，只要是该领导人所为，必获“社会”支持。这种民主在人种、民族（省籍）、宗教等多元的社会中，有其危险性，因为少数在感到不获尊重，甚至丧失安全感的情况下，可能采取激烈的行动。③ 一旦这种情况出现，极有可能意味着政治动荡和社会混乱。

三、政治向无序化方向发展。政治衰退的主要表现形式之一，是指政治的失序，或者说是政治动荡与混乱。这种情况不一定导致政治系统的崩解，但是会使社会发展长期处于停滞不前甚至是倒退的状态，从这个角度上说，这种政治衰退其实已经是一种结果，用“政治衰朽”的概念进行表述可能更为合适。这种情况可以称

---

① Sumit Ganguly, “Explaining the Kashmir Insurgency: Political Mobilization and Institutional Decay”, International Security, Vol. 21, No. 2 (Autumn, 1996), p. 106.

② Herbert S. Yee, “Review: (untitled), Reviewed work (s): Governing Hong Kong: Legitimacy, Communication and Political Decay by Lo Shiu – hing”, The China Quarterly, No. 172 (Dec., 2002), p. 1081. 不过应该指出的是，香港的民主政治现在仍在比较剧烈的变动过程中，这种民主发展成何种样态，还有待观察。

③ 吕亚力著：《政治发展》，（台湾）黎明文化事业股份有限公司，1995年，120页。

作“极度政治衰退”，在民主化国家和地区并不少见。塞缪尔·迪克罗（Samuel Decalo）曾经对极度政治衰退进行了描述：经济发展长期停滞，宗教冲突严重，在国家名义之下充满了互不相容的亚民族主义（subnationalism），缺乏具有代表性的政治机构，整个国家充斥着尖锐的矛盾以及制造不稳定的尝试。社会冲突的根源最起码牵涉到社会结构和管理结构两个层面。政府对资源和人口的控制力量微弱，国家应该具备的机构和服务要么非常原始，要么付诸阙如，即便存在也处于迅速萎缩的过程中。① 就目前的情况而言，国内学者所指的政治衰退大都是指这种情形而言。而国外学者对于政治衰退概念运用时，涵义的涵盖范围要相对广泛一些。

政治衰退与一般意义上的物质系统衰退有比较大的差别。就一般性的物质（例如建筑物等）出现的衰退而言，由于系统整体上有向无序方向发展的趋势。所以，除非有外部力量的介入，这种衰退是不可逆的。也就是说，其衰退的最后结果就是系统走向毁灭。但是对于政治系统来说，由于内部具有自我调节能力，所以可以对政治衰退所造成的消极后果进行消解，从而避免整个系统的崩溃。以美国的政党政治为例。汉斯（Garland A. Haas）认为，随着1840年威廉·亨利·哈里森（William Henry Harrison）的当选，美国完全意义上的两党制形成了。美国的政党系统迅速分化，从国家统一的工具变成了为某些个人和集团服务的工具，内战时期是为小团体的利益服务，1877年以后则是为贪婪的个人利益服务。到19世纪末，在政治中已经没有真正的议题，两个主要的政党都忽略了穷苦人的要求，内部的分歧取代了政党的统一，共和党和民主党都在为了金主和有钱人的利益激烈斗争。② 但是这种政党功能衰退并没有从根本上导致美国政党政治的衰退，随着政党竞争的激烈程度增加，同时因经济发展而兴起的劳工阶级的扩大，美国的两个主要大党（先是民主党和辉格党，后是民主党和共和党）不得不调整各自的政策纲领，以赢得新党员。③ 从这个意义上说，政治衰退可能引发政治更新，旧制度的功能衰退可能引发制度的变革，也有可能导致制度的功能更新，这在不同的政治情境下有不同的演进

---

① Samuel Decalo, “Regionalism, Political Decay, and Civil Strife in Chad”, The Journal of Modern African Studies, Vol. 18, No. 1 (Mar., 1980), p. 23.

② R. Hal Williams, “Review: (untitled), Reviewed work (s): The Politics of Disintegration: Political Party Decay in the United States, 1840 to 1900. by Garland A. Haas”, The Journal of American History, Vol. 82, No. 2 (Sep., 1995), p. 732.

③ ［美］施密特、谢利、马迪斯等著，梅然译：《美国政府与政治》，北京大学出版社，2005年，180—192页。

路径。

政治系统的部分衰退与整体功能实现并不矛盾。对政治系统来说，部分衰退可能导致政治系统的整体衰退，但是政治系统也可能通过自身的修复功能对其进行更新，从而使系统免于出现恶性发展甚至是系统崩溃的局面。而是否能够达到这种结果，主要取决于整个政治系统对于政治衰退的抵抗和修复能力。

在考虑政治衰退概念涵义的时候不能不注意到语境变化对政治衰退概念内涵的影响。就政治衰退理论的提出者亨廷顿的情况来看，他在提出这个概念时所处的基本语境为：1. 大量的新兴国家出现在国际政治舞台上，而对于这些国家发展的解释却相对滞后；2. 冷战中，美国防止共产主义扩散的需求；3. 美国公司海外利益的扩展需要对这些发展中国家和地区的政治变迁情况有比较准确的了解。除了这些内容之外，还有学者寻找新的理论增长点的欲望，以及获取研究经费的诱惑等。① 这些基本语境决定了亨廷顿政治衰退研究主要的焦点集中在发展中国家的政治稳定上面。他所描述的一系列政治指标，包括政治权威的合理化、结构的分离、政治运作的制度化水平等，均是从稳定的基点上出发去分析问题。相应地，所谓的“政治衰朽”问题主要指因革命、政治参与爆炸而出现的政治混乱以及由于军人干政而出现的政治动荡等情况。事实上，二战后美国关于政治发展研究的题域也主要集中于对发展中国家和地区进行社会改造的层面，不过分析的视角和路径不同而已。从早期的罗斯托、李普塞特，到后来的阿尔蒙德和亨廷顿，均主要从政治系统本身的变迁如何达到政治现代化的标准来考察政治发展与衰退问题。这些理论显示出来的基本关注点，主要还是政治现代化理论脉络下的政治变革，或者说西方模式在多大程度上能够改造发展中世界的问题。这是西方语境下政治衰退研究的主旨，相应的概念正是在这个语境下面展开。

一旦语境发生改变，政治衰退的意涵显然也会发生变化。对广大的发展中国家和地区来说，政治衰退研究关注的焦点是如何从实际情况出发进行制度设计，实现本国家或地区的良好治理。这个目标包括了内部的政治稳定、良好的社会秩序、社会的可持续发展、人文关怀的不间断实现等方面的内容。也就是说，对于发展中国家和地区来说，更关心的不仅仅是政治稳定和西方语境下的“民主化”问题，而是

---

① ［美］霍华德·威亚尔达著，刘青、牛可译：《新兴国家的政治发展——第三世界还存在吗?》，北京大学出版社，2005 年，32 页。

在实现根本性政治变革的同时实现良好的社会治理。显然，如果具体到发展中国家和地区本身的政治诉求和政治现实，对政治衰退意涵的探讨就不能仅仅局限于政治动荡、专制统治、军事独裁和政治混乱等层面，而是要涉及更深层次和更广范围的内涵与外延。或者说，在发展中国家和地区本身的语境中的政治衰退，除了亨廷顿等所说的“政治衰朽”的基本涵义外，还包含了社会、文化结构的冲突与协调等基本内涵。概括起来说，发展中国家和地区语境中的政治衰退概念应该具备以下几个方面的基本特征。

一、结果与过程的矛盾与统一。如果要描述结果的话，还是用“政治衰朽”或“政治衰败”的概念比较恰当。政治衰退结果反映的是一种实然的状态，而政治衰退的过程则反映的是此一结果达成的基本路径。就学理的研究来说，政治衰退的过程显然更为重要。政治衰朽的表现形式具有较高的外显性，可能是功能的衰减，也有可能是价值的缺失。但是政治衰退的过程却表现出明显的隐性特征。具体而言，一个决策做出之后，或者一个制度形成之后，并不一定当时就能够看到其负面影响。从决策者自身的角度上说，政治决策在当时的情境下一定是最优的选择。但是，政治衰退的过程确实是在这些制度设计完成后和决策形成之后才开启的。

二、部分与整体的矛盾与统一。政治系统的局部功能性衰退并不一定导致整体的功能性衰退。整体反而可能借部分的功能性衰退进行功能的升级与重整，不但有避免系统崩溃的可能，甚至可能会强化整体的功能。

三、表层与深层的矛盾与统一。在政治系统的表层结构上，可能表现出不同的政治衰退和政治衰朽形态。如腐败问题、专制问题、军人干政问题等。但是在深层的结构层面，政治衰退和政治衰朽在一定的范围内一般会反映出一定程度上的相似性。例如，中国历史上长期重复的由王朝初期的政治清明到王朝后期政治衰退的政治变迁模式，就是一个较为典型的例子。当然，表层与深层关系还可以划分出更细致的亚结构层面的矛盾与统一。例如，政治变迁过程中内部因素与外部因素的对立统一问题。有的学者在研究发展中国家和地区政治变迁时认为，政治发展或者政治变迁理论的一个前提就是国内与国际层次政治系统的整合，因为在政治运作中，这两者不可能截然分开。正如在一些贫穷国家看到的那样，国际结构和特定的国际行为者扮演了关键性角色。因而，在解释国内政治系统及其对社会其他部分造成的客观后果时，对国际结构和特定行为者的影响一定要给予足够的重视。① 不过这个观点却没有解释这样的问题：同样的国际结构下面，为什么在不同国家和地区产生的政治后果却大不相同？从根本上来说，外部结构还是要通过内部结构起作用。再如，在政治变迁过程中，同样是借鉴西方的政治变迁模式，不同的国家和地区却表现出不同的发展样态。威亚尔达在论及政治变迁与经济发展的关系模式时说，事实已经证明罗斯托等人的早期发展理论完全弄错弄反了：不是经济发展带来民主，而是首先需要一个致力于正当使用资金的、较为民主的政权，然后才能实现真正的经济发展。对于这条准则，东亚是个例外。东亚的几个大的或小的“虎”——日本、韩国、中国台湾、中国香港和新加坡，真正实现了经济发展，经济发展又导致社会变迁并最终带来民主化的实现。② 或许这可以归结到文化的因素，但是单纯的文化范式显然也没有足够的解释力。从以上分析大致可以看出，不同政治体表层的政治衰退差异性大小与这些政治体深层的社会政治、经济、文化结构差异有着相当的关联。

1.2.3　政治衰退的基本面向

作为政治变迁过程的一个面向和可能结果之一，政治衰退在不同的政治背景下可能会表现出不同的形态。如果沿着政治发展反向运动产生的原因这一基线进行分析，政治衰退可以由制度变迁、社会结构变迁和政治文化变迁三种原因引起。

一、制度变迁引发的政治衰退。

按照新制度主义的解释，制度安排可以是正式的，也可以是非正式的。正式的制度如宪法、法律与规定等，而价值观点、意识形态和习惯就是非正式的制度安排。社会中正式和非正式制度安排的总和被称为制度结构。③ 但是显然，制度的概念并不是如此简单。大陆学者辛鸣曾对不同学科对制度的定义做了简单的分类，大

---

① Egil Fossum, “Political Development and Strategies for Change”, Journal of Peace Research, Vol. 7, No. 1 (1970), p. 21.

② ［美］霍华德·威亚尔达著，刘青、牛可译：《新兴国家的政治发展——第三世界还存在吗?》，北京大学出版社，2005 年，46 页。

③ 林毅夫著：《关于制度变迁的经济学理论：诱导性变迁与强制性变迁》，载［美］J. R. 科斯等著，胡庄君等译：《财产权利与制度变迁》，上海三联书店，1994 年，378 页。转引自杨光斌：《制度的形式与国家的兴衰》，北京大学出版社，2005 年，15 页。

致有以下五种观点：制度是一种规则；制度是一种习惯；制度是一种组织；制度是一种模式；制度是一个系统等。① 在这个庞杂的概念丛林当中，笔者比较认同日本学者青木昌彦的观点：给诸如“制度”之类的任何概念下一个合适的定义都将取决于分析的目的。他从博弈论的角度出发，将制度研究限定在两个层面上：1. 将当代不同国家整体性制度安排的复杂性和多样性理解为某种多重均衡现象（共时性问题）。2. 在与均衡制度观相一致的框架下理解制度变迁的机制，同时又允许新奇性出现的可能性（历时性问题）。② 从本书分析目的出发，此处的“制度”主要是指成文法律规范，以及围绕着这些法律规范发展起来的政治制度安排。

制度衰退总体来说是制度功能的逐渐衰减。制度的设计本身是为执行政治、经济或社会职能而产生的，一旦这些功能不能顺利完成，制度的衰退就出现了。辛格（L. P. Singh）在20世纪发表的关于印度政治发展的文章中说，从亨廷顿政治发展的定义出发，政治衰退可以定义为政治程序与政治组织的去制度化（de - institutionalization）。他据此认为，国大党在1967年选举中的失败是印度政治发展历史阶段的终结，而国大党的分裂则是印度政治衰退的开始。原因在于，随着一党占优势政治局面的结束，印度的政党政治将出现去制度化的局面，印度将出现多个某些形式的“动员系统”（mobilization system），政治稳定也将随之结束。③ 这里他主要考察的是某一时段内政党制度变迁与政治稳定的关系，不过如果将时段拉长的话，在基本的政治框架内，当一党独大的制度化安排被打破以后，政治格局会展开重新制度化的过程，从整体上来看并不一定会影响制度的稳定。当然，对于当时的国大党来说，随着执政优势的丧失，该党执政时作出的制度安排必然失去功能，从这个意义上认为国大党面临着制度衰退并无不可。

制度衰退可能产生两种结果：一是制度功能的重新调整和制度结构的变更，这种局面导致的是制度的渐进性变迁；另外一种就是制度崩溃。

有学者在谈及上个世纪70年代印度在甘地夫人当政期间的政治改革时说，正如宪法保证的选举不一定能导致制度化的政治参与一样，宪法性的威权主义（constitutional authoritarianism）制度安排也未必一定就会自动产生超级政治意志

---

① 辛鸣著：《制度论》，人民出版社，2005年10月，39—44页。

② ［日］青木昌彦著，周黎安译：《比较制度分析》，上海远东出版社，2001年，2—3页。

③ L. P. Singh, “Political Development or Political Decay in India?”, Pacific Affairs, Vol. 44, No. 1 (Spring, 1971), pp. 65 - 80.

(supreme will)。在甘地夫人当政期间，她利用了宪法中存在的矛盾，通过强势的政治改革，在一定程度上压制了政治参与，维护了政治的稳定。这种情况其实是在宪法范围内进行的政策调整，或者说在一定程度上改变了宪法的功能。因为政治改革的合法性基础依旧来源于宪法，而且改革也是在宪法的框架内完成的。论者将这种情况称作“宪法的衰退”(Decay of the Constitution)。当然，他也认为这是印度宪法有弹性的表现，宪法可以直接形塑或适应政府的制度化努力，甚至可以创造制度化的机会。① 宪法的弹性创造了重新制度化的机会，也创造了制度功能重新调整的空间。

在较为极端的情况下，制度衰退的结果就是制度崩溃。从上文的定义出发，制度其实代表了某种社会秩序和模式，而制度化则是这种秩序和模式的获得过程。②或者说，制度化的过程本身就是制度功能的实施和贯彻过程。对某些制度而言，由于先天的缺陷和历史发展的原因，已经完全无法实现其功能，而制度本身又没有被调整的可能，最后的结果就只能是该制度的崩解或消亡。在对斯里兰卡政治动荡局面的研究中，有学者指出，50 年中，僧加罗人占统治地位的斯里兰卡推行的是“控制的民主”(Control Democracy)，即强势族群僧加罗人避开族群议题，以国家名义控制了几乎各个层次的权力，其制度安排就是要建立僧加罗人的一族统治制度。在这种制度安排下，泰米尔人不断被边缘化。正是因为这样，这种制度遭到了泰米尔人的持续抵抗，出现了非常严重的制度衰退(Institutional Decay)。③ 所以，虽然 2009 年泰米尔人的抵抗被敉平，但是如何调整政治制度，实现族群平等，消除对抗的根源，仍是斯里兰卡政府面临的艰巨任务。

无论是制度功能的重新调整还是制度的崩溃，都意味着旧有制度的逐步解体和新制度的确立，不同的是，一个过程较为温和，而另一个过程比较激烈而已。但是不管是哪一种方式，制度变迁都是各种政治力量在原有平衡被打破之后寻求新平衡的过程，在这个过程中都较容易出现政治动荡和激烈的政治斗争，政治系统功能失灵的概率非常高。

---

① Henry C. Hart, “The Indian Constitution: Political Development and Decay”, Asian Survey, Vol. 20, No. 4 (Apr., 1980), pp. 428 –451.

② ［美］罗纳尔德·L. 杰普森著：《制度、制度影响与制度主义》，157 页。见［美］沃尔特·W. 鲍威尔、保罗·J. 迪马吉奥主编，姚伟译：《组织分析的新制度主义》，上海人民出版社，2008 年。

③ Neil DeVotta, “Control Democracy, Institutional Decay, and the Quest for Eelam: Explaining Ethnic Conflict”, Pacific Affairs, Vol. 73, No. 1 (Spring, 2000), p. 57.

二、社会结构变迁引起的政治衰退。

结构同样也是一个复杂的概念，本书无力也无意对这个概念进行详细辨析，仅就一些基本层面进行简单清理。按照一般的解释，结构主要与功能相对而言，指系统内部的各组成要素之间相互联系、相互作用的方式，是系统组织化和有序化的重要标志。就系统整体来说，结构既是系统存在的基本方式，又是系统的基本属性，是系统形成整体性、层次性、功能性的基础与前提。① 结构主义大师皮亚杰说，如果说结构是一个转换体系，它含有作为整体的这个体系自己的规律和一些保证体系自身调节的规律，那么，一切有关社会研究的形式，不管它们多么不同，都是要导向结构主义的：因为社会性的整体或“子整体”，都从一开始就必须作为整体来看不可；又因为这些整体是能动的，所以是转换的中枢；还因为这些整体的自我调节，能用社群所强加的各种类型的限制和各种标准或规则这样一个有特殊性的社会事实表现出来。② 在最简单的意义上说，结构强调的是“关系”的组合，其中部分（成分）之间的相互依赖是以它们对全体（整体）的关系为特征的。③ 从有序化的角度而言，结构体现了关系之间的相对稳定性。也正是因为这样，结构的变化对于系统而言更加具有根本性和深层次的影响。

本书所讨论的影响政治衰退的社会结构主要是指在政治变迁过程中的结构分化。这里的结构分化不同于亨廷顿所说的结构分化概念。亨廷顿认为，“在欧洲，权威的合理化和权力的集中曾经伴随着更为专门化的政府机构和部门的出现以及职能的区分。当然，这些发展变化是对社会的日益复杂及其对政府要求的不断增加的反映。”④ 亨氏所说的政治分化从根本上说还是一种制度分化。而我们所谓的社会结构分化主要是指在政治变迁过程中形成的对立与冲突的结构，即对政治制度的功能产生负面拉扯作用的结构。从这个定义出发，影响政治衰退的社会结构主要有两个

---

① 辞海编辑委员会编：《辞海》，上海辞书出版社，2000 年，1412 页。不过需要说明的是，《辞海》在解释结构时主要是针对物质结构而言。笔者认为，在一些非物质系统中，如观念系统等，这个解释也同样具有参考价值。

② ［瑞士］皮亚杰著，倪连生、王琳译：《结构主义》，商务印书馆，1984 年，82 页。

③ ［比］J. M. 布洛克曼著，李幼燕译：《结构主义》，中国人民大学出版社，2003 年，6 页。不过在这本书中，作者也指出，这种说法本身表明的意思太少了，结构概念被假定的同一性与包含在这一概念中的真实关系的多样性之间存在着矛盾，如果这类困难不解决，结构主义的“结构”概念的运用就仍然有三个特点：多义性、语境关联性和渗透性。见布洛克曼上引书，6—7 页。

④ ［美］塞缪尔·亨廷顿著，王冠华等译：《变化社会中的政治秩序》，上海世纪出版集团，2008 年，89 页。

方面，一是阶级结构，二是族群结构。

按照马克思主义的观点，阶级结构的形成主要根源于社会生产力发展过程中资产阶级对无产者不断加重的剥削与掠夺，“资产阶级生存和统治的根本条件，是财富在私人手里的积累，是资本的形成和增殖；资本的条件是雇佣劳动。雇佣劳动完全是建立在工人的自相竞争之上的，资产阶级无意中造成而又无力抵抗的工业进步，使工人通过结社而达到的革命联合代替了他们由于竞争而造成的分裂状态。”① 因为阶级之间的冲突与对抗而造成的政治衰退往往以一种比较剧烈的形式表现出来，这在东西方的近代历史上看得很清楚。

族群结构造成的政治衰退又是另外一种情形。族群（ethnic group）一词在英语中的意涵为“具有语言、种族、文化和宗教特点的人们共同体”。也就是说，族群的边界是多元的，如果说阶级的边界主要以经济状况来划分的话，族群的边界划分则复杂得多。它的出现是西方社会后现代主义思潮影响下的“认同政治”、“差异政治”的产物，同时也与移民现象密切相关。② 从现实中的族群问题来看，族群的边界可以是地域特征、文化特征、宗教特征、种族特征等。历史上的清教徒在英国就是一个以宗教为边界的族群，美国的黑人是种族为边界的族群，韩国湖南人和岭南人的区分则是地域区隔的例子，中国台湾地区的本省人和外省人的差别是省籍矛盾的结果。所以说，族群问题从根本上是认同问题，族群边界的形成与群体观念的形成、政治建构的内容及模式都有密切关系。但是毋庸置疑的是，沿着族群的边界，很容易形成长久的对抗与冲突，从而导致政治衰退的出现。

三、政治文化改变导致的政治衰退。

相较于制度和结构的概念，文化的概念更加庞杂。美国有代表性的人类学家克鲁伯（A. L. Kroeber）和克罗孔（Clyde Kluckhohn）借翁特瑞纳（Wayne Untereiner）协助，合著了一本书《文化，关于概念和定义的检讨》（Culture，A Critical Review of Concepts and Definitions）。在这本书中，罗列了从 1871 年到 1951 年这 80 年间关于文化的定义至少有 164 种。殷海光先生进行了整理，归纳出了记述的定义、历史的定义、规范性的定义、心理的定义、结构的定义、发生的定义等不同的

① 马克思和恩格斯著：《共产党宣言》，见中央编译局编：《马克思恩格斯选集（第一卷）》，人民出版社，1995 年，284 页。

② 徐晓萍著：《台湾的族群问题与“台独”势力的政治利用》，《中央民族大学学报》，2006 年 6 期。

类型。[①] 从文化的分类来看，从器物文化到精神层面，几乎涵盖了人类生活的各个方面，在有的定义中，干脆将文化定义为“生活方式”。本书此处的政治文化主要指民众对政治系统的情感状态，包括对政治系统的知识、认知和对政治系统感知的方式。[②] 政治文化反映的是民众对政治系统的基本态度，不同的态度会产生不同的政治行为，进而对政治系统的运行与变迁产生不同程度的影响。

政治文化层次产生的政治衰退主要表现在政治认知上的歧异可能导致的对立与冲突。这种分歧与冲突所引起的政治制度功能衰退和政治混乱成为政治衰退的根源之一。在政治认知的歧异化过程中，可能会产生一系列的亚文化及冲突。在阿尔蒙德看来，政治亚文化系指按地域型、依附型、参与型的政治制度与相应的政治文化划分。在这种语境下，主要有两种政治亚文化：1. 政策性亚文化：大多数国民持久性地适应政策输入与输出，适应政治制度与政治结构，只是在有关的内政或外交政策上保留不同的观念。2. 结构性亚文化：即在混合型的地域—依附型文化里，一部分国民适应扩散的传统权力，另一部分国民适应中央集权政治系统的结构，所以既出现了依附型亚文化，也保留着传统的、互不联系的亚文化。换言之，大多数国民尚未就具体的政治制度达成共识，从而造成政治不稳定。[③] 当然，阿尔蒙德主要是从政治系统运行的角度出发，依政治输入和政策输出的逻辑链条来诠释政治亚文化。从更为广泛的范围内说，政治亚文化的形成还有其历史与现实的原因。诸如族群因素、经济因素等均有可能成为政治亚文化的促成因素。在这种视角下的政治文化，可能包含不同的符号系统、不同的政治归属感、不同的文化表征方式以及不同的政治行为模式等。在这些情形中，各种亚文化均以其他亚文化的存在作为自己存在的镜像，在与其他亚文化的比较中划分出我者与他者的界线。

政治亚文化的形成并非一定是经济原因。相反，在大部分的情况下，经济的原因在政治亚文化的形成过程中处于次要的地位。一般来说，族群的情感联结、历史遗留下来的政治认同等反而处于较为主要的地位。

在一个充满着不同政治亚文化的社会中，政治认知的分歧因为亚文化的强化作

---

① 殷海光著：《中国文化的展望》，上海三联书店，2002 年，28 页。本书初版为 1965 年，（台湾）文星书店出版，但是出版不久即遭查禁。

② ［美］加布里埃尔·A·阿尔蒙德，西德尼·维巴著，马殿君等译：《公民文化——五国的政治态度和民主》，浙江人民出版社，1989 年，122—123 页。本书初版为 1972 年。当然，对政治文化的定义也有多种，这里不再赘述，本书从分析的需求出发，主要取阿尔蒙德的政治文化概念。

③ 王乐理著：《政治文化导论》，中国人民大学出版社，2000 年，92—93 页。

用而不断增强，甚至形成对立的政治群体。如果政治分歧扩大到一定程度，就有可能成为族群划分的标准。在这个意义上说，政治亚文化之间的冲突类似于民族之间的冲突，而不单纯是阿尔蒙德所说的政治输入与政策输出方面的认同分歧了。这种亚文化所带来的冲突往往更为持久而且具有较高的烈度，所导致的政治衰退也更加明显。

政治制度、社会结构、政治文化三个层面上的政治衰退所反映出来的其实是政治衰退的不同形式。在这些不同的层次上，政治衰退所产生的影响也是不一样的。就制度层面来说，虽然政治衰退不能被消灭，但是通过制度功能的重新调整，在一定程度上规避政治衰退带来的负面影响，是可能而且是可以操作的。但是一旦政治衰退出现在政治社会结构和政治文化方面，通过政策调整的方式对政治衰退造成的负面影响进行规避就变得非常困难。这也说明了，为什么同样是政治衰退，有的国家和地区通过改革轻易地就可以走出困境，有的国家和地区却出现了长期的政治动荡。

1.2.4　政治衰退的测量

政治衰退有不同的维度，因此对其测量也不会有固定的标准。上文提到，按照层次的不同，可以分为制度的衰退、社会结构的衰退和政治文化层面的衰退，这种按照不同层面对政治衰退进行的描述，是依循结构和功能的分析路径展开。如果按照程度的不同，可以分为低度衰退、中度衰退和重度衰退等不同的类型。各种不同的类型所反映的是政治变迁过程中政治衰退对整体政治变迁产生影响的程度问题。所以，低度衰退可以认为是衰退虽然存在，但是却不足以影响政治变迁的整体进程。在这种情况下，政治衰退往往表现为政治发展过程中需要解决的问题。而在中度衰退和重度衰退的情况下，这些需要解决的问题往往表现出结构化、制度化和永久化的特征，它们已经成为社会难以治愈的痼疾沉疴，并导致各种社会矛盾不断积累，直到爆发。从这个意义上说，中度衰退其实更可以认为是一个国家和地区政治走向衰朽的一个过渡阶段。在这个阶段中，如果相关的问题能够得到解决，则可能实现政治发展，如果干扰发展的问题和矛盾无法解决，则可能会导致政治系统的崩溃。一旦出现这种情况，就可能出现发展停滞、政治动荡和政治倒退。事实上，在发展中国家和地区，政治衰退的各种面向互相交织，形成了阻碍发展的结构性网络，要解决政治衰退带来的影响殊为不易。威亚尔达曾举例说明发展中国家和地区所面临的困境：欠发达国家和地区要实现经济上的增长，然而没有社会和政治现代化它们不可能吸引到资金；但是颇具讽刺意味的是，除非他们经济上获得了增长，否则它们不可能实现社会和政治体系的现代化。对于几乎所有的发展中国家和地区来说，如何打破这些悖论，是一个相当麻烦的问题。这些国家和地区很难从欠发达的泥淖中脱困，反而会出现长期的不稳定，分裂和崩溃更是家常便饭。这种国家和地区便成为一般学者所称的“不易治理的”或“失败的”国家或地区。① 这些国家和地区因为不能有效解决政治衰退带来的问题，所以走向政治衰朽就成为一个难以避免的结局。

从这个角度上说，亨廷顿以“政治稳定”为主要衡量指标的政治衰退其实已经属于重度衰退了。从具体语境来看，亨氏“政治稳定”的衡量标准与台湾学者吕亚力的定义有若干吻合之处，吕氏认为，一般研究者使用政治稳定的概念，往往含有两层涵义：一、合宪的政府或具有合法性的政府存在之时间。倘若一个国家，其政府常因不合宪的方式如政变等更换，则它的政治稳定程度必然不高。二、暴力意味的政治事件如群众示威、暗杀等发生的频率，及在这类事件中丧生的人数。② 如果按照这个标准，一旦出现“政治不稳定”，已经是整个局势难以控制情况下的社会严重失序了。

当然，不同层面的政治衰退也有程度上的不同，不过这已经属于次级层面的问题，这里暂不讨论。

在亨廷顿看来，政治稳定是变迁社会能够走向现代化的一个重要前提和保证。这诚然是没有错的，无论从经济发展还是从政治发展的角度来看，都确实如此。这种观点在国外学者中并不少见。有学者从实现民主化的角度出发，列出了更为详尽的清单，认为进入有实质意义的民主程序需要满足一些关键性的标准，如政治权威的领导（authoritative leadership）、官僚机构、服从领导的武装力量（subordinate armed force）、可以被接受的政治高压（accepted territory）、全国范围内被接受的目标、国际承认以及在国际权力平衡中的适当策略等。③ 这里，政治稳定已经作为一

① ［美］霍华德·威亚尔达著，刘青、牛可译：《新兴国家的政治发展——第三世界还存在吗?》，北京大学出版社，2005 年，25 页。

② 吕亚力著：《政治发展》，（台湾）黎明文化事业股份有限公司，1995 年，47 页。

③ Nigel Parsons, “The Political of the Palestinian Authority: From Oslo to al - Aqsa, Routledge Taylor and Francis Group”, New York and London, 2005, chapter1, pp. 3 - 17.

个隐含的预设存在了。但是政治稳定和政治秩序对于形成良好的社会治理来说，却只是一个必要而非充分的条件。那么，什么才是良好的社会治理呢？秉持多元主义①观点的政治学者罗伯特·达尔描述了良好治理社会的基本样态。他认为良好治理的社会就是明显有利于多元政体发展的社会形态。这种社会形态可以由许多标签来定义：自由、资本主义、布尔乔亚、中产阶级、商业、现代（以及后现代）、竞争、市场导向、开放等等不一而足。“其中最能够踏实传达出实质内涵的语词，或许唯有现代化罢了（例如，个人平均财富、所得、消费与教育程度达到历史新高，职业类别高度复杂化，都市人口迅速增加，农业人口急速减少，农业经济的地位相对降低等）。”除此之外，这种社会形态也呈现出显著的动态性，可以透过几个参照点来说明（例如，经济发展以及生活水准的提升），甚至具备了多元主义的特征（也就是涌现出各式各样相对自主的团体与组织，尤其是经济组织）。因此，达尔说他比较偏爱于将这种特定的社会形态称之为动态的多元主义现代社会（modern dynamic pluralist society）。② 当然，达尔所谓的良好治理社会标准并不一定没有争议，但是具备了良好治理社会的基本特征：经济发展、社会稳定、社会与国家之间达成了平衡等。显然，与达尔所描述的政治发展相比较，政治稳定只能是一个初级阶段，是实现良好社会治理必不可少的基本条件之一。

因此，如果从实现良好治理的角度来看，政治衰退所涉及的层面显然比单纯实现政治稳定和政治秩序更为复杂。因而，如果要对政治衰退进行测量的话，最起码应该包含以下几个向度。③

一、权力的集中与制衡

政治活动的核心问题在于权力。在政治变迁过程中，权力的正常行使对维持社会稳定、促进经济发展的作用是显而易见的。但是，如果权力失去制衡，那么权力

---

① 亨廷顿的“现代化”概念核心内涵是以政治参与扩大为中心而展开的制度设计，可以认为主要内容就是西方理论语境下的民主化。在这个意义上说，现代化其实就包含了良好治理的基本意涵。罗伯特·达尔的多元主义理论强调在社会运行的过程中权力是分散的，社会治理其实就是这种多元权力不断妥协的结果。因此，达尔是从另外一个路径上讨论了实现社会治理的问题。所以，尽管两人所使用的概念不同，但是在实现治理的意涵上却有相通的地方。

② ［美］罗伯特·达尔著，李培元译：《民主及其批判》，（台湾）韦伯文化出版有限公司，2006 年，402—403 页。台湾学界一般将达尔（Robert A. Dahl）的名字翻译成“罗伯·达尔”。

③ 政治衰退的衡量标准不是绝对的，本书仅从实现社会治理的意义上提出衡量政治衰退的六个指标。事实上，在不同的理论视角和不同的语境下，政治衰退的标准会有所不同。

对社会形成的伤害同样是显而易见的。阿克顿勋爵的名言："权力导致腐败，绝对的权力导致绝对的腐败。"这就是指缺少制衡的权力而言。事实上，在不同国家和地区以及不同的文化下面，权力的集中对于社会的发展和治理产生的作用是不一样的。东亚国家和地区[①]的基本模式大致可以概括为"威权主义下面的经济发展→社会结构变化→政治参与扩大→制度结构调整和威权主义衰落"的基本路径。这与其他非儒家文化圈内国家与地区的情况可能存在着比较显著的差别。

权力的制衡可以分为制度内制衡和制度外制衡两种类型。制度内的制衡系指用一系列的规则对政治权力的转移、运作过程进行规范，形成较为稳定的权力运作框架，进而保证政治运作的稳定性。而制度外的运作则大多是由于制度的缺乏，权力制衡者不得不利用示威、游行甚至是公开的武装冲突等比较激烈的方式进行抗争，达到权力制衡的目的。相比较而言，后者比前者破坏性要大得多，而且极易失控，出现政治混乱的可能性也大得多。

二、政治系统应对政治参与扩大的方式及成效

政治参与扩大是一个国家和地区经济和社会发展到一定程度以后必然面对的一个现象，从根本上说是社会结构和心理认知结构发生变化的必然结果。但是从学理的角度上来说，政治参与扩大与民主化之间的关系到底为何？到底政治参与以什么样的速度和程度介入政治变迁过程对于政治发展是正面的？这些问题学界已经有热烈的讨论，但是并没有定论。究其原因，政治参与的效果本身具有地域性特征，在不同时期和不同地域有着较大的差异性，或许根本无法寻求一个比较一致的解释框架。中国大陆学者杨光斌认为，不能简单地理解政治参与与民主的关系，说什么更广泛的政治参与是好的，等于无视一定情况下参与膨胀对政治系统的危害；同样，强调参与活动的增加会降低政治生活的质量，又等于否认公民的社会权利。[②] 不过不管怎么说，政治参与的扩大必然带来一些结构性的变化，例如政治权力分配结构、政治观念结构等均会发生或大或小的改变。因此，政治参与的增长幅度，以及政治参与引发的政治变迁的可控程度，是判断政治参与对政治衰退或政治发展影响的一个重要指标。在政治参与扩大的过程中，如果出现了民粹政治的局面，则导致政治衰退的可能性要大得多。

---

① 主要指儒家文化地区，例如日本、韩国、新加坡等。

② 杨光斌著：《政治冷漠论》，《中国人民大学学报》，1995 年 3 期。

三、政治决策及其效率

在以竞争性选举为中心的民主政治下面，不可避免地会出现行政当局如何与民众互动的问题。由于执政当局的权力来源于民众，在权力运作的过程中，可能会出现几个方面的趋势：1. 片面讨好民众，形成无能政府的局面。由于民意本身所具有的分歧性与复杂性，当政者可能会在这些分歧的民意结构下面无所适从。2. 政策的短视。选举一般几年一次，这就要求政治人物在当政的几年间做出成绩，从而取得选民的支持。所以许多政策一定要追求短期效应。执政当局效率的降低无疑是政治衰退的一个较为重要的衡量指标，如果行政效率下降的幅度不大，社会可能付得起这个成本，如果行政效率下降太多，则社会的治理成本会成为一个难以承受的负担。

四、政治腐败及其控制

尽管有许多理论试图解释腐败的原因，但是基本上没有一种理论能够完美地完成这个任务。这里不拟讨论腐败的产生原因及其危害，其实这个看似常识性的题域背后有许多有待清理的问题。例如，有的理论甚至认为在第三世界国家出现的整体性腐败具有某种程度上的有益功能。① 本书的观点是：腐败是政治制度失灵的一个重要方面，对政治系统的正常运转产生的负面和消极影响是相当明显的。这种影响既有制度层面的，更有价值层面的。本书后面还会提到这个问题，这里不作过多解释。在社会变迁的过程中，政治腐败现象往往会出现多发的趋势，一个社会政治腐败的程度及其能否受到有效遏制，是政治衰退的重要衡量标准。

五、社会价值共识的建构

社会价值共识其实就是社会成员在社会重大问题上的观念一致性。这是一个社会据以营造政治上层建筑的重要基础。政治上层建筑符合社会共识的期许，是该上层建筑合法性的最基本来源。戴维·赫尔德认为，合法性将意味着，人民之所以遵守法律和规范，在于他们实际上认为这些法律和规范是正确的且值得尊重的，合法的政治秩序被人民视为规范。② 所以，合法性在根本上说就是合社会价值性。不同

---

① ［英］戴维·米勒、［英］韦农·波格丹诺主编，邓正来译：《布莱克维尔政治学百科全书·政治腐败（制度卷）》，中国政法大学出版社，2002 年，594—595 页。

② ［英］戴维·赫尔德著，李少军、尚新建译：《民主的模式》，（台湾）桂冠图书有限公司，2002 年，239 页。

社会价值观念的差异也在一定程度上可以解释为什么在世界不同的地方，许多国家都在推动政治发展，但是具体的发展路径却各不相同，结果更是千差万别。艾森斯塔特认为，不同发展模式的具象化反映（crystallization）在世界各地不断出现，至于形式，则包括各种不同的现代化组织和制度等。虽然诸如城市化、工业化和现代沟通方式的扩展等情形对于某些国家和地区来说变得相当普遍，但是在发展过程中的具体制度安排还是千差万别，这在相当大程度上取决于对当时的政治和社会基本概念的理解。[①] 也就是说，社会成员对社会价值系统的理解是否一致，或者说，即使一致，这些理解是否有利于政治发展，是一个非常重要的问题。发展中国家和地区在政治发展过程中面临的一个重要的危机就是传统价值系统的瓦解。这些国家和地区的传统价值即便不是彻底瓦解也受到剧烈的冲击，尤其是在后发外生型现代化国家，更是如此。所以，这些国家和地区在进行政治变革时，在表层上来说，是制度变迁与经济发展的问题，而在深层来说则是社会价值观念的重构问题。相比较而言，后者更为重要，因为它在根本上决定了经济发展和制度变迁能否成功。如果一个国家或地区对于类似腐败这样的行为保持持续的价值压力，则反腐败的阻力相对来说就小得多；相反，如果一个国家或地区对于腐败采取的是纵容或默认的态度，腐败可能形成制度化的结果，并成为政治结构的一个组成部分。一旦出现这样的结果，社会治理的成本将大为增加，政治衰退的可能性也会大为增加。

六、经济发展与民主化的关系

政治变迁中的经济发展如何维持？政治变迁的各个层面会对经济发展产生什么样的影响？经济发展与政治合法性之间到底是什么关系？如果政治变迁结果（例如政治参与的扩大）对经济发展产生了相对迟滞的作用，则可以认为产生了政治衰退。政治与经济的关系非常复杂，把政治变迁的结果与经济发展联结起来寻求其中的因果关系难度很大。但基本可以肯定的是，如果经济发展不能保持一定程度的增长，极有可能会导致政治变迁路线发生偏转。当然，这种情况在不同的时期、不同的国家和地区的具体情况也不一样。就如同 1929 年的经济萧条在美国导致了凯恩斯主义的兴盛，而在德国和日本则加速了法西斯的上台一样。当政治变迁推进到一定阶段的时候，特别是竞争性选举得以实现以后，选民对经济决策能够施加的影响

① S. N. Eisenstadt, “Introduction: Historical traditions, Modernization and Development”, see Patterns of Modernity Volume Ⅱ: Beyond the West, Edited by S. N. Eisenstadt, France Pinter, London, 1987, p. 11.

会越来越大。一方面，民众对经济与政治关系的认知变化，以及政治经济发展对民众切身利益影响的分歧性判断会反映到政府的经济决策中来；另一方面，对于环境保护和生产安全的担忧也会通过政治参与对经济决策产生压力。再加上民主化过程中各种保护性法律的出台，劳动力成本提高等，均会在一定程度上影响到经济发展的速度和经济结构的演变。于是，经济发展和民主化之间会形成这样的吊诡局面：经济发展可能推动民主化进程，但是民主化的发展却又对经济发展未必有利。当然，从价值和关怀的角度来说，对人本身的价值关怀是经济发展的终极目标，经济发展不能以牺牲环境为代价。不过这里仍然没有解决的问题是：政治变迁如何与经济发展成为两个互相促进的过程？政治变迁过程中政治结构的变迁对经济发展产生的衰退性影响，到底如何避免？这显然也是一个相当麻烦的问题。

从上面的分析可以看出，政治衰退的测量标准并不是单一的，也不可能以单一标准就判定一个社会是政治发展还是政治衰退。这里其实是一个单项与综合衡量标准之间关系的问题。整体上来说，社会能实现平衡和稳定的变迁，实现一定程度的社会治理，那么这个社会整体的政治变迁就应该视为政治发展，单项的政治衰退虽然可以降低政治发展的“总量”，但是并不能从根本上否定政治发展的基本趋势。同样，对于上文所提到的“失败的”和“不易治理的”国家和地区而言，单项的政治发展也未必能扭转整体的政治衰退。政治衰退在政治变迁中的坐标可以用下表表示：

表一　政治衰退在政治变迁中的位置

	政治衰退（－）←政治变迁（民主化）→政治发展（＋）	
权力结构	集权与制衡失灵	有效实现权力制衡
行政效率	行政效率降低	行政效率提高
政治参与扩大	形成社会和政治对立	民主制度消除矛盾
经济发展	阻遏经济发展	促进经济发展
社会共识	共识缺乏、认知分歧	社会共识增加
政治腐败	腐败增加，反腐败难度增大	腐败减少，反腐败成效显著

政治衰退的测量是在政治变迁和社会治理的语境下展开的，所以说必须结合政治变迁的具体情况来评价其对社会治理的影响，只有这样，政治衰退概念相对于民主化概念来说才具有现实意义。

第 2 章

台湾民主化过程中的政治衰退

台湾民主化的历程始于何时，目前并没有确切结论。从形式上来说，自从20世纪50年代初国民党开放地方选举，其实就可以认为是台湾民主化过程的开始。不管当时的选举到底有多少问题，但是确实给后来的党外运动提供了一定的活动与生存空间，这也是台湾的民主化过程得以展开的一个重要制度性前提。

不过目前大部分学者更加倾向于认为台湾的民主化过程开始于蒋经国时期的政治改革。丹尼·罗伊认为，“台湾的政治反对势力，在长时期持续的压力下，利用内外政治情势等战略，终于获得突破，而将下列问题：政府组织改革、代表台湾人社会的新政党合法化、保护公民自由权以及允许公开讨论台湾前途等议题，一一推展开来。这20年来一连串的事件所产生的强大凝聚力，造成了实质上的政治自由化。”① 显然，罗伊看待台湾民主化问题的主要标准是“政治自由化”。其主要内容包括：独裁领袖的偶像崇拜情结在台湾已经不复存在；一个所有政党认可的公平选举方式终于被采用；国民党虽然在台湾还处于执政的地位，但影响力大不如前；国民党党内的民主有所发展等。

大陆学者孙代尧在述及台湾的政治转型时也主要依据这样的标准，认为以“戒严令”和“党禁”、“报禁”的解除为标志，台湾威权政治的自由化转型完成。在这个过程中，国民党领导阶层采取了主动开启政治改革的应对方式，转型的过程处于当局的控制之下，基本上没有发生大的政治动荡。从而保证了从威权主义到政治自由化的“软着陆”。② 不过孙代尧对民主化的分析还是主要集中于制度层面，民

---

① ［美］丹尼·罗伊著，何振盛等译：《台湾政治史》，（台湾）商务印书馆股份有限公司，2004年，240—241页。

② 孙代尧著：《台湾威权体制及其转型研究》，中国社会科学出版社，2003年，229页。

主化所指涉的内容主要是制度改革，即革除了原来的“万年国会”等威权主义政治体系代表结构，包括废除“万年国会”，开放从省长、“国会”到“总统”等所有职位的公民直选等。

台湾自蒋经国时期开始的政治改革所实现的政治民主化确实成为台湾政治变迁的一个重要转折点。此后台湾政治变迁进入剧烈结构性变动时期。以西方社会的认知模式来看，台湾确实实现了民主化，政治变迁的结果基本上符合代议制民主的形式要件。按照政治学理论的一般观点，当代民主主要是指代议制民主。在现代社会中，除规模较小的基层政治活动，或是特定重要政治议题可通过公民投票方式，让民众直接参与外，绝大多数政治活动其实并不具备让民众直接参与的条件。职是之故，间接民主或代议民主，就成为民主政府不得不接受之妥协参政方式。代议民主具有下面几项比较重要的特征：1. 主权在民；2. 政治竞争；3. 权力更迭；4. 人民代表；5. 多数决；6. 表示异议与不服从的权利；7. 政治平等；8. 大众咨商；9. 新闻自由。[①] 以这些标准来衡量战后台湾政治变迁历史，台湾在制度结构上已经实现了民主转型。

另一方面，台湾民主化转型后形成的民主制度不仅具有形式要件，也有相应的、与民主制度相一致的价值嬗变作为支撑。一些基本的民主价值如对权力的监督、对公正选举结果的尊重以及对政治正义程序性结果的追求等，均随着民主化进程的推展在一定程度上成为台湾社会的共识。例如，陈水扁在家族弊案东窗事发以后，很快经过司法审判被定罪并受到了监禁，这在威权时期是不可能出现的情形。台湾社会在经历了民主化历程以后，整个社会实现了从制度到价值观念的蜕变，这些蜕变所展现的是台湾半个多世纪以来的政治发展成果。

同时，我们也必须看到台湾政治变迁过程中的政治衰退问题。在民主化过程中，往往会伴随着权力的进一步集中、社会阶层的分化、政治观念的对立与冲突、经济发展迟缓、政治腐败等方面的问题。而且，民主化的推展往往和权力重组及政治博弈是分不开的，台湾地区的情况也是如此。在台湾的民主化过程中，权力博弈对政治变迁的基本样态有重大影响。罗伊认为，李登辉时期，虽然推动了台湾的政治民主化和自由化进程，“但是他对台湾民主化的积极作用是值得怀疑的”。就当时的情况来看，民主化与李登辉掌握权力的欲望相互冲突，因此他在推动民主化的同

---

① 周育仁著：《政治学新论》，（台湾）翰芦图书出版有限公司，2003 年，72—79 页。

时，在国民党内仍采取强硬的手段以维持纪律，巩固权力。综观而言，李登辉于任期中扩展权力的手段，以及参加 1996 年台湾地区最高领导人选举连任的决定，在在显示他的一切作为虽然对台湾政治的民主开放有一定影响，但是其最终目的还是为了满足个人的野心。[①] 也就是说，李登辉对民主化的推动是以他的政治利益为中心展开并为他争夺政治权力服务的。所以，通过权谋性操作，李登辉在巩固权力的同时实现了政治自由化，但是却留下了族群对立、政治腐败与“黑金政治”的后遗症。

台湾政治衰退的影响力已经逐步展现出来。2000 年民进党执政以来台湾的政治乱象已经非常明确地说明了这一事实。当然，如果仔细追究，台湾政治衰退的不同层面对社会产生影响的程度是有差异的。具体来说，有些政治衰退属于因变量层次，而有些则属于自变量层次。[②] 台湾学者石之瑜曾对这种不同层面的政治衰退现象有形象的描述，他说：“台湾的政治发展确实出现了问题，诸如经济不振、社会贫富分化等问题越来越严重。但是这只是病征而不是病因。真正的病因在于缺乏灵魂，则无以远虑，当然立有近忧。”[③] 相对来说，因变量层次的政治衰退大多是政治结构和社会结构深层次的、比较稳定的因素所引起。台湾社会当前出现的问题，与各个层面上的政治衰退都有或大或小的关联。

台湾政治变迁（民主化）过程中政治发展与政治衰退现象的大致情况如下表所示：

表二　台湾民主化过程中政治变迁的两个面向

	政治衰退←政治变迁（民主化）→政治发展	
权力结构	“冲突型的半总统制”。	司法一定程度的独立，媒体的监督加强等。
行政效率	“政治无能”，行政效率降低。	选民可以对行政效率降低表达不满，压迫当政者提高效率。
政治参与扩大	族群撕裂与政治对立。	体现“主权在民”原则。
经济发展	经济发展议题政治化，影响经济决策的效率。	经济决策更能反映民意的要求。
社会共识	亚层面的认知分歧，如“国家认同”、本土性认知等。	基本层面的共识，如政治制度，人文关怀等。
政治腐败	腐败增加，“金权政治”和“黑金政治”严重。	反腐败斗争取得一定成效。

① ［美］丹尼・罗伊著，何振盛等译：《台湾政治史》，（台湾）商务印书馆股份有限公司，2004 年，301 页。

② 政治衰退的各个层次之间有时是互为因果的关系，最经常者是在政治变迁过程中形成相互影响的作用模式。

③ 石之瑜著：《假——当代台湾的政治精神》，（台湾）海峡学术出版社，2006 年，197—198 页。

本章拟从上表所列的六个方面对台湾政治衰退现象进行逐一考察，力求对台湾政治衰退问题有较为全面的描述。

2.1 “总统”权力的集中与制衡弱化

在台湾的政治变迁过程中，权力的集中现象比较明显。权力（power）是政治分析中的一个基础性概念。尽管存在着一些争议，许多政治学者还是承认，权力在最低限度上讲是指一个行为者或机构影响其他行为者或机构态度和行为能力。[①] 不过，在政治行为中，仅仅依靠“影响”层面的权力是不够的。在更加倾向于制度分析的语境下，支配的能力显然更能比较确切地表述权力的内涵。这种能力的核心在于对行为者和机构的支配权，是做事和控制他人行为的能力。按照美国政治学者罗伯特·达尔的说法，就是使其他人做他们不愿意做的事情的能力。[②] 更为狭义的说法，政治权力应该主要指决策权，即对政治资源分配的主导权。以此为基点进一步分析，政治权力主要包含的内容应该有正式制度层面的权力和非正式制度层面的权力两个方面。

2.1.1 “总统”权力集中的制度基础

民主化过程中，台湾政坛的权力集中首先表现在制度性扩权。自李登辉以来，台湾当局经过七次“修宪”，已经将“总统”的权力大为扩增。可以说，自 1991 年以来台湾“宪改”的过程，其实就是制度性扩权的过程。

按照台湾原有的制度设计，应该是虚位“总统”的“议会内阁制”。按照 1946 年的《中华民国宪法》，总统的权力受到立法院和行政院的极大牵制。如第 37 条规定，总统依法公布法律，发布命令，须经行政院长之副署，或行政院长及有关部会首长之副署。而宣布戒严和发布紧急命令均需得到立法院的通过或追认（第 39 条

① ［英］戴维·米勒、［英］韦农·波格丹诺主编，邓正来译，《布莱克维尔政治学百科全书》，中国政法大学出版社，2002 年，641 页。

② Robert A. Dahl, “Who Governs? Democracy and Power in an American City”, Yale University Press, New Haven, 1961。转引自［美］约瑟夫·S. 奈（Josehp S. Nye Jr.）著，门洪华译：《硬权力与软权力》，北京大学出版社，2005 年，112 页。台湾有的译本中将 Josehp S. Nye Jr. 译为约瑟夫·奈伊，而他的“软权力”（soft power）概念也被译为“柔性权力”。见约瑟夫·奈伊著，吴家恒、方祖芳译：《柔性权力》，（台湾）远流出版事业股份有限公司，2006 年。

和 43 条）。[①] 但是，这种权力制衡的制度设计在台湾基本上没有发挥作用，自 1946 年中华民国宪法制定以来，这些条款基本上就处于冻结状态。到了台湾以后，蒋介石和蒋经国作为政治强人长期统治着台湾政坛，在李登辉上台之前，个人集权的政治格局一直保留下来。

1949 年以后蒋氏父子集权的法律依据主要来自于“动员戡乱时期临时条款”和“戒严令”。1948 年 4 月 18 日，在人民解放军的强大攻势下，蒋介石为了加强控制，“应付紧急时机”，由王世杰等人提议制定“动员戡乱时期临时条款”，主要内容为：“兹依照宪法第一百七十四条第一款程序[②]，制定动员戡乱时期临时条款：总统在动员戡乱时期，为避免国家或人民遭遇紧急危难，或应付财政经济上重大变故，得经行政院会议之决议，为紧急处分，不受宪法第三十九条或第四十三条所规定程序之限制。前项紧急处分，立法院得依宪法第五十七条第二款规定之程序[③]，变更或废止之。动员戡乱之终止，由总统宣告，或由立法院咨请总统宣告之。”[④] 通过这个“临时条款”，蒋介石成功摆脱了立法院对他的制衡，建立了后来政治集权的法源基础。此后，“动员戡乱临时条款”经过 1960 年、1966 年两次修订和 1972 年的修订后，授权“总统”设立“动员戡乱机构”，决定有关大政方针，并得调整“中央政府”之行政机构及人事机构。包括蒋介石出任第三任“总统”等重大违反“宪法”的政治情事，均在“动员戡乱临时条款”的名义下找到了法源。[⑤] 在“临时条款”授权下组织的“国家安全会议”，实质上成为决策的中心，不但“行政院”提报“立法院”的各项预算、法律案须经“国安会”审议，且“国安会”对“行政院”提报之预算及法案，有变更之权。经过了“临时条款”的系统破坏，所谓的“宪法”所规定的制衡程序事实上已经成为具文，政治强人的统治也正是在这个基础上建立起来。

---

① 黄荣坚、许宗力等编纂：《月旦简明六法·中华民国宪法》，（台湾）元照出版有限公司，2009 年。如无特别说明，本书所引“中华民国宪法”文本及“宪法修正案”均出自这个版本。

② 具体内容为：“宪法”之修改，由“国民大会”代表总额五分之一之提议，三分之二之出席，及出席代表四分之三之决议，得修改之。

③ 具体内容为：“立法院”对于“行政院”之重要政策不赞同时，得以决议移请“行政院”变更之。“行政院”对“立法院”之决议，得经“总统”之核可，移请“立法院”覆议。覆议时，如经出席“立法委员”三分之二维持原决议，“行政院院长”应即接受决议或辞职。

④ 林纪东著：《中华民国宪法释论》，（台湾）大中国图书公司，1977 年，407—408 页。

⑤ 其中第一次修订“临时条款”就是为了解决蒋介石连任的问题。经过修改后的临时条款规定，“动员戡乱时期总统副总统得连选连任，不受宪法第四十七条连任一次之限制。”

1949 年 5 月 19 日，台湾省警备总司令部发布“戒严令”，宣布自 5 月 20 日起实施戒严。这就是国民党当局到台湾后长达 38 年的戒严之始。国民党当局的戒严影响到民众的人身自由、迁徙自由、意见表达自由、集会结社自由等方面，是国民党全面实行威权统治的法律基础，也是政治权力集中的重要法源之一。如果说“动员戡乱时期临时条款”是比较直接地为政治权力集中提供了“宪法”层面的法律依据，那么戒严令则以比较间接的方式支持了政治强人统治。按照台湾学者的说法，戒严令禁止新的政党成立，因而没有出现分裂“国家意志”和多党林立等现象，党争和权力倾轧的情形也不致出现，“国民意志”亦较能集中，政治较易维持团结和谐。同时，戒严令禁止罢工、罢课、罢市及限制聚众游行，因而使社会秩序得以维持。① 易言之，戒严令为政治集权创造了较为理想的政治环境，在这种环境下，很难形成对抗国民党当局政治集权的反对力量。

“动员戡乱时期临时条款”和戒严令是国共内战和两岸对抗语境下形成的特殊制度设计，这些制度设计带有临时性的特征，即这些制度设计基本上都是立基于“反攻大陆”的政治诉求上。通过这些制度设计，蒋氏父子从法律制度层面完成了对台湾的政治改造，达到了集权目的。

1987 年 7 月 14 日，台湾当局发布命令，宣布自 15 日零时起解除戒严。蒋经国去世后，台湾当局内部就台湾的政治走向问题展开了激烈的争论，最后形成了“回归宪法”的共识。1991 年 4 月 22 日，第一届“国民大会”第二次临时会召开，通过废止“动员戡乱时期临时条款”的决议，随后李登辉宣布自 1991 年 5 月 1 日起废止“动员戡乱时期临时条款”。② 台湾政治体制进入剧烈结构调整期。一旦原有临时体制废除，则“中华民国宪法”中偏向于“内阁制”的制度设计对当政的李登辉立即产生了巨大的权力约束，使“总统”的权力有遭到弱化的风险。因此李千方百计地要摆脱这些制度性束缚，扩大自己手中的权力。

概括起来说，李登辉及其后的政治集权是经过七次“修宪”逐步达成的。③ 经过“修宪”以后，“总统”权力有了明显增加，台湾的政治体制由 1946 年《中华民

① 葛永光等著：《现代化的困境与调适——中华民国转型期的经验》，（台湾）幼狮文化公司，1989 年，15 页。

② 齐光裕著：《中华民国的政治发展——民国三十八年来的变迁》，（台湾）扬智文化事业股份有限公司，1996 年，459、688—689 页。

③ 这七次“修宪”分别发生于下列时间（公布日）：1991 年 5 月 1 日、1992 年 5 月 28 日、1994 年 8 月 1 日、1997 年 7 月 21 日、1999 年 9 月 15 日、2000 年 4 月 25 日、2005 年 6 月 10 日。

国宪法》偏向于“内阁制”的制度设计转而成为类似于“总统制”的制度设计，“总统”的权力不断扩大，并缺乏相应的制衡机制。具体来说，主要有以下两个方面。

一、台湾地区最高领导人直选，权力基础得到强化。1992 年的“修宪”规定，台湾地区最高领导人由“自由地区”全体人民选举。这实际上意味着：一方面，李登辉通过这种方式，割断了台湾与大陆在“法统”上的内在联系；[①] 另一方面，台湾地区最高领导人取得了直接的“民意基础”，为其扩权和集权提供了直接正当性支持。

二、台湾地区最高领导人的职权扩增。其中最主要者，是规定“总统”得设“国家安全会议”及所属“国家安全局”（1991 年“修宪”时通过）。这两个“戡乱时期”非常体制产物的“就地合法”，必然导致“总统”与“行政院长”既存法律关系遭到破坏。按照台湾学者的说法，“国安会组织法无论将国安会定位为决策机构或咨询机构，但是以总统担任主席，行政院长为第二副主席，将破坏宪法上最高行政决策权的规定，而这个‘太上行政院’将面临‘有责者无权’，‘有权者无责’的局面。”这种在最高行政机关之“行政院”之上，另设一个兼具策划与执行之治安机关，实已破坏整个行政体系的完整性。[②] 再从另一个增修条文中所谓“总统为决定国家安全有关大政方针，得设国家安全会议及所属国家安全局，其组织以法律定之”来看，何谓“国家安全”？又何谓“有关大政方针”？这等于给“总统”职权开了一张空白的权力支票。因此，岛内对于这个条款认为其实是“回归临时条款”，而非回归“宪法”。[③] 此外，经过几次“修宪”以后，“总统”取得了对“司法院”、“考试院”和“监察院”正副“院长”的提名权，加上原来就有的“行政院长”提名权，“总统”已经取得了“五院”中“四院”的正副“院长”提名权，从而为“总统”将权力渗透进这些机构提供了便利。

---

① 关于国民党的“法统”问题，目前学界似乎并没有一个统一的说法。大陆比较早期的说法认为，国民党政府的所谓“法统”，是指国民党统治权力在法律上的来源。见“新华社陕北十四日电”，《人民日报》，1949 年 2 月 16 日。大陆学者许崇德等人认为，1949 年蒋介石与中共开出的和谈条件中，其中之一是“保持法统不变，即是要保持制宪权的延续性。”故许崇德认为“法统”其实就是保持制宪权。见许崇德等编：《宪法》，中国人民大学出版社，2007 年，39 页。不过从国民党当局一直保留着“国民大会”和“立法院”等“民意机构”在大陆选出的代表这一事实来看，其“法统”概念应该包含有“民意基础上的合法性”之意涵。

② 晏扬清著：《中华民国宪法》，（台湾）高立图书有限公司，2008 年，193 页。

③ 齐光裕著：《中华民国的政治发展——民国三十八年来的变迁》，（台湾）扬智文化事业股份有限公司，1996 年，998 页。

2.1.2 党国体制与“总统”权力集中

台湾在“宪法”和“政府”组织体制下进行的政治集权可以称为制度①层面的集权，而以国民党的组织系统为中心，结合相关法律规范进行的政治集权可以称为结构性集权。众所周知，台湾在1949年之后，除了制度层面的集权以外，党国体制结构下进行的集权是台湾民主化过程中权力集中的重要方面。

在台湾开放党禁以前，制度层面的集权和结构层面的集权其实是一体两面的关系。蒋介石败退台湾之后，对国民党进行了全面改造，加强了党在决策系统中的功能，同时也加强了党的组织对各层行政组织的渗透。改造后的国民党组织形式上维持民主，依党章以“全国代表大会”为最高权力机构，但是这种四年召开一次的党员代表大会，徒具有名义上的权力。至于“全代会”产生的中央委员会，也不具有真正的实权。只有中央委员会中依主席提名同意产生的中央常务委员会，才是较为具有权力的决策机构。在蒋氏父子时代，党主席是最具实权的政治人物。他们提名、经中央委员会同意的中央委员会秘书长是协助党主席处理日常事务的代理人，也是政党组织的代理人。中央党部以下，分有地方党部及特种党部。地方党部分为省、县、区三级，仿苏联的模式，以小组为基本单位，形成细胞式的基层形态。②国民党这种组织结构得到强化以后，对政策决策的控制也在加强。其中对决策影响最大者，是国民党中央委员会下面的业务机构，以及政策委员会和各个部分的党部等机构。例如，有关“立法部门”法案之决策过程中，党籍“立法委员”的提案先要送交“立法院”党部审查，然后送政治会审议，最后才送“立法院”完成三读程序。这些机构最终受到政治强人蒋氏父子的支配，他们的建议或指示往往成为政策制定的根源；另外在以政治决定人事的党章规定下，党的领袖对重要干部都有提名权，益使党的领袖处于决策权力的顶峰。③ 国民党到台湾后经过改造，形成了严密的组织结构，强化了对社会和政治系统的控制。因此，日本学者若林正丈认为，1949年以后国民党在台湾的“改造”，不只是党组强的整顿与改组，而是要克服党内派阀，贯彻领导者的指导，以党对“国家机构”（政、军及“特务”）进行

---

① 此处的制度主要是指成文法律规范，以及围绕着这些法律规范而发展起来的政治制度安排。

② 彭怀恩著：《中华民国政治体系》，（台湾）风云论坛出版社有限公司，2003年，159—160页。

③ 齐光裕著：《中华民国的政治发展——民国三十八年来的变迁》，（台湾）扬智文化事业股份有限公司，1996年，244—249页。

一元化的指导，重建政权为“政党国家”。其精神是“以党领政”、“以党领军”。党是“政府”和军队的灵魂，也是导演、引擎，“政府”和军队不过是演员、车轮。但是国民党为了表示自己的正当性，也为了得到美国的支持、承认自己属于“自由阵营”，不得不让“党退到背后”，留下“民主宪政”的口号和架构。经过这样的改造后，台湾型疑似的（或不完全的）党国体制形成了。① 在这个体制中，权力的集中主要是通过党的系统对政治系统进行控制达成的，以“政府”为中心的政治系统基本结构和组织样态到底如何已经不是那么重要了。

党国体制的前提就是政治领导人对党机器的绝对控制权。蒋氏父子对国民党的绝对支配权主要来自于他们在长期政治活动中形成的政治权威。也就是说，在蒋氏父子的集权过程中，虽有制度和结构的因素在起作用，但更多是政治权威个人因素产生的影响。及至李登辉上台以后，以他的资历，很难在党内取得政治强人的地位。所以，对他来说国民党的庞大机器已经不能像蒋氏父子那样发挥政治集权的功能。相反，党内残存的亲蒋势力反倒成为李登辉加强自己政治地位的障碍，在这种情况下，李登辉推动“宪政改革”，弱化国民党在政治资源分配中的地位，有其必然性。1993 年 8 月召开的国民党“十四全”上，李登辉提出，国民党的性质已经由“革命民主政党”变为“具有革命精神的民主政党”，明确提出党的政策以“民主为归依”，党的任务是在“政治竞争中赢得选举”，巩固政权。按李登辉的解释，就是要重修国民党这个“百年老店”，使它焕然一新，完成“民主政治”的目标。② 此后，国民党的改造在理论与实践上都朝着这个方向推进，国民党按“人团法”的规定，向有关部门登记，完成了“法人”登记手续，形式上将自己变成了和其他政党一样的普通政党。这个举措意味着，国民党虽然当时仍然在政治资源分配中占有决定性地位，但是党国体制已经失去了制度性基础。

与国民党政治地位弱化同时进行的，是李登辉在国民党中地位的强化。李通过对国民党的改造和调整，逐步消灭了党内的反对力量。所以，随着国民党的民主化，党内的权力集中更加明显，权力的行使更具有垄断性。③ 以国民党内的提名制

---

① ［日］若林正丈著，许佩贤、翁金珠等译：《台湾分裂国家与民主化》，（台湾）新自然主义股份有限公司，2009 年，91 页。

② 高民政著：《台湾政治纵览》，华文出版社，2000 年，53 页。

③ 齐光裕著：《中华民国的政治发展——民国三十八年来的变迁》，（台湾）扬智文化事业股份有限公司，1996 年，794 页。

度为例。该党虽然自1989年增额“立委”、县市议员和县市长选举中开始采取初选制度，但长期以来，这种初选投票一直是作为提名的参考，起不到决定性作用。党内的提名依然采用精英决定的模式。对于李登辉等国民党高层人士来说，这种模式更容易左右提名的结果，从而变相控制提名过程。[①] 2000年国民党下台之前提名制度改革一直滞碍难行的重要原因即在于此。在国民党改造的过程中，通过严密的政治操作，李登辉加强了自己的实力，虽然其对国民党的控制力与两蒋时代相比已大为不如，但是李在国民党里的地位逐步巩固却是不争的事实。

随着党国体制逐渐崩解，到2000年下台以后，国民党中央已经不再是政治决策的中心，党机器开始向选举机器的方向转化。对党而言，资源分配的功能相对减少，即便是在提名制度上党中央还有一定的发言权，但是也要依靠协商和制度化的技术操作完成，而不是靠政治强人来决定。虽然在这个过程中政治领袖还可以施加一定的影响，但是却难以像以前那样以一己之力完全左右提名结果。

但是也不能因此说台湾的政党机器在政治集权方面已经完全失去功能。2000年政党轮替之后，党国体制瓦解，台湾的政党与行政权力关系渐渐疏远。于是，政治集权的方式也有了改变。政党由原来自身作为权力集中的重要工具，变成“总统”权力的收集器。这种情况在国民党和民进党中都存在。在这个过程中，党中央地位下降，“总统府”的地位上升。在制度上说，台湾的“总统”已经是“有权无责”的超级领导人，而在党政关系上，“总统”的支配能力也在不断增加。主要原因有二：首先，“总统”手中握有大量行政资源，可以用这些资源换取政治支持。其次，由于“总统”是政党行政绩效的代表，也是政党政治形象的代表，“总统”的施政绩效对政党来说可能带来整体红利，也可能带来连带性损害，双方形成了荣辱与共的紧密关系，根本无法切割。以上原因给了“总统”利用政党机器集权的正当性。

以前由政党担负的政治资源分配职能现在转移到了“总统府”。由于台湾的政党带有一定程度刚性政党的特征，并不像美国的政党那样，主要担负选举的功能。故而台湾政党政治运作过程中，政治资源如何在党内进行分配始终是一个大问题。“总统”作为最大的政治资源掌握者，显然要利用这些资源去拉拢自己的支持者，壮大自己所属的政党，而党内也有这样的要求。例如，2000年陈水扁上台后，开始

---

① 李登辉之后，国民党内的提名制度有较大的改变，特别是国民党2000年败选下台以后，提名制度的改革不断加速，党内初选开始正规起来。国民党内的提名制度基本和民进党趋同，公职选举候选人提名一般都是采用30%的党内投票和70%民意调查相结合的方式。

启用唐飞"内阁"，力图打造出一个"全民总统"的形象，但是不久以后就发现根本无法抵挡住党内要求政治酬庸的声音，最后不得不向民进党全面执政的要求妥协。正是因为这样，"总统府"在党内拥有绝对的权威，可以通过政治资源的分配统合内部不同的声音，同时也可以通过这种方式对党内决策施加影响。这在民进党执政时期表现得相当明显。而 2008 年马英九上台后，虽然在政治酬庸方面与民进党有相当大的不同，体现了"效率优先"与"操守优先"的诉求，但是这只是说明马有"政治洁癖"，并不说明他利用手中行政资源进行政治酬庸的空间已经消失。

在台湾目前的政治结构下，必须要整合"府"、"院"、党的分歧，保证施政的顺畅。这自然不是容易的事情。民进党在执政八年的过程中也没有找到一个比较适当的模式去处理这个问题，最后还是在权力的协调问题上被整得焦头烂额。但是不管怎么说，就施政绩效的达成而言，在客观上"总统"需要整合"府"、"院"、党的力量，减少分歧和内耗，保证施政的协调。陈水扁和马英九在当选台湾地区最高领导人之后都曾经表示不会担任党主席，但是后来都没有遵守自己的诺言。其实对于马英九和陈水扁来说，并不是主观上愿不愿意信守诺言的问题，而是现实情况迫使其不得不然。其中主要的原因就在于除了"总统"以外，没有谁有能力统合党内不同的意见。马英九最大的教训就是他提名的"监察院"人选在"立法院"遭到了国民党"立院党团"的狙击。从这个角度上说，"总统"集党权和行政权于一身自然有它的合理性。这也正是台湾民主政治有意思的地方：在经历了长期的民主化以后，集权的趋势却越来越明显。也许米歇尔斯说得对，"民主在本质上倾向于以威权的方式解决问题，它渴望荣誉和权力。"① 在台湾的政治情境下，也许只有威权的方式才能解决问题，特别是牵涉到改革问题的时候。

2.1.3　对"总统"权力制衡的失灵

台湾的政治设计中，"总统"权力日益扩大，但是相关的权力制衡设计却越来越弱，甚至付诸阙如。自李登辉以降开始一系列"修宪"过程中，当权者不断增加"总统"职权，原有的权力制衡设计被逐步废除，却没有新的权力制衡的制度设计，使台湾的政治制度无法体现权责平衡的原则，这也开启了未来政治发展的不确定性。

① ［德］米歇尔斯著，任军锋等译：《寡头统治铁律——现代民主制度中的政党社会学》，天津人民出版社，2003 年，326 页。

在台湾的政治制度中原来有若干对最高领导人权力制衡的设计，废除“动员戡乱临时条款”以后，这些制度设计对李登辉巩固和扩大自己权力形成了巨大的障碍，于是在李主导的“修宪”过程中，对“总统”权力进行制衡的相关制度设计被逐步破除。除了上面提到的“国家安全会议”和所属“国家安全局”等“动员戡乱时期”的非常设机构就地合法外，通过“宪改”，台湾政治制度设计中“总统”的人事任免权力扩大也较为典型。经过“修宪”后制订的“宪法修正案”先后废除了以下几个方面对“总统”人事权的制衡设计：

一、“总统”任命“行政院长”时“立法院”的副署权。“中华民国宪法”原来规定“行政院长”由“总统”提名，经“立法院”同意任命①，后来改为由“总统”直接任命②。这样一来，“行政院长”直接变成了“总统”的幕僚长。由于权力直接来自“总统”，所以虽然在名义上对“立法院”负责，但是“行政院长”更多地还是需要向“总统”负责。即便“立法院”对“行政院长”的候选人不满，也没有办法在人事任命上进行牵制，这种制度设计直接削弱了“立法院”的权限而强化了“总统”的行政权力。

二、修改后的“宪法修正案”规定，“总统”发布“行政院院长”依“宪法”经“立法院”同意任命人员之任免命令及解散“立法院”之命令，无须“行政院长”之副署。③ 这事实上又摆脱了“行政院长”在人事任命权上对“总统”的牵制，进一步弱化了“内阁”在整个政治系统中的地位，“内阁”已经完全无法对“总统”进行制衡，使原来“内阁制”的设计已经基本失去了制度依托。

于是，台湾的政治体制在经历一系列改革之后由原来的“内阁制”向“总统制”的方向发展，行政权力日益集中于“总统”手中。当然，也有的学者认为中国台湾现在实行的是类似于法国的“双首长制”。主要的依据是，在1997年“修宪”时，赋予“总统”任命“行政院长”不需“立法院”同意的权力，但是也赋予“立法院”“倒阁权”来制衡“总统”。④ 故而中国台湾地区的政治制度设计与法国的政治制度最为接近。台湾学者周育仁认为，1997年“修宪”产生的“修正案”的蓝本就是法国的“双首长制”。

---

① “中华民国宪法”第55条。

② “中华民国宪法修正案”第3条第1款。

③ “中华民国宪法修正案”第2条第2款。

④ 周育仁著：《政治学新论》，（台湾）翰芦图书出版有限公司，2003年，110页。

双首长制也称为“半总统制”，是以法国第五共和国为代表的政治制度安排，这种制度一般来说主要有三个衡量指标：总统由民选产生；总统拥有重要权力（considerable powers）；存在独立的内阁，并对国会负责。① 在这种制度安排下，一般认为，总理权限的大小主要不是根据宪法，而是取决于他与总统的私交和党派关系。总理与其他部长同事的关系，大约也不止于在同僚中坐头把交椅，他的众多职能之一是在议会为总统的政策争取多数支持。因为按照宪法，如果议会通过一项反对政府的政纲或者不信任案，政府就必须辞职或者议会就必须被解散。“这是唯一使法国的总统制政体与美国或墨西哥的总统制政体相区别的地方。”② 这种制度安排在法国的政治情境下确实产生了制衡的效果，从而使得在总统和议会属于同一政党时会形成偏向于总统制的双首长制，而当议会与总统属于不同党时会出现偏向于内阁制的双首长制。

但是，在台湾的语境下，制度设计上对“总统”的制衡只能说是为实际的权力制衡提供了可能而已。按照 1997 年“宪法修正案”的规定，“立法院”确实可以对“行政院”提出不信任案，“总统于不信任案通过后十日内，经咨询立法院长后，得宣告解散立法院（戒严和紧急命令生效期间除外）。立法院解散后，应于 60 日内重新选举，并于选举结果确认后十日内自行集会，其任期重新算起。”③ 但是问题正是在这里，“立委”选举在台湾是一项成本非常高的事情，在台湾推行复数选区单记非让渡制（single nontransferable vote system，SNTV）时已经如此，单一选区两票制实施以后，成本更高。在这种情况下，“立委”自然不希望解散以后重新选举，所以寄希望于“立法院”对行政权进行牵制根本是不切实际的幻想。例如，2001 年“立法院”改选后，民进党成为国会最大党，虽然仍未过半数，但胜选的氛围使陈水扁更勇于选择任命同党的张俊雄担任“行政院长”。泛蓝阵营因为亲民党的成立、新党的泡沫化和国民党的挫败，虽然总席次仍旧过半，但考虑到如果“倒阁”后遭解散而必须再次选举，既没有胜选把握，再加上“立委”竞选高昂的成本，使这些“立委”们犹豫再三。而且，在“立法院”进行杯葛带来的媒体曝光效益更有助于

① Duverger, Maurice. “A New Political System Model: Semi – Persidentialist Government.” European Journal of Political Research 8 (2): 1980, 165 – 187. 转引自：吴重礼、吴玉山主编：《宪政改革——背景、运作与影响》，（台湾）五南图书出版股份有限公司，2006 年，159 页。

② 宋玉波著：《民主政制比较研究》，法律出版社，2001 年，394 页。

③ “中华民国宪法修正案”第 2 条第 5 款。

下一次竞选的连任，其效益与风险的比较自然优于“倒阁”的决定。所以这次“倒阁”最后胎死腹中。

所以，有台湾学者认为，在目前的制度框架下，基本上行政权的归属是由“总统”选举结果来决定，而非“立法院”的选举。换言之，目前“立法院”选举的结果与哪一个政党掌握政权并无关系。① 台湾的现实情况是，“总统”依个人意志强行任命“行政院长”，“政府”的各项行政决策，无论是对外或内政事务，亦由“总统”来主导，使得“总统”与“行政院长”之间的权力关系分际相当模糊，甚至是“总统”凌驾于“行政院院长”之上，而使“行政院长”成为“总统”的执行长，并在“总统”领政的情形下与“立法院”对抗，亦使“行政院院长”更加依赖“总统”。所以，台湾学者王业立将台湾的这种体制称为“冲突型的半总统制”。② 在这种情况下，“立法院”仅在理论上存在着对“总统”权力的牵制，但是实际上根本没有办法发挥对于“总统”行政权的干预功能，也无法干预“行政院长”的人事任免权。这也是为什么无论是国民党的领导人还是民进党的领导人，取得执政权后均不将“立法院”当成切实制衡者的原因。

制度性制衡的缺失使领导人行使权力时顾忌减少。对于“总统”滥用人事权和行政权力的情况，台湾社会大概只能通过体制外的方式进行制衡。主要的方式是就某一议题举行游行示威，通过大规模的社会运动表达反对意见等。2006 年由施明德领导的“红衫军运动”，就是体制外制衡的一个典型例子。施明德等人希望通过这样的方式对民进党高层权力进行约束，对其贪污行为进行检讨和清算。但是事实证明，这种制衡手法很难达到预期的效果。而反对党的监督在权力制衡方面也是办法不多。反对党所能做者，最主要的是将自己的反对观点和执政党的政治缺失公之于众，强化对民众的政治动员，从而达到在选举投票中换人的目的。这种社会监督和制衡的方式因为传导环节比较多，具有速度慢的特点，不管民众对政治人物的滥权有多么不满，也只有等到选举时才有以不投票的方式表达“惩罚”的机会。民进党 2008 年“总统大选”中败选下台，就与红衫军的“倒扁运动”有着某种程度的关联。民众对陈水扁家族及民进党高层政治腐败的不满传导到政治人事安排上，经历

① 盛治仁著：《单一选区两票制对未来台湾政党政治发展之可能影响探讨》，（台湾）《台湾民主季刊》，第三卷第二期，2006 年 6 月。

② 王业立、罗伟元著：《台湾的宪政发展与展望》，见《台湾—越南行政革新国际学术研讨会论文集》，（台湾）中山大学中山学术研究所主办，2005 年 5 月 20 日—21 日。

了两三年的时间。而且，正如台湾学者何明修在谈及社会运动时所说，社会运动即便获得了接受，但是并不一定带来新的制度法规。[①] 对权力的体制外监督的情况也大致相同，只能是对个案的纠正，无法形成对整个权力集中所导致之政治衰退现象带有普遍意义的纠错机制。

因为政治权力相对集中于“总统府”，而“立法院”和“行政院”又没有制衡的办法，所以出现了许多问题。较重要者，这种结构容易形成以“总统”为中心的“恩庇”体制。按照斯各特（James C. Scott）的定义，庇护关系是指一种角色之间的交换，可以被界定为一种涉及双边的工具性友谊关系的特殊情况，其中具有较高社会经济地位的个人（庇护者）使用自己的影响力和资源向社会经济地位较低的被庇护者提供保护和利益，被庇护者向庇护者提供一般性的支持和帮助（包括个人服务）作为回报。[②] 有学者认为，无论在什么时代，作为一种决策体系或政治体系的庇护主义，主要特点包括以下诸方面：权威来自于个人；领导者垄断了政治权力且不负责任；领导者与支持者之间关系是非透明的，缺乏可靠性；领导者通过提供个人恩惠以获得追随者的忠诚从而维护权力；决策过程是秘密进行的，缺乏公共讨论和民众参与，政党是围绕个人组织起来的；决策的标准是私下的，缺乏透明的程序；支持者的利益引导了政策方向等。[③] “恩庇”体制与现代民主制度和民主精神如果不是相反的，最起码也是不一致的。但颇具讽刺意味的是，在台湾的政治发展过程中，恰恰是在民主化的过程中化育出了庇护制度，台湾学者一般将其称为“恩庇—侍从（Patron - Client）”体制。[④] 不过台湾学者在讲“恩庇—侍从”体制时主要是针对国民党当政期间处理与地方派系关系的操作模式，但对于台湾民主化转型完成后，特别是民进党上台以后的“恩庇—侍从”体制发展却少有论述。但是不管承不承认，台湾的制度设计都为“恩庇—侍从”体制留下了相当大的空间。

国民党时期的“恩庇—侍从”体制发展较为典型，学者也多有论述，此处不拟多花笔墨。这里简单论述一下民进党上台后的“恩庇—侍从”体制发展。在民进党

---

① 何明修著：《社会运动概论》，（台湾）三民书局股份有限公司，2005 年，212 页。

② James C. Scott, “Patron - Client Politics and Political Change in Southeast Asia”, The American Political Science Review, Vol. 66, No. 1 (Mar., 1972), pp. 91 - 113.

③ Derick W. Brinkerhoff, Arthur A. Goldsmith, “Clientelism, Patrimonialism and Democratic Governance”, Paper for U. S. Agency for International Development Office of Democracy andGovernance, Dec., 2002. 转引自陈尧著：《政治研究中的庇护主义——一个分析的范式》，《江苏社会科学》，2007 年 3 期。

④ 林佳龙著：《威权侍从政体下的台湾反对运动》，《台湾社会研究季刊》，1989 年春季号。

上台后八年的时间里，权力分配结构基本上都是以陈水扁为中心建构的。从党的人事安排上可以看出，民进党一方面是要逐步加强陈水扁的个人地位，同时也要照顾党内各个派系的利益，权力的分配与利益的分配基本上同步进行。经过了八年变迁，事实上在民进党内部形成了一个利益共生结构，即以陈水扁为中心，以扁系人马为基本力量，以各个派系（有的派系只是“山头”）的制衡为基本机制，以整体利益的保证为原则，以政客个人的利益实现为根本目的，共同分享庞大的政治资源。在整个民进党内，形成了一个庞大的“恩庇—侍从”结构，各个政治山头从陈水扁那里取得政治资源，然后以政治忠诚作为回报。这样，以政治资源分配为中心的政治运作模式成为民进党内的主流统合模式。

“恩庇—侍从”结构的形成和不断强化在相当大程度上影响了民进党的发展方向。一方面，从民进党上台以后在政治资源分配过程中不雅的吃相来看，该党在野时期所宣扬的“民主”理想逐步褪色。另一方面，对于大部分民进党人来说，政客化的倾向越来越明显，对民主有理想、有坚持的民进党人要么被边缘化，要么选择退出民进党。对于大部分民进党政客来说，自身利益的实现成了终极目标。也正是因为如此，在执政以后，民进党迅速走向腐化，“金权化”速度远远超过了当年的国民党。这种“恩庇—侍从”结构的根源其实就是权力集中而又缺乏制衡的制度结构。

权力的集中倾向使台湾的政治过程带有更多不确定性，其中主要的一个表现就是政治清明的实现在相当大程度上要依赖于领导人的个人品质。在相当多的情况下，由于缺乏制度制衡的手段，只能依靠领导人的操守保证权力不被滥用。在这个意义上说，马英九和陈水扁面临的政治环境其实是一样的，他们都存在着集权的空间，也存在着滥用权力的空间。不过不同的是，两人在权力行使的理念上是不同的。也就是说，对于马和扁二人来说，不存在可不可以集权与滥权的问题，而只存在领导人愿不愿意去做的问题。

2.2 “政治无能”

在台湾政治集权程度不断增加的同时，“政治无能”的问题也越来越突出，民众对行政当局处理问题的能力低下屡有诟病。台湾的政治无能主要是指行政当局难以提供有效的公共服务。按照台湾政治评论家南方朔的说法，行政当局在提供公共服务方面已经出现了重大缺失，每当出现重大的公共事件时，第一时间总是看不到当局的影子。他认为这既是行政当局执行能力的严重衰退，更重要的是当局敢于承担责任之施政精神的丧失。① 政治无能现象的出现，主要反映出行政治理能力的不断衰退。

一般认为，行政治理能力的概念至少应包括生存与服务、政治与理性、输入与系统，以及方法与结果四种不同的解释。就生存与服务的目的而言，政府行政治理能力的表现不仅要能维持政府组织的生存与永续发展，且要能够积极善用政府体系本身的权力与资源，充分扮演好服务提供者的角色，正当化政府的存在意义与价值；就政治与理性的选择而言，政府行政治理能力的表现不仅要能依据事实数据加以分析、描述、以科学化的方法规划设计解决方案，同时亦要能够考虑到政治的权谋与变动性，权变因应，正确抉择；就输入与系统的转化而言，政府行政治理能力的表现不仅要能够积极争取资源，丰富组织能量，也要能够有效转换资源输出，活化运用，满足体系成员的需求；就方法与结果的改善而言，政府行政治理能力的表现就是要充分借由政策分析与规划、执行与评估等系列过程，有效改善公共问题。② 行政治理能力的基本样态是政治系统能否顺畅运转的关键影响因素。概括起来说，行政能力主要指能否有效调动资源解决公共问题。这里可以分为两个层面，一个是解决例行性的公共问题，一是解决突发性的公共问题。对台湾当局而言，政治无能主要表现在官僚系统的惰性、危机处理能力的缺失、政治决策的短期化以及突发事件处理能力的低下等。

按照官僚制的一般特征，政治无能主要肇因于行政官僚系统的庞大、科层制的繁冗等因素，有时也与相关的法律法规过时有关。③ 例如台湾在处理两岸关系问题

---

① 南方朔著：《只作秀不做事，台湾将成无能民主》，（台湾）《联合报》，2009 年 8 月 7 日。

② 廖俊松等著：《地方政府行政治理能力之个案评估研究：以南投县九二一灾后生活重建为例》，（台湾）“行政院研究发展考核委员会”编印，2000 年。

③ 行政治理能力的降低与民主化没有必然联系。民主制度所强调者是政府的形成模式，即如何在政府的形成过程中体现民意；行政治理能力问题则反映出政治系统和官僚结构对政治现实的适应性，两者不是同一个问题。通常意义上所说的“民主制度发展的同时也必须付出效率低下的代价”主要是指因为影响决策力量的多元化，政治决策需要增加折冲的时间。但是从另一个方面说，民主化带来的政治参与在理论上应该促进效率的增加。以经济决策为例，影响经济决策的三个要素：合理成本、及时性和配合民间部门的需要，在正常运作的民主体制下，都可以获得改善。因为在瞬息万变的市场经济中，只有让企业参与决策，让各种团体有利益表达的渠道，才能有效整合多元社会里的利益需求，确保经济发展的均衡性。因此，朱云汉认为，“有些人认为民主政治的实施很难不产生决策效率降低的问题，因此把这个问题视为必要的社会成本，这种看法在学理上没有任何根据。”在更多的情况下，行政效率降低的问题与民主制度不是因果关系。见朱云汉：《90 年代民主转型期经济政策制度的效率与公平性》，朱云汉、包宗和主编：《民主转型与经济冲突——90 年代台湾经济发展的困境与挑战》，（台湾）桂冠图书有限公司，2000 年，11 页。本书所讨论的政治无能主要指民主化过程中由于政治结构本身的特点及民粹政治所带来的行政治理效率下降的问题。

时，由于原有的法律制度已经跟不上时代的发展，所以出现无法满足两岸交流中产生之实际需求的情形。不过台湾的政治无能问题显然没有那么简单。概括起来说，民主化过程中出现政治无能的原因主要有以下几个方面：

一、制度改革导致的行政协调不力。行政治理效率低下一度成为李登辉时期“精省”及“修宪”的一个重要借口。但是经过了制度和法律改造之后，台湾的行政治理效率却越来越低。“精省”之后，地方建设乃至于公路修护等工作青黄不接，完全无法与省府时代相比，基层建设与重大灾害因应的效率更是明显下降。

二、政治对立引发的行政懈怠。民进党上台以后，台湾的行政效率也没有太多改善。由于蓝绿对立升高，“行政院”成为防止国民党“复辟”的重要堡垒，“行政院长”紧跟在“总统”后面坚守行政权，将行政空转的责任置于事外。如2007年新加坡《联合早报》的社论所言，台湾“立法院”朝野对立的僵持让许多“政府计划”寸步难行，导致掌握最多资源的“政府”，无法在经济发展上充分扮演主导角色。行政当局可以毫不避嫌地大开政策支票，不过是反映了执政党的政治利益，最终落实的可能性很小。

三、官僚机构惰性增加。国民党重新上台执政后，行政效率低下的情况依然如故。仅以公文流转为例，台湾曾经出现过当时的“行政院长”刘兆玄交办的一件公文“旅行”了五个月还没有结束的个案，南投县政府的一纸公文也创下了“旅行”33天的纪录。由于台湾公务部门的组织结构繁冗，公文须层层审核，每个机关层级多，盖章的人也多，又因会办单位多，盖章的人更多，处理程序繁琐冗长，无法在有效时间内办理完成，总是成为民众诟病的焦点。在台湾当局行政执行过程中，互相扯皮、推诿的现象是民众尤其痛恨的。2009年11月出现的《苹果日报》“动新闻事件”,① 开始时几个机关纷纷表示对这样的事情“没有办法管”，及至随后民怨沸腾，这些机关又纷纷改变态度，都找到了应该管的理由和可以管的条文，开始介入“动新闻事件”。在这个事件中，显示出的是行政部门“多一事不如少一事”的官僚体制惰性以及对问题不负责任的态度。

四、行政当局处理突发事件的能力不足。民进党上台执政不久的2000年7月22日，四名工人于八掌溪河床上遭洪水围困，苦等救援不至，最后不幸遭灭顶之

---

① 指《苹果日报》在手机、网络平台推出所谓“动新闻”，过于写实地模拟性侵害、暴力、自杀等画面，引起民间妇女、教师等团体强烈反对，也引起了台北市政府等行政部门关注。

灾。这一事件通过媒体全程实况报道，震动了台湾社会。在事件的处理过程中，暴露出救援系统在沟通协调上的迟滞与疏失，以及行政官员的轻忽与懈怠。当日时值周六，一些官员甚至直到工人被冲走后仍不知有此事件。首次执政的民进党政府面对舆论的痛批，数次向社会公开道歉，并且惩处了多名官员。透过这一事件可以看出台湾当局行政效率之低下。无独有偶，2009 年 8 月发生的“八八风灾”中，马英九当局在灾难发生后不能快速反应，没有启动“国安机制”，引发了社会的强烈反弹。根据台湾媒体的报道，甚至出现了当局与地方政府之间沟通困难，救灾系统运转不灵的情况。“灾民看不到政府救援，只好转往媒体哀嚎求助。”① 事实情况是否如此，可能蓝绿阵营的学者会有不同的说法，不过在风灾开始后的几天，台湾行政当局手忙脚乱却是不争的事实。

五、选举等因素引发的政治无能。台湾的选举在政治生活中的地位相当重要，在选举中获胜是各个政党和政治人物实现自己政治诉求的重要前提。对政治人物而言，重要的是如何在选民那里行销自己并获得选民的支持。目前台湾政坛上所出现的政治人物在“立法院”采用“焦土战术”提高曝光度、通过街头抗争为自己争取媒体版面、“全台走透透”与民众博感情等，均体现出竞争性选举为中心的政治体系所共有的基本特征。南方朔把这种现象称为“懈怠、畏事、只做秀不做事”的“民主症候群”，并把这种现象背后的制度设计和制度安排称作“什么都不做的民主”（Do nothing Democracy）。② 不过，说实在的，从成本收益的角度来说，作秀远比踏实做事所得到的政治利益为多，行政当局和政治人物中的许多人不愿做事，而对作秀趋之若鹜是难免的。

台湾的行政部门在处理日常事务中特别注意“民意”的反映，把“民意”的走向作为政治决策的重要依据，甚至有时为了达到自己的某种目的而不惜制造“民意”。李登辉就是一个操弄“民意”的高手，他的许多行政决策，如“亚太运营中心”的发展计划等，均是在“民意”的旗号下完成的。李登辉时期的重大政治决策尤其如此，民意成为其“独台”理论的重要借口。民进党执政后，苏贞昌出任“行政院长”时，标榜“走正道、做实事的廉能政府”，所有的政策均以民众的好恶为标准，甚至夸张到以报纸报道作为主要依据制定政策的地步。据说“苏贞昌每天早

---

① 郭正亮著：《清官杀人与刚愎误国》，（台湾）《中国时报》，2009 年 8 月 17 日。

② 南方朔著：《只作秀不做事，台湾将成无能民主》，（台湾）《联合报》，2009 年 8 月 7 日。

上亲自主持晨报，和几位核心幕僚，仔细详阅相关媒体的报道，再讨论因应之道”。如此施政，固然对舆情反应迅速，“但是做得比较多的却是危机处理，跟在社会脉动后面疲于奔命，因为只能治标，所以格局越来越小，而事情也越来越细。”① 如此执政，政策的短视和漫无章法自然可以想见。2008 年国民党上台后，继刘兆玄后任“行政院长”的吴敦义也要求搜集民怨，并要优先解决“十大民怨”。这样做从“行政以民意为皈依”的意义上说并没有什么问题，但是如果主要以这种方式施政，难免会使格局越做越小，在大的政策规划方面难以有较为完整和系统的作为。易言之，看报纸进行政治决策的结果，也使行政当局面临只能救火而难以未雨绸缪的困局。

政治无能问题并不是一个新问题。早在古希腊时期，民主制的效率低下就曾经引起柏拉图的注意。他认为民主派统治下的国家是无能的，民主制不能维持社会的稳定、统一和强大，民主的雅典战胜不了有组织有威力的斯巴达。② 因此，他比较倾向于主张城邦应该实行斯巴达的贵族寡头政体。柏拉图在谈民主的“效率”时主要指涉的是其军事效率，军事效率高低与否在社会组织相对简单的古代社会是共同体能否生存下来的重要条件。现代人谈及民主的效率时显然已经远远超越了军事效率的范围，而主要是从生活方式、政治正义等方面去讨论民主制度及其出现的问题。③ 但是在民主制下如何提高行政效率确实是一个长期以来困扰政治学者的问题。密尔提出，如果要让民众把所有的权力都集中在自己手中，亲自处理政治生活中的每一件事情，那只会导致庸人的政治、无能的民主。所以他主张采用代议制民主，即以精英政治与大众政治结合的方式，既能保证公共权力始终控制在人民手中，又能依靠官僚的专门知识和技能实现管理的高质量、高效率。④ 然而，代议制民主同

---

① 谢刘婷著：《苏贞昌陷入看报治国的格局》，（台湾）《财讯》，2006 年 5 月。

② 袁锐锷著：《外国教育史新编》，广东高等教育出版社，2006 年，58 页。

③ 关于“民主”问题，在经历了学界的长期讨论形成的知识积累之后已经变得非常复杂，各个不同的学派从不同的逻辑起点出发，对民主的认知也是五花八门，这在目前坊间汗牛充栋的有关民主讨论的著作就可以见端倪。在有关民主的讨论中，约翰·邓恩归纳出了四个方面的问题并试图给予解答。这四个方面的问题基本概括了当今民主理论观照的基本范畴：（1）为何民主意义的转变如此激烈？（2）为何今日主导政府的类型，在冗长时间的变异下，会在文化、政治和经济方面与希腊的原型、罗伯斯庇尔等人的梦想差异如此之大？（3）为何这个变异很大的政府类型，会如此迅速并在近期内，在全球赢得如此惊人的权力？（4）为何这个政体会选择这个名称作为其政治的代表旗帜？见［英］约翰·邓恩著，王晶译：《为什么是民主?》，（台湾）联经出版事业股份有限公司，2008 年，124 页。

④ 王彩波主编：《西方政治思想史——从柏拉图到约翰·密尔》，中国社会科学出版社，2004 年，471 页。

样也存在问题，因为在社会治理中，效率诉求与民主体制所呈现出的决策迁延之间的矛盾一直无法得到较好解决。所以，哈耶克在谈到由民主制度引发的缺陷时说，民主的议会在贯彻似乎是人民明确授权方面的无能为力，将不可避免地导致对民主制度的不满。议会渐渐被视为“清谈馆”，不能或无力贯彻他们被选出担负的任务。① 在这个意义上说，民主化需要解决的是寻找一种既能体现民众的意志，但是又能实现行政治理效率的制度形式。

可以看出的是，不管以何种逻辑起点来分析民主制，经过人民同意进行社会治理是民主政治的基本规则，按照目前一般意义上的西方民主模式，主要是通过选举形成代议制政府，也就是在公共事务的决定中体现大多数人的意志。在这个层面上说，把民主制神化是毫无根据的。具体语境下的民主模式既不一定能解决公平与正义的问题，② 也未必能解决效率的问题。相反，由此反倒可能带来政治无能的情况。

另外需要提到的是，政治无能在台湾政治特定的语境下有比较特定的意涵。台湾政坛蓝绿二分的政治格局对政治无能现象产生了放大的效果。在突发事件的处理和日常的公共事务处理中，反对阵营有时是用近乎苛刻的标准去检视对方，甚至将不是行政效率的问题也归为行政效率的问题。例如，在“八八风灾”救灾过程中行政当局相关行政官员理发、进饭店吃饭都成为行政效率不彰的口实。郭正亮在文章中甚至攻击说，“尽管救灾急如星火，国防部对派兵救灾，却一再重申‘须依程序申请’。”这种指责已经根本不是行政效率低下的问题，而是蓝绿双方互相攻击的政治话语了。再如，在“八八风灾”以后，民进党首先攻击马英九没有到灾区去。然后又攻击其坐直升机去灾区并不能真正体察灾情。有人就说，设想如果马英九第一时间就到灾区去，民进党肯定会指责他“最高首长应该坐镇指挥，怎么能做行政院长该做的事情呢?”无论马英九怎么做，民进党总是能找到攻击的口实，马英九团队都会陷入父子骑驴的窘境。所以说，在理解台湾的政治行政效率低下问题时，还要行政的归行政，口水的归口水。政治无能不光是国民党在台上时如此，民进党在台上时也是如此。以比较全面的视角看，台湾的政治无能既有制度的问题，也有政治结构、文化等层面的问题。

---

① ［英］弗里德里希·奥古斯特·哈耶克著，王明毅等译：《通往奴役之路》，中国社会科学出版社，1997 年，64 页。

② 在政治学理论中，多数决的正确性一直是一个问题，并非是不言自明的，如何防范“多数暴政”的问题一直是政治学理论讨论的重要题域。

2.3 族群撕裂与政治对立

在台湾的民主化过程中，随着政治参与的扩大，族群政治和民粹主义作为孪生的政治现象基本同时出现，成为台湾政治变迁和民主化的重要特征。

有学者认为，族群是人们在交往互动和参照对比过程中自认为和被认为具有共同的起源或世系，从而具有某些共同文化特征的人群。族群一般具有鲜明的社会和文化特点，这个概念范畴比“民族”要小一些，与“种族”相比，已经不再明确强调体质特征，而是更多地着眼于心理认同的一致性。① “族群”概念于20世纪60年代引入台湾后，最初用于对台湾少数民族的研究。但是不久以后，随着台湾社会转型的推展，族群概念开始被政治学领域借用，成为政治生活和政治学中的重要概念。目前，台湾政界一般将台湾社会划分为四大族群：闽南、客家、少数民族、外省人。② 但是这种分类方法显然缺乏学术上的严谨性。台湾学者王甫昌认为，社会学者对族群有一个比较明确的定义，是指一群因为拥有共同的来源，或者是因为有共同的祖先、共同的语言或文化，而自认为，或者被其他的人认为，构成一个独特社会群体的一群人。③ 如果从这个定义去判断族群概念内涵，可以看出，族群其实是主观和客观综合作用的结果。但是这一概念定位并没有说清楚族群概念相对于其他概念如民族概念的比较意义。台湾学者王明珂则从族群分层的理念出发，认为族群指一个族群体系中所有层次的族群单位，民族则是指族群体系中主要的或是最大范畴的单位，特别是在近代国族主义的视角下，透过学术分类、界定与政治认可的民族，尤其如此。“但是必须提及的是，各层次的族群与民族间并没有绝对的界限，在族群的发展与变迁问题上，一个民族以下的次族群也可能重建本身的历史记忆与认同，在主观上脱离主要族群而成为名实相副的民族。”④ 很显然，这一概念过分强调了族群建构的外部性和主观性特征，缩小了族群问题在特定历史脉络中的发展轨

① 关凯著：《族群政治》，中央民族大学出版社，2007年，20页。

② ［法］高格孚著：《风和日暖：台湾外省人与国家认同的转变》，（台湾）允晨文化实业股份有限公司，2004年，15页。在本书中，作者对外省人的历史面貌着墨较多，但是没有对目前台湾族群划分标准提出分析。其实从严格逻辑学的角度上看，四大族群划分标准是混乱的。如本省人与客家人、闽南人、台湾少数民族在相当程度上是重叠的。唯一可以作为这种区分标准的，似乎是“身份认同”。

③ 王甫昌著：《当代台湾社会的族群想象》，（台湾）群学出版社，2003年，10页。

④ 王明珂著：《华夏边缘：历史记忆与族群认同》，社会科学文献出版社，2006年，10页。

迹可能对族群建构所带来的影响。

在台湾的政治生活中，对整个政局发展影响最大者，还属省籍族群问题，即基于省籍身份认同的本省人和外省人区隔。由于特殊的政治环境与历史发展过程，本来非常普通的省籍区分却在台湾政坛上演化成族群区隔和认同区隔的标尺，一直影响着台湾政治发展和政治生态的变迁，以至于有的学者认为，“当代台湾本土化的进程，已经成为观察台湾政治的一个重要指标，”并从这个基础上发展出了“省籍—族群—本土化”的研究模式。①

族群概念应用范围向政治领域扩展的冲动来源于权力斗争的需要。1949 年国民党撤退到台湾以后，垄断了政治资源的分配权，使本省籍政治精英在政治上长期缺乏上升的通道。本省籍政治精英在体制内无法取得更大政治空间的情况下，不得不诉求于体制外的抗争路线，利用“本土”身份进行政治动员，扩大政治生存空间。族群边界也正是在这个过程中形成。两蒋时期，因为社会统合力的强大，省籍问题和族群问题虽然不断发酵，但是没有造成社会的分裂与对立。李登辉上台后，出于巩固自己权力的需要，借助于自己的“本省人”身份，开始鼓吹所谓“本省人”与“外省人”的区隔，以“本土势力”为奥援，打击反对力量。一方面，李登辉与民进党暗通款曲，以“在野”压“在朝”，打击党内的外省反李势力；另一方面，将省籍情结不断发挥，不断建构新的族群认同，用以巩固自己的权力基盘。“惟李登辉的民主化是依台湾化的集体意识来推动的，即诉诸台湾人出头天的心理来对付原本优势的外省统治精英，也是所谓的非主流派。”② 通过这两个方面的运作，李登辉逐步瓦解与分化了怀有敌意的、以外省政治精英为主的政治集团。1993 年，李登辉成功地运用族群动员的方式，以一句“外省人行政院长欺负本省人总统”的政治耳语，将“行政院长”郝伯村赶下了台。随后，李登辉操作通过了“总统”直选方案，将自己权力的基本支持来源建立在所谓的“民意”基础之上。在族群动员的作用下，外省人迅速被排挤出了权力核心。

几乎与此同时，民进党族群建构和族群动员的步伐也在加快。民进党族群理论建构的过程是和以下两个方面的诉求分不开的：一是反对国民党的专制独裁统治，要求实现民主；二是迎合部分人的分离意识而提出的“住民自决”或“台湾独立”

① 陈孔立著：《台湾政治的“省籍—族群—本土化”研究模式》，《台湾研究集刊》，2002 年 2 期。
② 彭怀恩著：《台湾政治发展的反思》，（台湾）风云论坛出版社有限公司，2000 年，320 页。

的主张。① 在这个基础上，民进党发展出了“本土—外来”、“本省—外省”、“爱台—卖台”的省籍族群二元概念架构。民进党的这些做法与李登辉排挤外省人的努力一起，对外省人政治生存空间产生了压缩的效果。

省籍和族群动员的结果，台湾政治结构中外省人族群迅速边缘化，省籍问题当初形成的基础已经消失。但令人费解的是，族群问题的建构和消费却远没有结束。相反，民进党特别是以陈水扁为代表的“本土”政治势力在很长一段时间内仍将省籍问题和族群问题作为政治动员的主要工具。对这一问题，台湾学者彭怀恩教授给出了解释，他认为，族群动员一旦形成，就会在独立的循环中自我强化。“当族群认同形成后，台湾人与外省人的分野被政治人物进一步政治化。”② 易言之，目前政治权力分配结构作为族群和省籍动员的产物出现，而这种结构反过来又强化了已有族群想象。不但如此，族群区隔在不同的情境下会显示出不同的结构。如张铁志所说，台湾政治变迁的特色，包括阶级矛盾的黯淡，以及党国资本主义的支配，使得台湾民主运动的初期，反对论述主要是以族群间不平等为根基的“本土化”路线。除此之外，党外运动也以比较可以召唤不同族群支持的“民主化”论述作为动员策略。然而随着“民主化工程”在20世纪90年代逐渐完成，民主对抗威权的政治分歧退出历史舞台，在政治动员中就只剩留下认同政治可以操作，族群身份区隔在政治动员中的作用自然越来越突出。而且，随着岛内政治格局的变化以及两岸关系的剧烈变迁，以族群区隔为基础的政治认知模式延伸到两岸关系领域。按照张铁志的话说，认同政治在新舞台上有了新角色：20世纪90年代“台湾主体性”的上扬，强化了与中国大陆的对抗关系，是故原来的省籍矛盾更被添加上认同矛盾，使问题更加复杂化。③ 从过去执政八年的经历来看，民进党的大陆政策其实带有非常强烈的族群区隔意涵。

族群政治毫无疑问地导致了台湾社会的对抗与冲突。从党外时期开始，民进党为了和国民党相区隔，与本省民众接近，不断强调街头抗争。民进党喜欢对抗的政治性格在一定程度上是族群动员和街头抗争的结果。在族群区隔的界限越来越明显之后，自然而然地产生了敌我区隔，这是族群身份区隔的自然逻辑结果。于是，政

---

① 徐博东著：《透析台湾民进党》，台海出版社，2003年，7页。

② 彭怀恩著：《台湾政治发展的反思》，（台湾）风云论坛出版社有限公司，2000年，315页。

③ 张铁志著：《台湾新民主的诅咒？——金权政治与社会不平等》，（台湾）《思想》第七辑：《解严以来：二十年目睹之台湾》，（台湾）联经出版事业股份有限公司，2007年，146页。

治对抗自然获得了正当性。这种情况在 2000 年民进党上台以后的政治变迁过程中表现得更为明显。这就可以理解，尽管民进党不断采取冲突策略，甚至有时已经突破了道德的底线，但是依然还能得到许多本省民众支持。原因就在于敌我区隔的建构。

本省族群挟强大的气势对外省族群形成了压迫，外省族群则通过不断向“本省论述”靠拢的方式规避可能出现的风险。不过这种族群对抗在岛内已经趋于淡化，无论是本省族群，还是外省族群，都力图通过放大两岸关系认同分歧的方式来减弱内部族群冲突造成的影响。因此，当 2008 年马英九当选台湾地区最高领导人后，政治评论人傅建中说，“老实说，马先生是岛上大多数人最后的希望，特别是外省族群，大家当然希望他好，不愿见他倒。否则，覆巢之下，绝无完卵。”他认为，大家对马爱之深，责之也切，但基本上都是为他好，除了那些在政治上和他绝对对立的人们。“不管马愿不愿意或喜不喜欢，他已被选为台湾承先启后、继往开来的历史性人物，马也是台湾最后的希望，我们没有选择，只有无条件地支持他。我们和他休戚与共，荣辱同沾。他的成功，是我们的成功；他的失败，也是我们的失败。无论成功还是失败，马都得一往直前，义无反顾，我们誓做他的后盾。”① 这里，傅建中显然是在两岸关系的语境下去讨论台湾的省籍族群问题，将外省族群的未来与马英九对两岸关系的处理以及台湾未来政治发展的前景结合起来。如果我们从这个角度去理解的话，在两岸关系的发展中，外省族群的两岸政策取向表现得比自称是代表本省人的民进党政治精英更为保守是丝毫也不奇怪的。

2.4　社会共识的缺失

稳定的、一致的和有利于民主制度生存和发展的社会共识②是政治变迁社会能

① 傅建中著：《马英九，最后的希望》，（台湾）《中国时报》，2009 年 1 月 6 日。不过在民进党人梁文杰看来，傅建中的观点不过是外省族群的政治生存策略而已。梁所说的政治策略是指，“外省族群经常会隐藏对本省族群的轻蔑。因为外省族群知道，唯有在不触怒本省族群、不使本省族群凝聚的情况下才能获得保障。所以，他们希望台湾不要分本省外省，并且认为台湾没有族群问题，还认为省籍矛盾都是政客操作的结果。傅建中的话不过是透露了外省精英危险的想法而已。”见梁文杰：《郭冠英与族群平等法：谈外省族群的政治策略》，（台湾）《思想》第 12 辑：《族群平等与议论自由》，（台湾）联经出版事业股份有限公司，2009 年 6 月，255—258 页。梁在这里显然将傅建中话中的两岸语境替换掉了，而换成了岛内的政治语境。

② 此处所指的社会共识指对基本价值的一致认知以及对政治系统动作规则的一致认知等影响到政治系统运行效率的因素。

够走向政治发展、减少政治衰退的重要前提。分裂和动荡的政治局面往往与社会共识缺乏相伴生。就民主化而言，有利于民主制度生存的社会共识形成了民主制度得以展开的基本语境，这在所有国家和地区都有其共性。台湾学者汤志杰认为，民主是在历史演进中沉淀出来的概念，是对极其复杂的发展过程的概括，因此是众多复杂意涵的浓缩，它本身其实隐含了许多结构可能性条件。① 在这些可能性条件中，社会共识的形成及功能发挥是一个重要方面。台湾民主化过程中出现的政治衰退，相当程度上肇因于社会共识的缺乏。

社会共识是指一个社会对基本价值的普遍性看法。一旦社会共识形成，往往会形成比较稳定的价值系统，进而规范政治伦理及政治行为。帕特南经过研究发现，社会共识不但具有历史继承性，而且具有决定政治生活基本结构与基本面貌的功能。对于公共事务有共识的地方，政治生活是完全不一样的。“那些一个世纪以前人们积极参与新型社会团体和公共动员的地方，今天也恰好就是政治和社会生活具有最彻底公共精神的地方。”而且，将近一千年前，同样也是这些地方，其公共生活具有明显的公共精神，其社会生活之发达令人难忘，出现了诸如保护者协会、同业公会、邻里组织和其他一些公共参与形式。② 当然，有的学者也将这种决定性因素称为政治文化。其实，社会共识或社会分歧本身就是政治文化的一个重要组成部分。

从这个意义上说，社会共识其实是社会价值系统的基础性组成部分。具体反映到政治行为上，社会共识表现为公众对某种社会价值和政治制度的维护，以及对某些政治行为的支持或反对。托克维尔在论及有助于美国维护民主共和制度的原因时，强调了“民情”的影响，包括了人们拥有的各种见解和社会上流行的不同观点，以及人们的生活习惯所遵循的全部思想。他强调了宗教在美国政治生活和政治制度的形成过程中所产生的巨大作用，以及美国人的教育、习惯和实践经验是如何促进美国的民主制度获得成功的。③ 正是在一些重大的价值问题上存在着共识，所

---

① 汤志杰：《民主社会的结构可能性条件》，（台湾）《思想》第 11 辑：《民主社会如何可能?》，（台湾）联经出版事业股份有限公司，2009 年，197—198 页。

② ［美］罗伯特·帕特南著，王列等译：《使民主运转起来：现代意大利的公民传统》，江西人民出版社，2001 年，175 页。

③ ［法］托克维尔著，董果良译：《论美国的民主·上》，商务印书馆，2004 年，第九章。这里的“民情”按照托克维尔的解释为“一个民族的整个道德和精神面貌”，见托克维尔本书 332 页，这与前面有关民情的解释“指人在一定的社会情况拥有的理智资质和道德资质的总和”在内涵上是相同的，见该书 354 页，脚注。

以美国的制度一直是比较稳定的。

台湾地区的社会共识可以分为不同层面，从大的方面可以分为制度及其文化、社会结构、情感等不同的面向。在各个不同的层面上，社会共识又可以分出一些亚层面。在台湾，民众在基本价值层面（如对民主价值、人文关怀和“主体性意识”）上有着比较一致的认知。但是到具体的亚层面上，认知却相当分歧。例如，尽管撕裂族群等政治操作方式有悖于民主价值，也遭到了许多选民的反对，但是经常进行这种操作的民进党还是得到了台湾本省民众的大量支持。无论执政党还是在野党，均鼓吹族群和谐，但是真正到选举的时候，族群问题依然是政治操作的目标。也就是说，民间对于本省、外省的省籍族群区隔还是基本认同的，本省人挟人数优势形成了类似于沙文主义的族群优越感，而外省族群则可能在强大的压力下强化自己与本省人的族群边界。① 再如，台湾社会以情感为本位的文化特征决定了选举的去理性化与去个人化特点，因此在台湾地区的选举中，以情感动员超越政策动员的情况比比皆是。这种情况基本上反映出了台湾社会对民主选举政策理性共识的缺乏。

有趣的是，台湾民众对民主制度的认同程度并不高。2003 年 7 月所做的民调中，有坚定民主立场的民众大约接近三分之一，但也有将近四分之一的坚定地反民主，有四分之一强的民众对民主制度有疑虑。在这次调查中，当问及“解严之前蒋经国时代那样的政治，是否对台湾会比较好”时，同意的人数多于不同意的人数。②瞿海源将其归因于：在国民党近半个世纪的威权统治期间，当局经由长期的政治社会化，使得大部分民众、尤其是在戒严时期成长的民众，都具有威权而反民主的心态。但是显然，民主化的推展没有能够成功地处理台湾社会治理中出现的问题，没有在台湾社会实现良性治理，是民众对民主制度认同程度低的重要原因。2007 年的统计数据显示，台湾地区民众对民主的支持是东亚和东南亚几个国家和地区中（菲律宾、韩国、蒙古、泰国）最低的，只有不到一半的民众认为，民主总是最好的政治制度。2006 年统计数据显示，腐败问题在东亚是最能影响民众对民主信心的议题。在台湾，有 58% 的民众认为，大部分的政治人物都是腐败的。对此，张铁志分析认为，选民对于认同问题的重视，压制了在社会层次上的阶级矛盾转化为政治上

---

① 这种强化并不一定表现为单纯的对抗，而是有时表现为对族群议题的回避，有时表现为在论述上与本省人的趋同。

② 瞿海源著：《真假民主》，（台湾）图神出版社有限公司，2005 年，282—283 页。

的主导分歧，并诱使政治人物不会以社会平等作为主要政治主张。问题是，如果“金权政治”和社会不平等不能被有效地解决，人民会开始怀疑新兴民主的有效性，甚至正当性。其结果可能是政治的犬儒主义，或是对威权时代的怀念。①

台湾以竞争性选举为中心的民主制度在一定程度上是政治妥协的结果，是解决政治分歧的一种方式。从这个意义上说，民主制度与民主价值在一定程度上是剥离的，政府的想法与做法在很大程度上是精英集团的想法，与普通老百姓其实没有太大的关系。② 其实许多研究民主理论的学者也早已指出了这个事实。汤志杰认为，民主制度可以运作为一套解决纷争的有效工具，让每一次的政治纷争涉及不同的结盟组合与敌友关系，让政治的运作充满了不确定性，以致暂时居于劣势的一方愿意等待，同时居于优势的一方也无法赶尽杀绝，而不会僵化为只有一条敌我战线，导致全面对立的、只能拼个你死我活、别无其他选项的战争状态。③ 这里，冲突与民主制度的发展成为了一个互相推动的往复循环的过程。英国政治学者珊姐·慕孚（Chantal Mouffe）也认为，民主政治不但不会试着消除权力与排除的印迹，反而会要求我们将这些印迹放在最显著的位置，让它们现身，以使它们得以进入竞争挑战的范围。这应被视为一个永无休止的过程，而不该让人沮丧。因为想要达致最终目标的欲望，唯有导致政治的消失以及民主的毁灭。在民主政体中，冲突与对抗，不但不是不完美的象征，反而显现了民主仍旧充满活力，而多元主义乃寓于其中。④ 如果不考虑语境的细微差别，珊姐的观点可以说是比较深刻地说明了民主制度在处理政治冲突时的基本模式及其路径。同样，如果不考虑语境的细微差别，这一模式

① 张铁志：《台湾新民主的诅咒？——金权政治与社会不平等》，（台湾）《思想》第七辑：《解严以来：二十年目睹之台湾》，（台湾）联经出版事业股份有限公司，2007 年，160 页。

② 在为民主辩护的理论中，价值诉求是推行民主制度的重要理由。达尔认为民主的长处有以下 10 个：有助于避免独裁者暴虐、邪恶的统治；保证公民享有许多基本权利；保证公民拥有更为广泛的个人自由；保证个人在自己选定规则下生活的自由；为履行道德责任提供了最大的机会；使人性获得更充分的发展；民主政府能造就相对较高的政治平等；现代代议制民主国家彼此没有战事；民主国家比非民主国家更为繁荣。见［美］罗伯特·达尔著，李柏光、林猛译，《论民主》，（台湾）联经出版事业股份有限公司，1999 年，69 页。在民主的 10 条理由或长处中，价值诉求占了相当部分。但是达尔描述的显然是民主制度已经建立后的图景，关键是民主制度如何建立？具体到台湾而言，民主化历程是在族群冲突与政治权力重新分配的背景下完成的，相对来说民主的价值诉求不过是一个副产品。这也正是台湾社会为什么经历了民主转型以后却依然难以贯彻民主的价值诉求并根除政治对立与族群冲突的原因之一。

③ 汤志杰：《民主社会的结构可能性条件》，（台湾）《思想》第 11 辑：《民主社会如何可能?》，（台湾）联经出版事业股份有限公司，2009 年，198 页。

④ ［英］珊姐·慕孚（Chantal Mouffe）著，林淑芬译，《民主的吊诡》，（台湾）巨流图书有限公司，2005 年，29 页。

对于台湾政治变迁的过程有一定的解释力，政治冲突被和平解决争端的社会共识所约束，从而被规范在可控的范围之内，使整个社会保持着一种“乱而有序”的基本状态。

也就是说，台湾社会虽然对民主制度的认同程度不高，但是却接受其作为组织政治生活的基本方式。这一共识保持了一定程度的稳定，在对社会分歧和各种政治力量进行整合方面发挥了比较好的功效，使台湾地区在民主化过程中避免了许多发展中国家和地区在民主化过程中曾出现的大规模政治混乱，在整体上来说促进了社会的发展。

不过需要说明的是，台湾社会能够形成共识的基本层面比较少，在亚层面上的分歧比较严重，几乎遍及社会生活的各个领域。台湾社会在人文关怀如何贯彻、政治系统应该如何运作、“主体性”如何体现、如何在民主框架下处理族群的对立与冲突等方面，均没有太多共识。

这种情况导致的结果是政治权威弱化。这里所谓的权威并不是单纯指权力上的命令，而是包含着道德正当性的权威。或者说，权威做出什么事情，或不做什么事情，不是靠发号施令，而是靠正确的请求或建议，就这是人们把权威与受到人们自发支持的领导联系在一起的原因，也是西方语境下“民主危机”被称为权威危机的原因或含义。① 这里的权威可以解释政治的合法性和政治的正当性，权威未必一定是人，也可以是制度和机构。在台湾的政治生活中，对权威的怀疑与蔑视是经常出现的现象，在蓝绿斗争的语境下，是非标准越来越模糊。如陈水扁弊案浮出水面后泛绿民众对“司法不公”的攻击，就非常典型地反映了权威缺位的现象。

在族群问题上的共识缺乏使得政治斗争变得空前激烈。本省人集团在政治资源分配格局的调整结束以后，在价值资源分配上的攻势还在持续展开，其最终的目的就是要在价值分配上将外省人打入政治的偏僻角落。在这种情况下产生的外省人危机感使台湾每一次选举都成为激烈异常的生死之战。

基础层面的社会共识是防止由社会分歧引发的社会冲突失控的最后防线，而一些亚层面的社会共识对于特定的政治系统的良性运作来说也同样具有重要影响。从这个角度上说，姗妲的论断显然忽略了一个重要问题，即政治冲突在一定可控的范

① ［美］乔万尼·萨托利著，冯克利、阎克文译：《民主新论》，上海人民出版社，2009 年，210 页。

围内才有可能对民主的发展产生积极的促进作用，如果政治冲突超出了系统的承受范围，不可避免地会出现政治动荡，最终可能形成大规模的政治衰退。台湾在民主化过程中虽然以较为平稳的态势进行了政治转型，但是不断展现的共识缺失却给台湾带来了诸多结构性危机，也给台湾政治变迁带来了越来越多的不确定因素。

社会共识生态其实反映了社会中群体意识的分层及互动情况。在选举决定一切的民主制度下，作为社会群体意识的社会共识对政治认知和政治运行系统形成的影响是显而易见的。台湾社会的一系列政治乱象，其实均可以在社会共识缺乏方面找到影子。因此，台湾社会的共识分布情况在一定程度上决定了目前政治生态的基本样态：既能维护基本制度和社会的稳定，同样也导致了政治乱象与一定程度的政治衰退。

2.5 政治变迁与经济发展

民主化与经济发展之间的关系问题，是政治学研究的一个重要题域。在这个题域下面有两个主要的亚题域：政治民主化对经济发展的影响；经济状况及其变迁对民主化进程、方式及民主巩固的影响。本书从题目的主旨出发，主要讨论台湾政治民主化过程对经济发展影响的若干问题。

2.5.1 政治民主化对经济发展的影响

民主制度是否能对经济发展产生较大的推动作用？在目前的研究中，大致有以下三种观点：第一种观点认为民主政治对经济增长有正面的促进作用。这种观点坚持，民主的增加意味着政治权力的扩大，也意味着经济权力的扩张，这些方面均可以在正面向度上促进经济发展。这种观点有一个前提和假设是：民主制度可以在很大程度上限制行政官员的权力，遏制行政当局权力的滥用，故而能够压缩官员利用手中的公权力进行寻租的空间。① 同时，从经济政策的层面上说，政府的政策能够在政治上得到公众的支持，故而能降低政策执行的成本。所以，民主制度下，即使不是全部经济政策，只要有一些经济政策能够刺激经济的增长，就有可能对经济发

① 事实上可能不是如此简单。历史经验和政治现实都已经表明，民主未必能成功阻遏权力的寻租，在治理政治腐败问题上，许多已经实行民主制度的国家和地区也不是特别有效。

展产生整体上的正面作用。第二种观点认为民主政治不但不会推动经济的发展，反而可能阻碍经济发展。这种理论分析所依循的逻辑路径是，在推行西方式民主政治的国家和地区，财富分配不均的情况可能要比那些西方所谓的“非民主”国家和地区来得严重。而且，民主制度会强化这种收入分配的不均，会使经济发展的环境进一步恶化。第三种观点比较折中，认为经济增长与政治民主的关系复杂，两者可能存在关系，但不必然是因果关系。有许多学者坚持两者之间的关系无法用理论模型进行证明。目前这种观点已经成为学界的主流。① 丹麦学者索伦森（Georg Sørensen）对这些观点进行了更为系统的归纳，认为无论是政治上还是经济上的理由，都在民主能否促进经济发展问题上存在着分歧。②

表三　民主制度对经济发展的影响

	民主阻碍经济发展	民主促进经济发展
经济上的理由	民主无法降低消费以支持投资，所以经济发展受害。	民主对人类基本需要的投资，对经济成长是有利的。
政治上的理由	民主增加对弱势政体的压力。一致的国家行动更为困难。国家是弱势的。	民主提供稳定的政治环境和经济多元主义的基础。民主意味着正当性。一个强大国家也常常是民主国家。

资料来源：［丹麦］乔治·索伦森著，李酉潭等译：《最新民主与民主化》，（台湾）韦伯文化国际出版有限公司，2003 年，68 页。

但是这些结论大都是根据特定国家和地区的发展经验抽象出来的，至于在一般的意义上，学者研究发现政体与经济发展之间并没有太直接的相关性。现有的经验性资料既不支持民主政治与经济发展相辅相成的观点，也不支持威权政体较民主政体更有利于经济发展的论点。台湾学者朱云汉认为，威权政体在特定的历史条件下，有可能发挥促进经济发展的功能，这些历史条件可能包括政治文化、官僚的素质与国家机构的能力，以及国家与社会间既有的镶嵌性网络关系，而多数威权国家和地区并不具备这些条件；在新兴民主国家和地区中，民主化与经济发展的关系相

① 王华：《政治民主与经济绩效——印度发展模式考察》，《华东师范大学学报（哲学社会科学版）》，2003 年 3 月，第 39 卷第 2 期。在该文中作者论及政治民主与经济增长之间的关系时，除了述及上述观点外，还提及到了一个观点：经济繁荣可以促进民主。笔者认为这已经属于经济发展对政治民主反作用的范畴，故这里不予讨论。

② ［丹麦］乔治·索伦森著，李酉潭等译：《最新民主与民主化》，（台湾）韦伯文化国际出版有限公司，2003 年，68 页。

当复杂，徒具民主形式而缺乏健全民主机制的体制中，绝对无法维持一个均衡的经济发展模式。① 美国学者普沃斯基（Adam Przeworski）② 经过长期实证研究得出的结论也支持了上述观点。普沃斯基研究最重要的发现，就是政权类型与经济发展速度之间，没有统计意义上的关系，找不到政治制度影响经济发展速度的因果链条。在民主与经济发展速度之间，并不构成一种取舍关系，即便在贫穷的民主国家中也是如此。③ 所以说，民主化与经济发展之间可能只是部分影响的关系。易言之，民主化可能在部分层面对经济发展产生影响，但是并不一定完全决定经济发展的基本走向与基本样态。

这并不是说要排除在理论上对民主化与经济发展关系展开探讨的尝试与努力。在某些特定的语境中，民主制度与非民主制度对经济发展的影响还是有所不同的。在理想的情况下，民主制度还是比不民主的政治制度更加能够促进经济的发展。④ 政治不民主的情况下，缺乏对行政当局的监督和约束，因而行政当局就没有足够动力去满足社会成员对公平和透明的自由竞争经济秩序的要求。同时，政治不民主也为官商勾结的恶化提供了空间。在缺乏民意制衡的情况下，极易出现权力寻租的现象，而且在相当多情况下还无法进行问责。另外，也是更为可怕的事情，行政当局的权力在没有制衡的情况下一旦超出了应有的界限，直接参与经营，制造垄断并由此取得巨额利益，则不但会对市井小民的生活产生影响，还会对整个社会的经济发展环境造成破坏，这种情况所带来的危害要远远超过普通的企业垄断。⑤ 相反，在

---

① 朱云汉：《90 年代民主转型期经济政策制定的效率与公平性》，见朱云汉、包宗和主编：《民主转型与经济冲突——90 年代台湾经济发展的困境与挑战》，（台湾）桂冠图书有限公司，2000 年，5—7 页。

② 见［美］亚当·普沃斯基著，郦青、张燕等译，《国家与市场：政治经济学入门》，上海出版集团·格致出版社，2009 年。大陆学者对 Adam Przeworski 的名字翻译不统一，本书为方便起见，统一称其译名为普沃斯基，不过涉及具体译著，在注脚中仍以译者的译法为准。

③ ［美］亚当·普沃斯基著，包雅均、刘忠瑞等译：《民主与市场——东欧与拉丁美洲的政治经济改革》，北京大学出版社，2005 年，153 页。

④ 这里所以称为“理想的”情况，是因为本自然段关于民主制度比非民主制度对经济发展更为有利的讨论有三个基本前提和预设是很难达到的：（1）选民选择政府的依据是经济上的政策理性；（2）行政权力受到选民的制约；（3）民众的压力一定可以建立公平与自由的竞争秩序。这些前提和预设只在部分的民主国家和地区可以找到，但是在大部分的民主国家和地区是难以实现的，或者说是难以全部实现的。

⑤ 黄建军、张千帆著：《论民主政治对市场纠偏和制衡作用》，《理论与改革》，2005 年 6 期。需要指明的是，这里显然忽略了上面所提到的民主制度能够促进经济发展的三个前提条件，也没有对民主国家与非民主国家对经济发展影响的具体情况进行详细的类型学划分。

民主政治中，由于政府一定要考虑到民众的压力，所以在公平、透明竞争秩序的建立上，相对于不民主制度下的政府有其优势。

不过相较于一般意义上的讨论，在微观的层面上说政治制度对经济发展的影响只能是地域性与个殊性的。姑且不论经济发展是各种因素综合作用的结果，不可能单凭政治制度一项指标对经济发展进行简单判断，即使是同样的民主制度设计，在不同的国家和地区的表现形式和作用机制也有较大差异。在个体的层面上，政治制度及其变迁主要表现为对经济政策的影响上。对这方面的研究可能比对民主制度和民主化于经济一般性影响的研究更加具有现实意义。例如，蒋华栋在研究毛里求斯的政治对经济的影响时发现，由于毛里求斯实行的是多党参与议会民主制，各政党尤其是执政党受到选民因素的影响，往往实行有利于某一利益集团、而不利于整体经济发展的政策，迫使国家战略偏离国家经济发展的总体要求。① 毛里求斯经验所透露出的信息是，由于缺乏必要的社会条件和社会基础（不是制度的缺乏），民主的政治制度并不能保证经济发展所需要的正常环境。海哥德（Stephan Haggard）和考夫曼（Robert R. Kaufman）对台湾 20 世纪 80 年代民主化过程中政治经济关系的研究则从另一个角度说明了政治制度与经济发展关系的地域性特征。他们认为，在民主化过程中，台湾当局一般不会将信贷政策作为一种促进产业发展的手段。虽然它确实在推行一种有选择的产业政策，在 20 世纪 80 年代，它也开始以一种更稳健的方式开放其内部市场，并解除对内部市场的管制。② 以此观之，台湾的政策调整明显与民主化和市场自由化没有太多的关联。显然，对于毛里求斯和中国台湾地区而言，从自身的历史情境出发展开的政治经济关系研究会有更强的解释力，对于自身的发展更有现实的参考价值。

2.5.2　台湾政治民主化对经济发展的影响

台湾民主化与经济发展的关系是一个涉及相当广泛的研究题域。本来，讨论民主化与经济发展的关系就是一个相当冒险的工作。其中最主要的难点在于难以建立起政治变迁与经济发展的直接因果关系。在经济发展的研究中，对于经济运作体制

① 蒋华栋著：《试析毛里求斯议会民主制对国内经济发展的影响》，《西亚非洲（月刊）》，2006 年第 6 期。

② ［美］斯迪芬 · 海哥德、［美］罗伯特 · R. 考夫曼著，张大军译：《民主化转型的政治经济分析》，社会科学文献出版社，2008 年，313 页。

本身的研究占了相当大的一部分，但是经济发展却并不一定是经济运作体制本身的问题。如大家所知道的，经济发展受到外部环境的影响相当大，但是如何尽可能多地将影响经济发展的因素全面整合进经济发展评估的系统中去，却是比较困难的工作。同时，由于问题的复杂性，在研究政治变迁与经济发展关系的过程中极有可能出现“选择偏差”的问题，即以部分的经验事实作为基础得出结论，但是这些结论却未必能对所有的经验事实都有效。这也是在社会研究中经常会遇到的问题。通常说透过现象看本质，但是看清本质却没有那么容易。有的时候事物之间表面上的联系会产生很强的欺骗性，甚至可以遮蔽住寻求事物本质的路径。“选择偏差”就是这样的一种思维陷阱，该现象的产生既有主观原因也有客观原因。从主观上说，人大都有理想化的倾向，并希望事情向自己理想的方向发展；从客观上说，事物之间的因果关系错综复杂，在探究这些关系时会有一定的困难。“选择偏差”的存在使我们很容易陷入一种困境：不是把所谓“本质”本体论化、形而上化，就是缺少分析不同层次现象之间复杂关系的分析视野和工具。① 所以，在讨论民主化与经济发展之间的关系时，要避开选择偏差的陷阱，就必须要充分考虑所建构范式的逻辑周延性，要注意分析范式的前提和预设的合理性。也就是说，分析范式只能是在具体的语境中才有解释力。

讨论台湾政治变迁对经济发展的影响时同样也面临着这样的问题。对这些问题的讨论，就存在着在一定语境背景下对所讨论题域的前提进行限定的问题。本书因主要集中于讨论政治变迁过程中的政治衰退问题，无意也无力对民主化于经济发展的全面影响进行解释。从这个角度来说，本书的这种研究属于实证研究的范畴。所以，本书的研究主要有以下几个约束：1. 只讨论台湾的个案。2. 集中讨论民主化变迁对于经济政策决策、政策执行方面的影响。3. 本书分析的依据，为台湾社会到现在为止出现的事实，至于这是否为政治变迁过程中出现的阶段性现象，或者未来是否会出现不同的趋势，则是另外一个问题，不是本书讨论的重点。4. 笔者无意否定政治发展和民主化对经济发展的促进功能，但是从本书研究题目所设定的目标出发，集中于分析政治变迁和民主化对经济发展的负面影响。

概括起来说，台湾社会政治变迁和民主化过程对经济发展的负面影响主要有以

---

① 何高潮著：《政治制度与经济发展关系分析：比较政治学的新视野——评〈民主与发展：政治制度与各国的福利状况〉》，《管理世界》，2005 年，4 期。

下几个方面。

一、影响经济决策的因素日益多元化。一般认为，在西方式的民主体制下，影响效率问题的关键，往往不在技术层面的规划与执行能力，而是在政府的决策效率，而这主要取决于政治体制的利益整合能力。① 就台湾社会而言，在民主化转型以后，对经济决策产生影响的因素不断增加，从而导致了决策效率的下降。如果仅从经济发展的角度来说，威权时代的经济决策可能不必考虑太多的因素，而仅从技术的角度出发就可以了。但是在民主体制下，各种各样的社会运动可能对经济决策产生相当大的影响，从而使经济决策的过程发生较大变化。

以台湾的环境保护运动为例。台湾的环境保护运动涵盖的范围比较大，自然保育、野生动物保护、绿色消费等均属此类。如果按照运动所指向的目标来分类，环保运动可以分为：1. 生计取向的环境保护运动，即因为现代化工程而危及到民众的生活而引发的社会运动，运动的指向是为了维护自己生存的权力。2. 品质取向的环保运动，即主要强调对经济发展过程中出现的污染等危害公共安全问题之关心而产生的环境保护运动。前者相对来说较为具体，一般是针对特定地区的特定项目所产生的问题展开；后者较具有一般性的意义。比较而言，台湾的社会运动比较强调生计议题，而品质取向相对不是那么突出。台湾学者何明修收集了自1980至1998年间的1727个个案，其中绝大多数属于反对污染的抗议活动，如果将性质与此相近的反核运动放在一起的话，两者几乎占了所有社会运动90%的份额。台湾社会运动的这个特点决定了这些社会运动具有较强的对抗性。反污染、反核运动直接挑战行政当局官僚机构的经济规划与资本家的投资决定，一般不可能以体制内的方式达成目的。② 在台湾社会，行政当局出于选举等各方面的考虑不得不重视民众的意见，所以在政策制定和经济决策时就不得不考虑来自民间的压力。早在解严之前，80年代台湾就发生了三个比较有影响的环境抗议案件，即大里乡仁化村反三晃化工案（1982年4月至1986年7月）、新竹市水源里反李长荣化工案（1982年7月至1988年4月）、鹿港反杜邦案（1986年1月至1987年3月）。这些案件的结果，都直接

① 朱云汉著：《九十年代民主转型期经济政策制度的效率与公平性》，见朱云汉、包宗和主编：《民主转型与经济冲突——九十年代台湾经济发展的困境与挑战》，（台湾）桂冠图书有限公司，2000年，8页。

② 何明修著：《民间社会与民主转型：环境运动在台湾的兴起与持续》，见张茂桂、郑永年主编：《两岸社会运动分析》，（台湾）新自然主义股份有限公司，2003年，34—35页。

改变了当局的经济决策，也引发了 90 年代的环境抗争风潮。作为制度性成果，台湾环保运动推动了 1994 年“环评法”的通过。在此之前台湾当局主要依据“公害纠纷处理法”处理经济发展中引发的环境问题，即处理既成事实的公害污染，而“环评法”则是要在开发工程进行之前，就先减低污染的层次。根据规定，开发案的主事者要事先提出评估报告，明白指出项目形成的环境冲击与因应改革之道。“环保署”并设有专门的评估委员会，由官员和专家学者组成，他们有权要求限制开发规模，修改工程方式，甚至于完全封杀某项开发案。① 所以，90 年代以后，台湾社会因为环保运动而延宕下来的投资案件屡见不鲜。

按照新制度主义的观点，无论是在“政治市场”上还是在“社会市场”上，参与方越多，交易成本越大，达成共识的难度越高。当交易成本的付出高于达成共识所获得的收益时，合作的可能性几乎为零，社会将为此付出巨大的代价。② 也就是说，不管是从技术的角度还是从价值的角度来说，过度的民主显然不利于经济的增长。在台湾社会经济发展的过程中，民间的声音不管是通过体制内还是体制外的方式对决策施加影响，都增加了经济决策的成本。影响决策的因素日益多元化，无疑会使经济决策的效率在一定程度上降低。

二、经济问题政治化的倾向非常严重。经济问题和政治问题永远有着密切的联系，政治制度及政治过程对经济的影响是作为经济分析的一个基本前提和预设存在的。如普沃斯基所说，“正如用完全市场条件来评价市场缺失的真实世界中的资源配置是没有意义的，离开政治过程来评价政治达成的资源配置方案也没有多大的意义。我们必须要问的是，一种配置方式是否是在政治约束下有效率的，即在给定的政治过程中，是否在无人受损的情况下有人得到利益。”③ 在台湾社会，政治对经济

---

① 何明修著：《民间社会与民主转型：环境运动在台湾的兴起与持续》，见张茂桂、郑永年主编：《两岸社会运动分析》，（台湾）新自然主义股份有限公司，2003 年，60 页。需要提及的是，环保意识的高涨与经济发展之间的问题更多的不是技术的问题而是价值的问题。经济发展不能以牺牲环境为代价，这已经是世界范围内的一个共识。但问题的另一面是，经济发展与环境保护均是指向人类的终极关怀（至于各个地区在资源分配上面的差异，是另外一个问题），如果没有经济发展，环境保护的意义也将大打折扣。如何处理经济发展与环境保护的关系，其实是比较麻烦的问题。本书因为篇幅和主题所限，主要集中于讨论经济发展的技术层面，而省略了价值层面的探讨。

② 王华著：《政治民主与经济绩效——印度发展模式考察》，《华东师范大学学报（哲学社会科学版）》，2007 年 3 月，第 39 卷第 2 期。

③ ［美］亚当·普沃斯基著，郦青、张燕等译：《国家与市场：政治经济学入门》，上海出版集团·格致出版社，2009 年，195 页。

的影响表现之一就是经济问题政治化的情况非常严重，甚至已经影响到了经济发展。

大致说来，经济问题政治化的表现主要有以下两种情况：

1. 金、权关系异常复杂。台湾社会的“金权政治”一直广为诟病。在威权时代，当政者以政治特权图利特定利益集团的情况非常普遍。一般来说，良好的政商关系是在台湾经商能够成功的重要前提。这种情况在政党轮替以前大量存在，2000 年政党轮替以后也没有太大的改观。所不同的是，2000 年政党轮替之后，威权体制下的既得利益集团“似乎再也无机会向公营、半公营金融机构要贷多少就贷多少，用来做过度而盲目的投资”，因而导致财务上的周转不灵。同时，由于社会大众对未来缺乏信心，以致股价不断下滑，它们用股票质押所贷的大量资金，也濒于“断头”的境地。影响所及，不少大企业就在破产的边缘上挣扎，而有关的金融部门也因呆账比例过高，无不提心吊胆，随时准备应付本土性金融风暴的爆发。[①] 这种情况的另一面是，政党轮替以后，旧有的利益既得集团衰落，又出现了另外的利益既得集团。为了培养和稳固选举的“桩脚”，民进党当局不择手段“绿化”公营事业及半公营金融机构的决策阶层。这些所谓的“绿朝新贵”在占据了经济部门的要津之后，加速了金、权之间的勾结过程。2005 年底爆发出的民进党弊案已经表明，民进党执政以后政商勾结情况之严重，已经到了触目惊心的地步，而这种“金权政治”的形成及恶化，对经济发展的影响负面作用甚大。

2. 以政治干预经济，以政治立场取代经济发展的专业考量。中国大陆学者李非认为，21 世纪初台湾经济之所以出现严重衰退，重要根源还在于政治层面。民进党执政以来，始终坚持“意识形态政治”和“分离主义路线”的思维模式，以政治立场干预专业决策，并且独断专行，拒绝与在野党分享权力大饼，造成与在野党纷争激烈，政治社会秩序持续动荡，无法为经济运行创造良好的环境。政局混乱严重影响工商企业的投资意愿，使民众对执政当局和经济前景信心涣散，并逐渐陷入消费不振、民间投资下滑的窘境。[②] 在台湾，类似的例子非常多，民进党上台之初出现的“核四风暴”[③] 就非常典型。“核四”是国民党执政时期在长期规划下，针对

---

① 于宗先著：《浴火中的台湾经济》，（台湾）五南图书出版有限公司股份，2002 年，166—167 页。

② 李非著：《台湾经济发展通论》，九州出版社，2004 年，491 页。

③ “核四风暴”的相关过程见中国社会科学院台湾研究所编：《台湾研究年度报告 · 2000 年》，时事出版社，2001 年，55—56 页；高群服著：《台湾秘密档案解密》，台海出版社，2008 年，236 页。

台湾未来经济发展的需要，经再三评估，且经“立法院”通过而兴建的大型工程，民进党上台后，为了该党自己的利益，极力反对兴建“核四”，不但引发了工商业者极大的不安，甚至造成了社会大众对民进党执政信心的动摇。① 在两岸问题上，民进党这种以政治立场指挥经济政策的情况更为普遍，相关论述较多，这里不再详述。2008 年民进党下台以后，以“台独”立场干预两岸经济关系的基本政策取向并没有改变。在两岸是否签署 ECFA 的问题上，尽管台湾岛内的精英大都明白这是两岸关系不可避免的趋势，也是推动台湾经济发展的一个重要举措。② 但是民进党依旧坚持反对立场，甚至不惜以制造政治冲突的方式进行杯葛。在台湾两党政治斗争的情境下，经济问题担负了过多的政治功能，从而使经济发展受到了一定程度的影响。

三、经济决策注重短期效应。在选举决定一切的台湾社会，政治人物要想取得民众的支持，就必须迎合民众的诉求。而且，在任期固定的情况下，政治人物所采取的经济决策一定要在下次选举来临之前取得效果。因此，自 90 年代以后，随着选举在政治生活中的地位变得越来越重要，以行政资源进行绑桩、固桩的情况越来越多。而且，由于执政党要利用手中的行政资源进行政治酬庸，政治人物的任期缩短，使其在施政过程中更加注重利用手中可以支配的各种资源为自己博取政治资本，经济决策注重短期效应的情况愈发严重。台湾学者于国钦甚至认为，政治人物的任期缩短对台湾经济发展影响甚大。经过比较后他发现，国民党时期的行政首脑，从孙运璿到萧万长这六任“行政院长”，平均任期有三年七个月。但是 2000 年政党轮替后，从唐飞直到谢长廷，每任的任期只有一年四个月，任期之短为 50 年来罕见，难怪“行政院长”和“部长”们经常自嘲为“高级约聘人员”。也正因为如此，可以发现国民党执政期间虽经历两次石油危机、“十信金融风暴”、亚洲金融风暴，经济成长率却能长期维持在 6% 到 9% 之间，然而 2000 年以来，台湾经济成长始终低迷不振。③ 虽然将行政官僚任期短暂作为经济发展减速之原因的说法有点

---

① 于宗先著：《浴火中的台湾经济》，（台湾）五南图书出版有限公司股份，2002 年，167 页。

② 朱敬一主编：《ECFA：开创两岸互利双赢新局面》，（台湾）财团法人两岸交流远景基金会，2009 年。

③ 于国钦著：《巨变中的台湾经济》，（台湾）商讯文化事业股份有限公司，2006 年，29 页。但是这种说法似乎有点绝对，因为国民党时期与民进党时期的台湾经济处于发展的不同阶段，而且当时面临的内外环境也不同，这些均是台湾经济发展趋缓的重要原因。这里将行政官员任期对经济的影响似乎夸大了。

绝对，但当政者更加注重短期效应的做法无疑对经济发展会有较为显著的影响。按照朱云汉的说法，民选政治人物的决策倾向短期回报，为了眼前的利益交换与可分配资源极大化，向未来透支，经常导致财政结构恶化或外债高筑的结果。① 可怕的是，在政治变迁的过程中，政党结构和政治运作基本模式的制度化程度不断提高，经济决策的这种特点对经济发展的影响会长期化。

四、社会公平②实现的程度难以令人满意，进而影响到了经济发展。在许多转型社会，民主化与市场化的同步推进，带来严重的国有资产被掠夺与社会分配两极化问题。这种情况在台湾也表现得相当明显。不过需要提到的是，社会公平的实现程度可能在各个层面上影响经济的发展，如内部市场的规模、市场运作基本环境的优劣等，这些都是经济运作的技术性问题。同时，社会公平实现在更大程度上还是一个价值问题，民主转型与民主化本身的最主要诉求就是社会的公平与正义。不过在台湾，事实却给出了另一个答案：民主化过程本身带来了更多的不公平。如张铁志所言，过去 20 年，台湾人民辛苦地追寻民主解放得到的是一个贪婪的资本主义、一个被市场力量穿透的政治领域，以及一套无法有效规范的市场带来的不平等的虚弱民主。③ 这无疑是一个匪夷所思的结果。社会公平的失落，是政治冲突和政治对抗的一个重要根源，严重时甚至可能影响到民众对基本民主制度的信心。④ 因此，台湾社会公平的相对缺失在不同层面上均影响到了经济的发展。

从台湾的实际发展经验来看，民主化过程对经济发展的影响大致可以分为两个层面，一个是技术的层面，一个是价值的层面。从技术的层面上说，随着民主化进程的展开，市场自由化也会有相应进展，这是依循西方民主模式演进路径的必然选择。从这个意义上说，市场的开放以及经济发展模式的变更中所出现的问题均与民主化过程有关，也可以认为是民主化过程中所引发政治衰退的组成部分。价值层面

---

① 朱云汉著：《对民主与市场的反思——一个政治学者的沉痛思考》，（台湾）《思想》第 3 辑：《天下、东亚、台湾》，（台湾）联经出版社，2006 年，79 页。

② 社会公平是政治哲学上的一个重要概念，这里无法进行系统清理。本书所谓的“社会公平”，主要是指能够遏制特权、控制腐败、社会分配大致平衡的一种状态。

③ 张铁志著：《台湾新民主的诅咒？——金权政治与社会不平等》，（台湾）《思想》第七辑：《解严以来：二十年目睹之台湾》，（台湾）联经出版事业股份有限公司，160—161 页。

④ 需要说明的是，社会公平实现与否在相当大程度上取决于民众对社会公平的基本认知。这种认知与具体的经济发展水平相关，也与社会价值系统的塑造有关系。政治哲学意义上的公平概念永远不可能与民间对公平概念的理解画上等号。

的意涵主要指民众对经济和政治诉求实现程度的基本认知和对民主化的价值实现的认同程度。这些可能会影响到民众对于基本经济情势的看法、基本的消费观念以及在这些基础上形成的行为模式之基本样态。可以看出，民主化导致的价值系统改变对经济发展的影响显然更加隐蔽，也更加持久。

2.6 政治腐败及其控制

2.6.1 政治腐败：功能问题还是道德问题?

在古代社会，对腐败的描述和谴责往往带有比较强烈的道德意涵。但是到了近代以后，特别是进入20世纪以后，政治学者对于腐败问题的研究不断深入，研究的视角也不断扩展。巴达汉（Pranab Bardhan）认为，即便是在最一般的意义上说，腐败的概念在不同的语境下也会有不同的涵义，其指涉的事物也不尽相同。[①] 即便是在道德的层面上，在不同的语境下，由于社会价值评判标准的不同，对腐败的基本认知也是有差异的。例如，东亚从传统社会向现代社会、传统政治向现代政治过渡的整个历史进程中，政治献金或“送礼”都是一种普遍的社会现象。但是在不同的历史情境下，人们对“送礼”的态度却大相径庭。在传统社会中，送礼有助于维系和加强对权威的传统态度，被视为政治运作的一个有效组成部分，但是随着社会结构和人们的价值观念发生转型，挑战这种关系模式的行为出现了，在法律和公开的价值层面上人们已经有了把这种行为视为腐败的观念。[②] 这里仅仅说明，在道德范畴内对腐败问题进行讨论就已经是如此麻烦，如果将腐败问题的讨论延伸到政治系统和功能的题域，情况就会更为复杂。

不过，学界在最宽泛的意义上对腐败的理解是没有争议的。简单来说，政治腐败是为了个人和集团的利益而对公共权力和权威的非正当使用。实际上，无论是古代还是现代的政治腐败概念，都包含着以下几个方面的要素：一、个人或集团在集

---

① Pranab Bardhan, “Corruption and Development: A Review of Issues”, Journal of Economic Literature, Vol. 35, No. 3 (Sep., 1997), pp. 1320 - 1321.

② 李路曲著:《当代东亚政党政治的发展》，学林出版社，2005年，155—156页。这里的“送礼”也是一个宽泛的概念，关于送礼的具体形式、送礼的制度化程度等方面作者均没有给出详细说明。同时，本书也没有对腐败的概念进行清理，而是将“送礼”和“政治献金”作为政治腐败的主要内容。相关内容见李路曲此书第四章：政党政治的腐败与政治转型。

体决策和行动中被委以信任；二、存在着对个人和集团行使集体决策和行动的权力进行约束的一般标准；三、个人和集团没有按照这些标准办事（breaks with the norms）；四、违反标准的目的通常是为了图利个人和集团，这个行为同时却损害了集体的利益。[①] 显然，政治腐败行为施动者主要是执行政策决策的个人和集团。也正是这个原因，有的概念强调，政治活动家、政治家或官方决策过程中的官员，利用他们担任公职而掌握的资源和便利，为另外一些人谋取利益，以换取一些已允诺的或实际的好处与报偿，而这种行为是受到正式法规明文禁止的。当然，也有人将任何政治活动者滥用职权或所有关心自己利益的行为都看做是腐败。[②] 政治腐败的基本判定标准是政治人物和集团是否为了图利自己而违背了广为社会接受的行为准则，这些准则可以是道德和价值约束，也可以是法律条文。不过需要说明的是，从后果上来讲，从这个逻辑起点上出发的政治腐败行为并不一定对公共利益造成损害。所以在上文韦恩（Mark E. Warren）的概念中，将对公共利益（集体利益）的损害作为政治腐败的一个重要标准。但是，这里引发的另一个问题是，什么是公共利益？对这个概念的分析本身就是一个令人头痛的问题。从学理分析的可行性出发，尼尔（J. S. Nye）对腐败的概念进行了进一步简化，认为政治腐败就是为了获取私人（包括亲属、私人派系）的金钱或地位等利益而偏离公共角色正规职责的行为，或是公共角色违反规则行使某种有利于私益的权力。包括贿赂、裙带关系、贪污等。[③] 这一概念既排除了对腐败的道德评价，也排除了从公共利益层面讨论腐败问题的逻辑理路，因为尼尔认为因为公共利益的概念难以确定，会使对政治腐败的分析变得困难。

政治腐败可以分为三个层次：个体的、制度的、整体的。[④] 个体腐败一直被视为隐蔽的、零星的和投机取巧式的行为。这种行为是表现最为普遍的政治腐败行

---

① Mark E. Warren, "What Does Corruption Mean in a Democracy?", American Journal of Political Science, Vol. 48, No. 2 (Apr., 2004), p. 332.

② ［英］戴维·米勒、［英］韦农·波格丹诺主编，邓正来译：《布莱克维尔政治学百科全书》，《政治腐败·制度卷》，594 页。

③ J. S. Nye, "Corruption and Political Development: A Cost – Benefit Analysis", The American Political Science Review, Vol. 61, No. 2 (Jun., 1967), p. 419.

④ ［英］戴维·米勒、［英］韦农·波格丹诺主编，邓正来译：《布莱克维尔政治学百科全书》，《政治腐败·制度卷》，594 页。此处三个层次的腐败并没有指明是从尼尔概念出发得出的推论。笔者认为，这三个层次的政治腐败均是以个体私利为核心内涵，以违反规则为基本表现形式，和尼尔对政治腐败的概念定义比较吻合。

为，在相当大程度表现出偶发性和腐败程度的不确定性等特征。① 制度的或机构的腐败中，腐败是一种经常性的和标准的行为，正规程序和责任受到忽视。以制度主义的观点来看，制度的权威这时已经遭受了巨大挑战，在正规的程序和制度之外，非正规的程序和规则大行其道，已经部分取代了正规制度的功能。这个过程也可以视为腐败制度化的过程。整体腐败则是指，在整个政治制度中，公职和官方权威被公开用来为个人谋取私利服务。整体性腐败是个人腐败和制度腐败发展到极端的形式，它是无所不在的，而且高级官员也参与其中。在整体腐败的情况下，制度被严重破坏，正规制度的功能已经被潜规则所取代。

在功能的向度上分析政治腐败问题和简单的道德评判显然有很大不同。杨洪常通过分类和归纳，将学界对政治腐败产生效应的基本看法分为传统政治腐败的效应观②、“修正派”政治腐败效应理论、后“修正派”对政治腐败效应的批判等不同的流派。③

经历了这些充分的理论探讨之后，现在的学者多认为腐败的功能主要还是负向的。就经济发展层面而言，经济学家们开始认识到腐败不仅仅只是发展过程中的失常（aberration）和偶尔出现的损害（nuisance）。对于许多经济体来说，它是一种系统性的特征，构成了阻碍经济发展的重要障碍。所以，虽然学界对于反腐败（anticorruption）的基本原则，如透明化、责任政府、公众参与等方面还存在着不同层次的争论，但是目前多数政策制定者和经济学者大都认为腐败对经济的健康发展是有害的，目前各个国家和地区关注腐败的焦点还是在于如何减少腐败现象。④ 当然，把腐败的功能认知绝对化同样也是有失偏颇的。杨洪常认为，政治腐败的负面功能是第一性的、普遍存在的。但是不能将此绝对化，否认任何情况下政治腐败都不具有正向功能。他得出的结论是：“政治腐败在一般情况下主要是负向功能，只有在

① 需要说明的是，同样表现出偶发性和不确定性，而且与制度性的政治腐败有所区别，集团（group）的腐败行为在这三个层次的分层中其实也属于个体（Individualistic）腐败行为。

② 笔者认为，杨氏此处的“效应”其实和“功能”概念大部分是重叠的，所以这里“效应”与“功能”在概念上是通用的。

③ 杨洪常著：《政治发展还是政治衰退：政治腐败的效应之争》，（台湾）《政治科学论丛》，2000年6月，12期。

④ Omar Azfar, Young Lee, Anand Swamy, “The Causes and Consequences of Corruption”, Annals of the American Academy of Political and Social Science, Vol. 573, Culture and Development: International Perspectives (Jan., 2001), pp. 42 – 56.

特殊情况下才具有正向功能。"① 但是即便如此，并不意味着政治腐败的正效应可以是政府刻意追求的目标，更不能得出政治腐败促进经济社会发展的结论。

2.6.2　民主化过程中的台湾政治腐败现象

无论在什么样的政治体制中，都不可能杜绝政治腐败。台湾民主化进程中，政治腐败问题一度十分严重。政治腐败现象从李登辉时期开始增多，到陈水扁时期达到了顶点。具体来说，台湾的政治腐败主要体现在以下几个方面。

一、个体性政治腐败。

个体性政治腐败指国民党和民进党的高层人物和台湾行政当局的高级官员利用手中掌握的权力，为自己和自己亲属谋求经济利益的政治腐败现象。从民进党上台以前的"十信案"、"刘泰英案"，到民进党时期的陈水扁家族弊案和民进党高层弊案群的出现，政治腐败已经成为台湾民众诟病的痼疾。2000年国民党下台的原因之一就是该党长期存在的政治腐败问题引起了选民的高度不满。2000年陈水扁上台以后，腐化的程度和速度都远远超乎民众的想象，陈水扁家族和民进党部分高层政治人物贪污的数额之大，也令许多台湾民众瞠目结舌。关于这部分的内容，相关媒体报道很多，这里不拟花费太多笔墨。需要说明的是，个体性的腐败也分为不同的类型，如直接贪污公帑者，如利用职权收取贿赂者，如利用权势为自己和相关人员牟利者，不一而足。这些在台湾都有案例，限于篇幅，不再一一列举。

二、"金权政治"。

在台湾社会，随着民主化的进展，类似陈水扁在"国务机要费案"中直接贪污公帑的情况显然越来越少，更多的是利用手中的权力，与利益集团进行利益交换，获取不当经济利益。台湾学者多把这种情况称为"金权政治"。朱云汉认为，"金权政治"是一种恶质化的政商互动关系形态。虽然也有学者主张，政商之间紧密的联结、相互的信任，以及私人化的网络关系，可以降低交易过程中的不确定性，因而有助于政府与企业在推动产业发展规划上的合作。但是大部分学者还是坚持认为，亲密的政商关系，也往往是"金权政治"的温床。事实上，利益团体对政治的渗透以及对选举的影响，长期以来便是许多政府经济管制相关研究的核心所在，特别是

① 杨洪常著：《政治发展还是政治衰退：政治腐败的效应之争》，（台湾）《政治科学论丛》，2000年6月，12期。

掌握庞大经济资源的企业界对政治的渗透和影响，足以让经济管制机关成为被管制者的禁脔，让经济管制政策为企业的特殊利益服务。① “金权政治”的核心是政商关系。政商关系并不仅仅指政治人物个体与企业集团的联结，这个概念其实还有更复杂的内涵。大陆学者王建民认为，只要是涉及政党和政治人物与企业、团体、组织的利益交换与合作，都可称之为政商关系。②

政商关系的核心在于利益交换。利益集团以手中的经济资源，通过利益输送，建立与执政当局的人脉关系，从而保证行政当局在政策制定中订立有利自己的制度和规则。在台湾，大量“红顶商人”的存在，已经是众议咸同的事实。也正是因为这样，有的学者甚至认为，台湾民主发展的过程，其实是“钱权交换”的过程。在历史的不同阶段，钱权交易的当事人与方式或有改变，但是实际上变的只是政商联盟的组成而已。③ 如果说有差别的话，2000 年以前的国民党执政时期和 2000 年以后的民进党执政时期仅有细微的差别。国民党的政治基础建立在与社会团体的利益交换上，诸如地方派系、社会团体和财团的动员，均是典型的例子。所以国民党时期强调的是以当局所掌握的经济资源来换取选票。民进党则因为获取选票的方式是以身份认同的动员为主，且缺乏自主的物质基础，所以更倾向以当局掌握的政治和经济资源换取金钱，而不是选票。这是台湾两种不同的“金权政治”模式。④ 但是不管谁执政，有些“有办法”的财团，总是与当政者保持密切的联系，可以争取到有利于己之政策法规的制定。

政商关系一般的模式是：商人通过政治献金与政党发生联结。在台湾的民主化过程中，迟迟无法建立起“政治献金法”，对于政治献金的约束付之阙如，导致政商关系混乱。为了规范政商关系，2004 年台湾当局通过了“政治献金法”，成为规范政治献金行为的直接法源。但是这个法律规定的捐赠数额，对昂贵的选举成本而

---

① 朱云汉著：《90 年代民主转型期经济政策制度的效率与公平性》，见朱云汉、包宗和主编：《民主转型与经济冲突——90 年代台湾经济发展的困境与挑战》，（台湾）桂冠图书有限公司，2000 年，9 页。

② 王建民著：《民进党政商关系研究》，九州出版社，2004 年，3 页。

③ 简锡堦著：《解构金权，巩固民主》，（台湾）《台湾民主季刊》，2008 年 9 月，第 5 卷第 3 期，186 页。

④ 张铁志著：《台湾新民主的诅咒？——金权政治与社会不平等》，（台湾）《思想》第七辑：《解严以来：二十年目睹之台湾》，（台湾）联经出版事业股份有限公司，2007 年，156 页。这里需要提起注意的就是，在讨论台湾的政治腐败问题时，需要区分政务官的腐败与事务官的腐败之间的区别。相对来说，事务官（公务员）的腐败程度较政务官轻，因为事务官没有选举的压力，客观上对大量资金的需求不如政务官迫切；同时事务官接触到因选举而产生之大量金钱的机会也远不如政务官多。

言显然只能是杯水车薪，根本无法满足选举形成的资金缺口，更难以因此杜绝“金权政治”。[①] 所不同者，在关于政治献金的法律越来越严密的情况下，政商交易更多是以其他更加隐蔽的方式进行的。如通过对财团法人组织的捐赠，实现经济利益的输送，有的学者因此将财团法人组织称为政商结合的“大本营”和官商利益输送的“白手套”。[②] 或者如陈水扁弊案显示的那样，直接将现金送到候选人或者是政党主要领导者手中。从理论上说，这种情况为政治人物的政治腐败提供了机会，因为这些钱在会计账目上根本没有痕迹，所以政治人物是将其直接据为己有还是用作了选举费用，根本无从查起。而且，由于企业在提供政治献金时采用“两头下注”的方式，对可能上台的不同候选人和政党都会提供政治献金，因而基本上所有较有影响的政治人物都有利用选举进行谋私的可能性。由于收受了企业和利益集团的政治献金，所以政党在胜选以后不得不利用手中的权力来清偿选举时的政治承诺，要么制定有利于企业的经济政策，要么赋予相关企业特权，帮助企业谋取利益。这些都是台湾“金权政治”的重要特征。

三、“黑金政治”。

“金权政治”发展到一定程度，“黑金政治”就会随之出现。在台湾特定的语境下，“黑金政治”中“黑”指的是“黑社会”，“金”指“钱”或“生意”。“黑金政治”是指暴力黑社会人物与贪婪的企业者渗入政治，以及随后出现的社会疾病，如买票贿选、政治暴力、内线交易、围标、贪污等。[③] 台湾的“黑金政治”是一个屡遭诟病的痼疾沉疴。不过需要说明的是，“黑金政治”在台湾出现的时间比较早，并非是以政治自由化为中心的民主化过程的产物。最迟在 80 年代，台湾的

---

① “政治献金法”规定，对同一政党、政治团体每年捐赠总额，不得超过下列金额：个人为 30 万元（新台币，下同）；营利事业为 300 万元；人民团体为 200 万元；对不同政党政治团体每年捐赠总额个人不超过 60 万元，营利事业不超过 600 万元；人民团体不超过 400 万元。对同一拟参选人的捐赠总额，个人不超过 10 万元；营利事业不超过 100 万元；人民团体不超过 50 万元。对不同拟参选人每年捐赠总额个人不超过 20 万元；营利事业不超过 200 万元；人民团体不超过 100 万元。

② 王建民著：《台湾的“黑金政治”》，鹭江出版社，2000，33 页。

③ 陈国霖著：《黑金》，（台湾）商周出版，2004 年，2 页。也有的“黑金”定义更为宽泛，如有学者认为，“黑金政治”系指有组织的犯罪集团（黑道）或者拥有雄厚实力的财团，与政客相勾结，通过贿选、非法政治献金甚至暴力等手段来干预选举，进而影响整个政治过程，盗取权柄与社会公众财富，有钱人借政治权力牟取非法利益，政治人物借权力捞钱，黑白合流，利益共生互享。见张连月著：《政党执政纲鉴》，中央文献出版社，2006 年，11 页。

犯罪集团大规模进入经济领域的情况就已经出现了。[①] 但是“黑金政治”的恶化却与台湾民主化有一定的关联，特别是李登辉当政时期，是台湾“黑金政治”恶化的重要时期。

在政治腐败的形式上，民众所关注者往往是政治人物利用职权谋取私利的个体性政治腐败，却忽视了以“金权政治”和“黑金政治”为代表的制度性政治腐败，或者说忽视了个体性政治腐败的制度和结构性基础。但是这两者事实上是分不开的。例如，在“黑金政治”的腐败链条中，政治人物得到了非法的济利益，黑道人物和企业家通过与政治人物的交换谋取到了私利。在这种情况下，个体性的政治腐败就不再是一种偶然和不确定的现象，而是具有深刻的社会和制度背景。也就是说，在制度性政治腐败的语境下，个体性的政治腐败变得可以预期，甚至变成了政治生活的常态。同时，潜规则运作的时间久了，其功能就会固定下来，虽然一时不能正式取代正规制度，但是却有可能逐步取得社会的承认与接受。这个过程其实是政治腐败的制度化过程，一旦制度化达到一定的程度，政治腐败就会成为制度性结构的一个组成部分。正如台湾社会虽然一直在反对“黑金政治”和政商之间的利益交换，但是无论是国民党在台上，还是民进党在台上，都难以根除“黑金政治”和“金权政治”。2000 年民进党上台以后迅速走向“金权政治”，就是一个典型的例子。马英九上台以后，极力调整与地方派系的关系，力图斩断国民党“黑金政治”的根源，也遭遇到了相当的阻力，成功与否，还是一个未知数。

政治腐败的制度化对于制度的影响最为严重者，是使制度的公正性和权威性遭到削弱，甚至使政府的合法性和公信力受到损害。这种情况与台湾社会的政治结构和社会结构有很大关联。当然，台湾的情况还没有发展到整体腐败[②]的程度，正规制度的道德和法律正当性依然得到了相当大程度的尊重，公然利用正规制度和法律为个人和少数集团谋取利益的情况既不能见容于社会大众，在官员中间也不多见。即便如马英九的“特别费”之类的“历史共业”也将随着立法的完善而逐渐退出历史舞台。

---

① 陈国霖著：《黑金》，（台湾）商周出版，2004 年，第四章：大哥变大亨。

② 本书的腐败概念强调行为上的不合制度特征。所以，在政治制度框架内的活动基本上均不能认定为腐败。例如，在威权体制下，国民党利用行政权力经营党营事业，是威权体制下的基本制度，所以这里虽然也有图利个人的情况出现，但是在制度上讲是“合法”的，就不能归于政治腐败的范畴。

2.6.3 台湾民主化与政治腐败的关联

政治腐败是一个世界性难题，从世界各个国家与地区的现实情况来看，政治腐败在各种类型的国家和政体中都存在，所不同者，不过是政治腐败的程度有差异而已。所以说，单纯将政治腐败与民主制度挂钩是失之于简单的，但是这也不能否定“台湾民主化确实对政治腐败产生了一定的影响”的命题。

戴维·赫尔德指出，在西方世界里，政治制度民主化的要求，通常限定在改革政党领袖的选举过程以及修改选举规则等议题上，其他的议题只是偶尔提起，尽管这些议题相对而言更加重要。① 如果套用这个结论来分析台湾的民主化过程，在一定程度上与现实是契合的。台湾的民主化过程既是权力结构重新调整的过程，同时也是政治运作规则重构的过程。国民党败退台湾之后，自 20 世纪 50 年代的地方选举开放以降，以选举为中心的西方民主制度逐步确立起来。台湾社会由威权体制向民主体制转变不过是这些过程的制度性后果。如果再进一步化约的话，台湾政治民主化过程的核心问题在于选举规则的变化和政治参与的扩大。这个过程自 50 年代开始，到 1996 年地区最高领导人直选方式的确定告终，台湾社会基本上在各个层面的选举中均实现了直接选举。如果从政治变迁的层面上看，台湾的“金权政治”和“黑金政治”的出现不过是政治人物和政治集团千方百计争取选举胜利的自然结果。只不过“金权政治”和“黑金政治”在台湾战后 60 年的政治发展历程中表现形式并不一贯性的相同而已。

毫无疑问，随着台湾民主化过程的推展，竞争性选举在政治生活中的地位越来越重要。相应地，选举成本也随之水涨船高。1988 年 6 月 16 日，高雄市政治家族陈氏掌门人陈启清在记者会上表示“竞选高雄市长至少要花五亿元（新台币，下同）”。这个数字已相当于 60 年代一次选举所有候选人的总花费，对比 1968 年杨金虎竞选高雄市长花费的 500 万元，相差已达百倍。到了 90 年代，每逢重大选举，各政党的投入都超过百亿大关。以世纪末的地区最高领导人选举为例，1999 年下半年国民党公开宣称已准备好 100 亿元（折合 3 亿美元）用于公元 2000 年的“世纪大选”。而 1996 年的台湾地区最高领导人选举中，国民党公开的准备数字为 70 余

① ［英］戴维·赫尔德著，李少军、尚新建译：《民主的模式》，（台湾）桂冠图书有限公司，2006 年，338 页。

亿元。[1] 如此高昂的选举成本为“金权政治”产生提供了巨大的空间。

在威权主义体制下，党国一体，国民党创立了巨大的党营事业，严密控制经济活动。同时也利用手中的庞大经济资源控制各个级别的政治经济精英。在“中央”层级，国民党透过工总、商总、工商协进会等输送纽带，控制与笼络商业精英；在地方层级，通过给予地方派系与本土精英诸多经济上的扶植，以换取他们政治上的支持。在这种情况下，对于国民党来说，选举中花费多少金钱根本不是问题。通过国民党当局手中掌握的金钱对地方派系的收买和扶植，已经成为政治系统能够正常运作的重要支点。台湾学者陈明通认为，在威权体制巩固期，台湾的社会动员与控制主要依靠“动员戡乱体制”，通过对社会的强力统合，行政当局的力量一直强力支配着社会。不过在地方选举动员方面，仍有赖地方派系才能取得绝对的多数。[2] 日本学者若林正丈将其称为“二重侍从主义”的政治结构。[3] 对派系的控制主要是依赖于经济和政治资源分配权的控制。但是在政治民主化的进程中，党政分离的趋势越来越明显，特别是2000年台湾地区最高领导人选举过后，党国体制彻底瓦解，作为国民党主要经济来源的党营事业也失去了“合法性”。[4] 在90年代以后一直困扰国民党的“党产问题”，就是这种政治变迁下的必然结果。当然，在威权体制下直接从“国库”获取金钱进行政治活动的运作模式在民主制下也完全失去了正当性（“合法”的正常补助除外）。

在经费来源日益减少的情况下，政党更加依赖于财团的支持。这种情况对国民党如此，对民进党也不例外。民进党上台后，党国体制已经瓦解，该党不可能再像国民党执政时那样独揽大权，也很难做到党政合一，更不可能“党库通国库”，通过财政拨款取得大量金钱。因而该党获取政党运作资金只能主要依靠非制度化的形式或体制外的途径。一方面，民进党不能再从“国营企业”那里得到资助，也不可能从行政当局的财政拨款中获取大量资产，只能通过执政权力来分派官员，以新的恩庇关系形式，利用手中掌握的权力寻租。但是这种寻租的不合法性已经越来越明

---

① 黄嘉树，程瑞著：《台湾选举研究》，九州出版社，2002年，119页。至于选举费用的上涨到底是因为经济发展水平提高所致，还是民主化的进展推高了选举费用的上涨，目前来看似乎还没有结论。但是从世界范围内看，选举费用上涨是一个普遍的趋势。

② 陈明通著：《派系政治与台湾政治变迁》，（台湾）新自然主义股份有限公司，2001年，263页。

③ ［日］若林正丈著，许佩贤、翁金珠等译：《台湾：分裂国家与民主化》，（台湾）新自然主义股份有限公司，2009年，126—147页。

④ 此处的“合法性”系指“合乎法律”，与政治学理论中一般意义上的“合法性”是有区别的。

显，使该党不可能通过这样的渠道过多占有非法金钱。① 另一方面，民进党由于缺乏像国民党那样的庞大“党产”，因而缺乏操控与笼络财团的能力。民进党于是只能以政策图利的方式输送利益给财团，用公共资源交换财团支持。例如“二次金改”的并购，民进党当局即以海外释股、股价图利、乙种特别股等将“公营银行”廉价奉送财团，使得“公营事业”民营化实质上变成了财团私有化。简锡堦将这种模式称为“政商侍从主义”，认为容易造成政策被财团绑架，而输送过程中的利益流入有权的执政者口袋。② 在这种情况下，个体性的政治腐败不过是制度性政治腐败的一个副产品而已。

选举在政治生活中地位日益重要带来的影响并不仅仅局限于选举费用不断增加这么简单，而是全面影响到台湾的政治结构，同时也影响到政商关系的基本样态。两蒋时代，强人政治是政治生态的重要特点。这种局面下，权力的来源主要采用自上而下的垂直分配方式。与此相适应，下级主要对赋予其权力的上级负责。选举在台湾的政治生活中并不重要。财团在发展过程中只能仰赖政治力的庇护，却没有对其进行牵制和讨价还价的余地。在这种情况下，政治势力相对强势，财团在政治结构中的地位较低，对于政治权力的依赖性较强。所以说，这一时期政商关系的勾连基本上还能顾及到社会的观瞻，以一种相对隐蔽的方式进行。③ 但是李登辉上台以降，情况发生了变化。在李登辉时代，强人政治消失，政治力对社会的统合能力弱化，统合方式也发生了变化。同时，选举在台湾社会的地位与作用日益重要，反对势力迅速成长起来，并引发了朝野之间的政治对抗。在这个过程中，企业界的地位也水涨船高，成为政治势力拉拢的对象。在新的政党政治的逻辑下，现实情势为企业利用自身优势寻租提供了机会。也就是说，企业乐得为政治人物提供资源，广结政治人缘，拓展对政策的影响力，以维护企业本身利益。④ 民主化导致的威权政治瓦解，从根本上说改变了台湾社会原有的政治运行结构，并影响到了政商关系的基本结构。威权统治结构的瓦解为政商勾结提供了更大的可能性。同时，政治运作模

---

① 李路曲著：《当代东亚政党政治的发展》，学林出版社，2005 年，173 页。

② 简锡堦著：《解构金权，巩固民主》，（台湾）《台湾民主季刊》，2008 年 9 月，第 5 卷第 3 期，187 页。

③ 这种情况也可以解释为，国民党当局当时对经济的控制能力相对较强，所以不需要通过大规模的政商勾结来筹集资金来维持党的正常运作。

④ 苏子琴著：《权与钱——透视台湾政商关系》，（台湾）新新闻文化事业股份有限公司，1992 年，序言。

式的改变，尤其是选举政治的不断扩张，也为政商勾结提供了现实的驱动力。

所以，就台湾的民主化过程对政治腐败的影响而言，主要可以归纳为以下几个方面：

一、威权体制下的政治腐败问题在民主体制下以不同的形式显示出来。诸如马英九的“特别费”和陈水扁的“国务机要费”问题，在威权体制下可能不被认为是腐败问题，但是在民主制度下的合法性却备受质疑，因而被称为台湾政治人物的“历史共业”。这种情况可以称为“隐性政治腐败”转为“显性政治腐败”。

二、体制内个体性政治腐败的难度变大，制度性集体政治腐败的问题日益突出。或者说，即使有个体性腐败，也多以集团政治腐败的形式表现出来。政党要进行选举，需要大量的经费，这使政党在合法渠道日益减少的情况下不得不去寻求制度外的途径筹集更多的竞选经费。于是，企业家利用自己手中的资源获取特权，以求取得更大利益；政客利用自己手中的权力，换取党需要的经济资源。由此引发的制度性政治腐败在台湾社会因而成为最主要的腐败形式。可以预见的是，未来随着政党政治的发展，这种情况会依然存在。国民党在“党产”处理完毕之后，很快就会面临这个问题。[①] 在这种情况下，台湾社会的政治腐败多表现为集体性腐败。自2005年下半年以来出现的民进党弊案虽然主要是以陈水扁家族贪腐的形式表现出来，却也清晰地显示了民进党内的利益共生结构，即民进党内诸多高层人物均从扁的贪腐中获益的事实。

三、台湾社会在民主化过程中，并没有出现整体性的政治腐败，即台湾社会民主化的制度化程度是不断提高的，对政治腐败的制度性遏制也是不断向前推展的。虽然台湾社会的政治腐败问题时有所闻，但是制度并没有沦为政客们公然为自己牟私利的工具。[②]

另一方面，民主化同时也为遏制政治腐败提供了若干制度和机制，在一定程度上遏制了政治腐败的恶性发展。

一、自上世纪80年代以来，台湾在反对政治腐败方面的制度建构已经取得了

① 2009年12月30日，国民党中常会通过党营事业最终解决方案，宣布2010年6月底前标售中投公司，未来党将转型为选举机器，选举经费改以募款为主。这是政党运作模式的根本性改变，对未来国民党的发展，将会产生重要影响。

② 在本书的概念中，政治腐败的一个基本内涵就是直接为自己谋取私利。所以，类似台湾两个大党推动“单一选区两票制”的选举制度，虽然也有政治人物因此得到政治利益，但是由于受益个体并不确定，根据本书的概念，不能认为是政治腐败。

较为可观的成果。随着民主化过程中一系列政治腐败问题的出现，相应的法律法规和政党内部的规章制度不断出现，对政治腐败问题进行了越来越严格的限制。台湾当局 2004 年通过的“政治献金法”，就是在这个背景下出台的。在民进党的内规中，规定“曾犯贪污罪，经判刑确定者”不得提名为党的候选人。[①] 此外，由于台湾社会已经脱离党国体制的基本制度框架，政党无法通过制度性的途径干预司法，因而从理论上有了实现司法独立的可能性。也正是因为如此，台湾司法机关有机会和能力对政治权力给予制衡，对贪腐的打击力度在客观上也有了强化的空间。[②] 以上所列的情况，对于政治腐败的震慑作用是显而易见的。

二、台湾的两党制模式使得政党之间的政治监督变得日益严密。政治贪腐不管在什么情况下都是民众反对的政治现象，也是政治人物攻击对手最有力的武器。同时，反对党一直在通过各种方式来寻找执政者贪腐的证据，并力图用这种方式削弱对方的道德正当性，增加自己的支持度。2000 年，国民党在最高领导人选举中挫败的一个重要原因就是“黑金形象”的拖累，而 2005 年以来民进党的一系列失败主要原因还是政治腐败问题。反对党的监督虽然不能根绝政治腐败的出现，但是却可以有效减少政治腐败的发生。同时，政党政治的制度化也会加速政治民主化的制度化进程，对于遏制腐败之政治制度演变的推动作用也是显而易见的。萨托利认为，制度演变主要通过两种方式发生：1. 不间断地，即通过内部的发展、内源性的变革和自发性的过渡；2. 间断性地，即通过制度的断裂形成的制度变迁和制度演进。[③] 在台湾我们可以看到的现象是，政党之间在政治腐败方面博弈的最终趋势就是不断减少个体性的腐败，同时通过制度化的途径减少群体腐败的发生机会。当然，在这个过程中，也包含着许多原来视为政治腐败的现象，如非法的政治献金，通过制度化而“合法”的可能。

三、在对政治腐败监督的链条中，媒体是重要的一环。揆诸台湾最近十几年来的政治变迁过程，媒体在反对政治腐败中发挥了不可替代的影响。特别是 2005 年以来民进党诸多贪腐大案的揭露，都是媒体爆料的结果。在台湾甚至形成了“检调

---

① 《民进党内规 · 公职候选人提名条例（2007 年修订）》，第六条，第二款。

② 由于政治对立及蓝绿两个阵营政治区隔的原因，台湾实现真正司法独立尚需时日，但是单个司法人员的个人偏见不影响司法独立的制度特征。

③ ［意］G · 萨托利著，王明进等译：《政党与政党体制》，商务印书馆，2006 年，375 页。这里需要提及的是，萨托利在这里同时指出，暴力和革命等烈度较大的政治事件未必与制度的断裂与否画上等号。

跟着媒体办案”的局面。当然，对媒体发挥此种功能的动机不能估计过高。在台湾，媒体经营的重要动力就是获得商业利益，对于政治腐败事件的报道和揭露，主要还是在于这些事件具有轰动效应。[①] 所以，在台湾社会，媒体的形象是正面与负面并存。但是不可否认的是，随着媒体自由度的增加，台湾的媒体在监督政治腐败方面确实发挥了积极的作用。

台湾民主化过程与政治腐败的关联可能不止这些，本书仅能就民主化过程中发生的政治结构变迁与政治运作机制的改变对政治腐败的影响做一简单论述。从一般的意义上说，民主制度下，对腐败的遏制一方面是通过制度性的反腐败机制来完成，另一方面则是通过多元社会下的政治自由及言论自由来完成。台湾学者林向恺认为，“民主制度就是透过制度保障人人皆可发声与投票的基本政治权利，对政治人物或政党的施政作为做定期评估，透过公民参与，了解重要公共议题，藉对话形成共识。”所以在他看来，民主制度虽然缺乏短期的效率，但却是确保社会公平正义最好的制度，减轻贪腐最有效的药方。因此，他认为“不应将此次（陈水扁家族的）海外秘账事件视为台湾民主制度的挫败。”[②] 从这个意义上说，台湾社会的多元监督其实为反政治腐败提供了良好制度环境。

显然，单纯说民主化引发了政治腐败或者说阻遏了政治腐败，都是有失偏颇的。随着民主化的推进，既有推动政治腐败的因素出现，也有阻遏政治腐败的因素出现，这两者的合力才决定了政治腐败的程度及影响。台湾社会政治腐败的出现及发展是政治衰退的一个重要表现形式，但是这种衰退却已经被控制在一定程度和范围之内。马英九的上台本身就意味着反政治腐败价值的回归，这将成为未来台湾社会价值诉求的一个重要组成部分。所以，未来台湾的政治腐败问题还会存在，但恶性发展的可能性也不是太大。所以，对台湾政治腐败评价，既不可缩小，当然更不宜扩大。

---

① 对于媒体对社会的影响，学界也有不同的看法。有的认为媒体可以控制社会，有人认为媒体对社会的影响有限。相关论述见 Michael Gurevitch 等著，陈光兴等译：《文化、社会与媒体》，第一篇，《媒体研究：理论取向》，（台湾）远流出版事业股份有限公司，1992 年，23—49 页。

② 林向恺著：《贪腐与民主》，（台湾）《台湾民主季刊》，第五卷第三期，2008 年 9 月，174—175 页。不过这里显然有将民主制度理想化之嫌，在公民参与有保证的情况下，大众了解公共议题，有了对话的空间，未必能够达成共识，最起码在台湾是这样。在台湾社会，对公平和正义内涵认知的条件其实影响了民众对政治腐败问题的价值评判。

第 3 章

政治变迁与政治衰退：过程、机制和行为模式化成

政治理论总是带有地域性特征，理论范式总是在既有政治生活和政治现象的基础上总结与升华而成。对台湾政治变迁中政治衰退问题的探讨也不例外。易言之，如果要探讨台湾的政治衰退问题，必须对台湾政治变迁的基本语境进行比较详细的研究。

1945 年—1949 年间，台湾社会经历了重大政治变迁。先是台湾光复，之后是国民党在大陆战败退到台湾。然后，台湾经历了 20 多年的发展，社会、政治、经济等各个方面都发生了巨大变化，民主化也正是在这个过程中展开。从这个意义上说，台湾的民主化其实是政治变迁的一个组成部分，台湾战后以来的政治变迁是讨论政治衰退问题的基本语境。

本书讨论的重点是政治衰退与民主化的关联，重点讨论民主化过程对台湾社会结构的影响，并在此基础上与政治衰退进行因果性联结，试图对台湾政治衰退的发生做出解释。① 这里首先要问的问题是：民主化过程改变了什么？最终“化成”了

---

① 因果关系的确立是社会科学研究中较为重要的一个方法。严格来说，建立因果关系要服从以下三个方面的准则：（1）联系。要想确定两个变量之间存在因果关系，首先要求这两个变量之间必须存在统计学上的联系。如果两个变量之间的统计学关系很明确，也就是说变量间的统计学关系很强烈并足以证明这种关系不仅仅是一种巧合。（2）非虚假关系。作为原因的变量，它对结果变量的作用不能归结到其他原因上，或者说，不能归结到干扰变量（confounding variable）上。干扰变量属于非控制性的变量。（3）原理的说明或解释。仅有统计学关系或者纯经验性证据是不够的。不能仅仅靠观测结果来证明“A是B的原因”这一结论。而是相应地，还要找到一些理论性的或者逻辑上的解释来辅助说明 A 是如何造成 B 的。见曾思育编著：《环境管理与环境社会科学研究方法》，清华大学出版社，2004 年，172—173 页。但是在社会科学研究中，经常遇到的情况是：研究对象往往是个殊性的或者无法复制的历史事实。所以寻求统计学上的相关性其实是一项较为困难的工作。作为折衷的方法，社会科学研究在设计因果关系的研究时较为强调概念的恰当性，即对于具体经验世界的解释，必须区分哪些是造成某些现象的原因，而以相同的概念来做因果关系的分析。其次，强调命题和假设必须能够验证或否证（falsification）。见王振寰著：《谁统治台湾？转型中的国家机器与权力结构》，（台湾）巨流图书有限公司，1996 年，44 页。王振寰同时指出，所谓的“反事实”的建构是：如果我们认为 x 是造成 y 历史事件发生的原因，我们可以反问，假如先前的原因 x 没有发生的话，则 y 历史将可能有怎样不同的发展？假如 x 没有发生，而 y 继续存在的话，则先前假定的因果联系可能就有问题。

什么结果？这些看似民主化理论的基本问题，却一直没有明确答案。在政治变迁过程中，旧的结构在诸种因素的冲击下逐渐瓦解，新的政治结构不断分化出来。同时，政治结构之间相互影响的作用方式也在发生变化，影响到整个社会政治变迁的综合样态。民主化是政治结构和政治力量重组的过程，主要包括四个方面的内涵：政治权力的分配、社会价值的分配、社会统合模式的改变、政治行为模式的化成等。在民主化过程中，由于确立了竞争性选举为中心的政治制度框架，台湾政坛经过长期演变后，在领导人集权、政治腐败、族群区隔等方面发展出特定的样态。① 如果从社会治理的角度上说，民主化可以化约为治理模式的调整。台湾民主化过程其实在两个方面改变了社会的治理模式：一、从行政当局与社会关系的层面上说，统合机制由威权统治下的刚性改变为民主模式下的柔性。二、从政治精英内部的关系来说，原来就存在的“恩庇—侍从”体制经过制度化后成为制度体制的一个重要组成部分。政治行为模式的化成反映出政治变迁的制度化和结构化后果。可以肯定地说，台湾的民主化对政治衰退的基本样态产生了重要影响。

3.1 台湾民主化与政治资源②分配格局的重构

民主化变迁的主要内容是社会结构和政治结构的变化。如果结构趋于优化，能够促进社会和谐和整体进步，就是政治发展；相反，如果结构变化导致了对立与冲突，甚至政治动荡，影响了社会发展，就是政治衰退。

3.1.1 社会异质性的显性化

异质性是在现代化语境中形成的一个概念，是相对于同质性而言的。在现代化理论中，有学者把相对于现代“异质性”社会的传统社会理解为“同质性”社会，即指国家与社会在本质上的高度一体化。③ 在这种社会中，社会成员的活动、经历

① 这里要说明的是，民主化不一定是台湾政治衰退的原因，但是却与台湾政治衰退的独特样态存在因果关系。例如政治集权问题，蒋氏父子时期是典型的集权体制，但是相比较李登辉及其后任者的集权，那却不是民主制度下的产物；政治腐败问题也是同样的道理。

② 此处的“政治资源”主要指政治权力，以及因此而带来的经济利益，核心内容为对政治系统中“人”和“物”的支配权，不包括价值和意识形态层面的意涵。

③ 林修果著：《宗法秩序变迁与行政现代化：以农村城镇化为分析视角》，吉林人民出版社，2006年，42页。

和生活方式大体相同，因而拥有共同的信仰、追求共同的价值目标、接受同样的行为规范、持有同样的价值评判标准，这些因素形成强大的集体意识，对社会成员的控制非常严密，并渗透到社会各个领域和个人生活的各个方面。在这样的社会里，价值观很难出现分化。这样的社会一般规模比较小，现代化程度较低，就整个社会而言，流动性比较低。

从传统社会向现代社会的转变，本身包含着由同质性社会向异质性社会的转变。这种转变主要包括工业化、市场化带来的社会结构分化，进而引发功能的分化，个人选择也因此日益多样化。相应地，现代社会的集体意识也发生了深刻变化，由原来的那种神圣的、信仰式的和对集体的崇尚，变成了世俗的、理性的和尊崇个人的精神，由社会对个人的全面控制，变成了仅仅在高度抽象层面上对共同价值观的遵从。这种社会具有很强的异质性。① 这种社会性质是因现代社会中高度的流动性以及细致的劳动分工引起的。

现代社会的异质性问题早就引起理论家们的注意。欧洲古典社会学家们在 19 世纪中期就一再强调：异质性是伴随着社会结构进化、社会功能分化而产生的一种必然现象。斯宾塞对“军事社会”与“工业社会”的区分，滕尼斯对“公社”与“社会”两种人群共同体的区分，杜尔克姆对“机械团结”与“有机团结”的区分，都是对同质性社会与异质性社会的区分。② 尽管这种区分过分强调“传统”与“现代”的两分法，在一定程度上有失偏颇，但现代社会是异质性社会的观点基本得到理论界的认同。这种语境下的异质性强调社会的差异性和多元性，强调个人的价值，同时也强调“私域”的相对独立性。异质性社会更加多元，这种社会的政治和社会整合基本模式也与传统社会有相当大的不同。

这里所讲的社会异质性概念和现代化语境下的异质性概念有一定的区别。此处的异质性概念强调群体的边界和在此基础上形成的群体行为模式差异，强调群体互动形成的社会关系网络。在差异性与多元性的意涵上，本书的异质性概念与现代化语境下的异质性概念有一致的地方。不过，本书的异质性概念更加关注群体差异基础上形成的对立与冲突。如果说现代化语境下的异质性概念比较倾向于以个人为单位展开分析，本书的异质性概念则更强调群体在分析中的基本功能。所以，在讨论

---

① 廖小平著：《分化与整合：转型期价值观代际变迁研究》，高等教育出版社，2007 年，104 页。

② 中共中央党校哲学教研部编：《邓小平发展理论与当代中国社会矛盾》，中共中央党校出版社，1999 年，425 页。

这种异质性时，用“群体异质性”或“族群异质性”的概念可能更为恰当。政治冲突与对立一般来源于群体的异质性，如利益冲突、文化差异、身份认同差异，均可以成为社会异质性的基本内容。不过在不同社会中，异质性的具体表征不同，引发的问题也不尽相同，造成的影响更是千差万别。

台湾社会的异质性在很大程度上来源于移民社会的历史。自明末以来，台湾社会经历了几波大规模的移民潮，这些移民之间的差异形成了族群的天然边界，社会矛盾也在这个基础上展开。台湾历史上长期存在的闽客械斗、漳泉矛盾等均是社会异质性的体现。及至1949年，国民党在大陆战败，又有200多万人撤退到这个狭小的岛屿上来，使台湾的族群构成更加复杂。需要说明的是，从逻辑上说，多族群①的存在并不一定意味着冲突与对立。或者说，多族群的存在不过为冲突与对立提供了可能，而这个可能要成为现实还需要有诸多的其他条件。其中最重要者，就是以族群为边界进行的政治动员，或者说，族群成为政治动员的基本单位和政治诉求的主要对象。这也决定了，族群的冲突与其他类型的社会冲突相比，最大的不同就在于参与冲突的各方都是以族群性为基础动员起来的。在冲突中，对族群的忠诚是超越一切其他价值和利益考量的。在族群主义者的视野里，族群冲突源自于价值观、生活方式以及其他固有的族群天性。因此，族群必须保持自身清楚的族群边界，驱逐非本族群的外来影响，才能维护本族群的利益并避免族群内部的危机。② 因此，族群冲突的形成本身就在于族群边界的清晰化。这既需要客观的基础，同时也需要主观的建构，是一个复杂的过程。不过，学界比较一致的结论仍然是，战后台湾的省籍族群矛盾一直是台湾社会的重要社会矛盾，政治冲突也大多与此有关。

有学者认为，社会异质性可以分为先赋型和自致型两种。“种族、语言、宗教等在漫长历史岁月中形成的异质性因素称为先赋型异质性；而现代社会中由社会结构分化而形成的异质性，如职业、阶级等则称为自致型异质性。”③ 这个类型划分显然有两个前提：一、社会的发展是连续的；二、社会的发展是进化的，即从传统社

① 台湾的族群问题较为特殊。对族群形成及发生影响的理论，学界的看法，大致可以分为原生说和建构说两种。原生说认为族群是客观形成的，较为强调人种的体质特征、客观的历史文化经验等，而建构说则认为族群的认知是可以不断建构的。现在学界在一般意义上讨论族群问题大都是和种族主义或民族主义联系到一起。台湾的族群在原生意义上的差异较小（一般只存在于台湾少数民族与汉族之间的族群差别中），基本上是属于建构的结果。

② 关凯著：《族群政治》，中央民族大学出版社，2007年，78—79页。

③ 孙立平著：《异质性社会·政治整合·政治稳定》，《学习与探索》，1990年，第6期。

会向现代社会的转变是一个不言自明的事实。但是这种划分在遇到类似台湾这样社会发展进程不断被打断的移民社会时，其分析力无疑会有所减弱。

笔者认为，从基本特征看，台湾社会可以称为“断裂型异质性社会”。该社会在一定程度上具备了先赋型异质性社会和自致型异质性社会的若干特征。例如，台湾社会虽然经历了 50 年的殖民统治，但是在种族等方面的发展却是一贯和连续的。此外，台湾社会经历了现代化过程，也出现了利益分化和结构分化，各种利益团体较为发达，社会多元化也发展到了前所未有的程度。不过，在台湾却没有出现显著的阶级冲突，甚至连比较明显的阶级分野都没有出现。相反，台湾的社会冲突主要是沿着族群的边界展开，族群在台湾的政治变迁中成为担负政治互动功能的主要单位。出现这种情况的原因，主要在于新的移民群体与原先的移民群体之间有很大的异质性，双方在利益上存在着冲突，在心理特征和行为习惯上也有相当大的差异。由于有外来移民的进入，整个社会规范和社会结构都有较大的改变，社会的整体发展方向也因此出现许多不确定性。

在断裂型异质性社会中，政治变迁的剧烈程度要明显高于先赋型异质性社会和自致型异质性社会。新移民到来打断了连续的社会进程，新旧移民之间的整合成功与否成为影响政治变迁方向的关键因素。这一整合的开始就成为政治变迁和社会发展的新起点。当然，原先存在于社会中的历史、文化因素虽然还在起作用，但是这种作用是基础性的和长期性的，而短期内移民社会则体现为族群差异导致的政治动荡和制度的不稳定。先赋型和自致型异质性社会的政治变迁和社会变迁所依循的路径是由传统社会向现代社会转变，社会的性质由同质性走向异质性则是这一变迁的主要内容。这种变化引发的社会不稳和政治动荡可以称为“社会解组”,① 是一种内生型的缓慢社会变化。但是在断裂型异质性社会中，异质性是外力赋予的，社会和政治系统一时没有足够的时间去消化这些变化，因而社会和政治变迁表现出突发性与偶然性。此类社会中的社会整合面临的主要问题就是要处理新旧移民及其不同

---

① 社会解组是指在一个社群和社会之内，任何干扰、破坏、冲突，或缺乏和睦一致，足以影响既成的社会行为习惯、社会制度，或社会控制等。除却加以有意义适度调和或适应，否则社会的和谐一致必成为不可能。同时社会生活和社会变迁通常是动态的性质，所以社会解组是一个相对的名词。某种限度或一定数量的社会解组，在任何时代都是存在的，但是从普通社会学的角度来说，社会解组主要发生在以下情况：当这些干扰势力超越或威胁着那些安定社会的力量，并且或多或少已经超越社会上流行的规则制度之拘束力时，就构成了社会解组。这个概念也适用于观念冲突。见王云五等编：《云五社会科学大辞典普及本第一册 · 社会学》，（台湾）商务印书馆股份有限公司，1971 年，106 页。

的历史文化记忆和行为模式之间的冲突。

断裂型异质性社会整合的成效在相当大程度上取决于群体间的差异性程度，以及社会系统自身运行的基本特点。如果社会系统是开放的和流动的，则不可能形成封闭的群体边界，群体间的融合是不可避免的趋势。战后台湾所形成的省籍族群问题中并不存在类似于种族与民族那样鲜明的文化边界，按道理讲族群的融合与整合应该较为容易。但是，台湾的省籍族群间存在着鲜明的利益边界，政治资源分配的权力长期垄断在外省族群手中，而族群冲突也正是沿着利益的边界展开。民主化过程中，本省人与外省人政治博弈使政治资源和政治权力分配的问题越来越突出，政治斗争的烈度逐步加强。在选举动员所产生的政治社会化过程中，族群间的利益边界越来越清晰。

不过，自蒋经国以来的“本土化”政策在相当程度上缓解了族群冲突的烈度，以族群为基础的政治冲突和矛盾在突破张力之前已经得到了很好的消解，并没有产生一个群体推翻另一个群体的暴力革命。但是，“本土化”政策不可能消除族群问题。在台湾的选举中，还是经常可以看到族群问题的发酵，台湾社会的矛盾和政治冲突在相当程度上还是以族群冲突的形式表现出来，族群间的对立与冲突仍是台湾政治对立的主要表现形式。而且，未来的政治动员也将主要以族群为基础展开。吴乃德认为，台湾政党支持的几个重要社会基础分别是：国家认同、民主理念和族群意识。换言之，民进党的支持者和国民党的支持者，在这三个主观态度上有明显差异：“台湾独立”与中国统一的对立、民主理念与威权态度的对立、“台湾人认同”和中国人认同的对立。随着民主体制在台湾的逐渐巩固，民主理念的分歧将逐渐过去，不再成为政党诉求或其社会基础的主要分界。国家认同和族群认同两个议题，因此乃并列为选举政治动员最重要的基础。① 也就是说，族群异质性的明晰化在相当程度上是政治动员的结果。

民主化的推进既为族群认同的建构提供了客观需求，同时也提供了一定空间。在以选举为中心的民主制度下，通过形塑族群的认同取得政治支持是相对来说比较有效的动员模式。民主化推进带来的政治自由化又为族群观念建构提供了便利。如亨廷顿所言，在竞争性选举制度下，政治领袖的基本目标就是通过政治动员取得选

---

① 吴乃德著：《自由主义和族群认同：搜寻台湾民族主义的意识形态基础》，（台湾）《台湾政治学刊》，1996年7月。

票。所以，如果不考虑价值约束的话，政治领袖取得选票的最简单的方法，就是挑动族群、部落、种族和宗教的矛盾与分歧，将自己塑造成为某一族群、宗教、种族或者部落的利益代表者，通过提升群体冲突的方式获取比较稳固的政治支持。从客观上讲，这种政治竞争在很多情况下带来的不是社会稳定和政治发展，而是社会对立与政治衰退。然而，尽管这是一个众议咸同的事实，民主化国家和地区却无法限制这种行为模式的恶性发展。从经验上看，目前几乎没有民主化过程中的国家和地区能够通过制度设计来阻止政治人物通过上述方式寻求政治支持。① 因此，客观上存在的、有利于族群整合的条件并不一定导致族群整合的完成。所以，我们可以看到的吊诡现象是，在台湾，随着国民党“本土化”的推进，社会的族群异质性减弱的速度却非常缓慢。

3.1.2　政治资源分配格局的重构

台湾民主化过程的展开以及族群边界建构的实质内容之一是政治资源分配结构的重新调整。国民党败退台湾以后，与“动员戡乱时期”临时性制度设计相对应的，是外省人长期把持着政治资源的分配权，占人口 20% 左右的外省人占据了绝大部分的行政职位，而本省人在 70 年代以前很难染指“中央”层级的政治职位。所以说，台湾的族群异质性首先是以对政治地位和对政治资源的掌握程度为显著区隔标志，因而台湾的政治对立与冲突与主要在政治资源的争夺中表现出来。

不过，由于退台初期国民党当局对社会保持着高压态势，通过各种复杂的制度设计，建立起了蒋氏父子的威权统治。陈明通认为，这一威权体制是由蒋氏父子掌握最高统治权力，再经由党、政、军、特等非正式组织，层层节制下，控制了统治社会（ruling society）、政治社会（political society）及市民社会（civil society）等三重社会结构。② 这种体制以严密的控制系统，保证了对台湾社会的强力统合，压制

---

① Samuel P. Huntington, “Democracy for the Long Haul”. Journal of Democracy, Vol. 7, No. 2 (April 1996), pp. 3 - 13.

② 陈明通著：《派系政治与台湾政治变迁》，（台湾）新自然主义股份有限公司，2001 年，1—2 页。陈明通在注脚中说明，“此处的统治社会指由统治阶级所构成的社会，他们有一套共同的利益、游戏规则与生活方式，有别于被统治者；政治社会指统治社会的对立面，它是一种竞技舞台，在政府的刻意安排与维护下，各种政治主张可以透过这一舞台获取公权力并控制国家机关；市民社会也是指一种竞技舞台，舞台内有来自阶级、职业部门的各种社会团体，或来自妇女界、知识界、宗教界、地方社区各种社运组织，这些团体组织个个都想在舞台中寻得一席之地，以表达并促进他们的利益。”不过陈著并没有对这三种社会的特征及其相互关系作较为详细的说明。

了本省族群对政治资源分配的诉求，使族群的异质性处于隐性状态。而且，这时台湾社会的发展程度较低，社会和政治结构相对比较简单，政治力也可以比较彻底地渗透到社会各个层面中去。所以，在这一时期，族群的异质性并没有特别鲜明地表现出来，对台湾政治结构的冲击也不明显。或者可以认为，这一时期族群问题隐性化的原因是由于本省人被排斥在高层权力圈层之外，无法将族群分歧带入高层政治斗争的场域。而且，在国民党当局对媒体严格控制的情况下，本省人很难掌握讨论族群问题和建构族群区隔所必须的话语权，难以对族群边界进行有意识的系统建构。虽然五六十年代就有党外人士在活动，余登发、黄顺兴、郭雨新、郭国基、李万居、许世贤、林番王等少数党外人士，通过选举方式向国民党争取参政权并且当选。“但是他们都是从事‘孤星式’的单打独斗的选举竞争，彼此之间缺乏联系配合，基本上处于分散活动状态，未能形成集体性的在野政治力量。”① 因此，这一段时间族群之间的对立与冲突并不是不存在，而是因为政治高压而被暂时压制下来。

随着五六十年代台湾经济的成长，政治系统内在的紧张越来越凸显出来。经济发展导致社会结构的巨大变化。以中产阶级的兴起为例。台湾中产阶级崛起于经济起飞的 20 世纪 60 年代和 70 年代，是和台湾的出口导向型经济发展同步发展起来的。② 按照萧新煌的说法，台湾的中产阶级分为“新中产阶级”和“旧中产阶级”，“新中产阶级主要是以技能、学历、文凭为取向的事业及管理人才……而旧中产阶级主要则是指自营小店东和自雇作业者。”③ 由于国民党当局以“公营事业”的方式垄断了台湾的大型企业，掌握金融、通信、能源、石油化学等基干部门，并与民间非公营大企业共同独占内部市场，台湾中小企业的生存空间在岛内十分狭小。在出口导向型经济开始发展以后，大量的中小企业面向海外，积极开拓市场，利用具有比较优势的劳动力，实现了出口主导型经济的高度成长。据统计，上个世纪 70 年代中后期，台湾民营中小工商企业约有 70 万家，占全台企业总数的 95% 以上，外销额占台湾总出口额的 60% 以上，中小企业在台湾整个经济中

---

① 屈武著：《中国国民党史》，西安交通大学出版社，1990 年，514 页。

② 有学者认为，中产阶级的概念在政治分析中其实没有太大的功能。一是由于这个概念的模糊性，二是在世界各地的民主化经验中，中产阶级并不是积极的推动力量（例如韩国）。本书所指的中产阶级概念是在省籍族群的语境中展开的，主要是指本省人势力在政治经济力量方面扩张和在经济政治生活中地位的加强。这种情况对台湾的政治民主化产生了较大的影响。

③ 萧新煌著：《变迁中台湾社会的中产阶级》，（台湾）巨流图书出版公司，1993 年，6 页。

占有重要地位。[①] 在此基础上形成的规模庞大的中小企业家群，是台湾中产阶级的主要来源。从60年代开始，中产阶级群体就不断扩大，从1970年到1980年，中产阶级在全体人口中所占的比例从21.9%提高到31.5%。更有意思的是，有几项研究不断地表明，台湾50%的选民都自认为属于中产阶级，[②] 并接受和支持中产阶级的政治诉求。

由于是在特定的政治与经济环境下发展起来，在发展的过程中，台湾的中产阶级形成了自己的特色。若林正丈对他们的特点进行了归纳：一、几乎清一色是台湾人，在他们的世界中使用"不被承认为公用语的台湾话"。二、他们都是在战后接受完全的中国教育。三、因竞争激烈、浮沉频繁、家族主义式经营，使其与劳动阶级的界线不明显，在高度成长中劳动者也可能上升至这个阶层。四、不少人透过贸易业务，或本身及友人、子弟的海外留学，拥有独自的海外人脉关系网络等。随着整体的教育普及和资本、技术、情报等方面的独自积累，相对于军公教人员，他们相对地具有比较高的独立性。[③] 中产阶级的这种经济上的独立性使得他们在政治上也具有相对独立性。他们既想保有因经济发展而得到的利益，同时又对国民党当局的政治和经济垄断感到普遍不满。

中产阶级的崛起不过是当时政治变迁的一个原因，威权政体向民主政体的转变，推动因素远不止这些。陈明通列出了以下几个方面：经济层面的自由化与国际化、农村人口大量向都市集中、冷战使台湾的"国际地位"下降、台湾"外交空间"日益遭到压缩导致内部正当性遭到质疑等，认为都是推动台湾政治变迁的因素。[④] 易言之，到了20世纪70年代中期，由于国际形势的变化和岛内政治形势的发展，本省精英的不满情绪更加强化。中产阶级要求分享政治权力，打破由外省精英集团控制的上层权力结构，从而能更好地表达和实现自己的利益。这实际上形成了政治参与的巨大压力，从根本上对国民党当局的威权统治和政治权威提出了挑战。

为了巩固威权统治的政治基础，上个世纪70年代以降，国民党当局开始了

---

① 屈武著：《中国国民党史》，西安交通大学出版社，1990年，507页。

② 金耀基著：《台湾的个案研究——后儒学文化》，（香港）《二十一世纪》，1993年6月号，总第17期。

③ ［日］若林正丈著，许佩贤、翁金珠等译：《台湾分裂国家与民主化》，（台湾）新自然主义股份有限公司，2009年，242页。

④ 陈明通著：《派系政治与台湾政治变迁》，（台湾）新自然主义股份有限公司，2001年，3页。

“革新保台”运动，在扩大政治支持基础的考量下，对权力分配结构开始进行系统调整，部分本省籍精英被甄补进入政府高层。例如林洋港、李登辉等。在党外和民进党后来的风云人物中，有许多也是国民党培养出来的政治精英，如许信良、吕秀莲等。国民党“革新保台”的实质内容，就是以省籍族群为基础的权力分配格局调整，只不过这种调整在台湾当时独特的背景下，以政治系统逐步开放的方式完成的。彭怀恩认为，国民党对台湾而言，是大陆人构成“国家”机关核心位置的政权。但是这个政权与帝国主义并不一样，因为大陆人与台湾人并不是不同民族，所以国民党处理台湾省籍分歧时，并没有采取多种族国家和地区的办法（如马来西亚的巫族与华族），而是用渐进甄补方式来扩大台湾人在高层领导的比例。彭怀恩指出，在50、60年代的威权统治时代，台湾人在高层中只具有象征地位。以第七、八、九届中常会为例，台湾精英的比例始终不到20%。直至70年代蒋经国开始朝向“本土化”方向发展，大量甄补台湾籍政治精英进入中常会及中央党部，使第十届四中全会后中常会中的台湾籍精英比例大幅上升，1988年第十三届一中全会为止，台湾籍精英在中常会的比例已超过半数，达51%。① 从以上数据来看，权力从外省人手中向本省人手中转移的过程其实在蒋经国后期就基本完成了。

但是，也正是在这一时期，台湾的政治对立空前激化。1979年“美丽岛事件”是政治矛盾积累到一定程度的集中爆发。政治反对运动背后的支持力量还是族群基础上的政治动员。本省籍精英在“出头天”的口号下，向国民党当局发起一波又一波的攻击。这种情况的出现与政治压力的减弱有一定的关系，同时更与国民党当局开放权力系统，却无法满足党外势力日益高涨的参政期望有关。一般而言，在相对稳定的社会中，精英集团必须具备一定的凝聚性和开放性，集团的凝聚性加强统治机器的团结，使他们在执行任务时，比较易于进行联系和调整，② 而精英集团的开放性则可以保障集团的活力，也可以保证其政治的代表性。也就是说，在稳定社会中，开放性对维持系统的稳定有正面意义。但是，对处于民主化过程中的国家和地区来说，开放性加强可能导致参与爆炸，对政治系统会造成强大压力。当时的国民党当局遭遇的就是这种情况。国民党虽然已经表态要逐渐开放权力系统，但是这种有限开放的政策远远不能跟上民众政治参与增长的速度，因此不但没有舒缓政治参

① 彭怀恩著：《台湾政治发展与民主化》，（台湾）风云论坛有限公司，2005年，169—170页。

② ［日本］猪口孝著，高增杰译：《国家与社会》，经济日报出版社，1989年，66—67页。

与的压力，反而使得压力更形扩大。[①] 影响所及，本省籍精英政治参与的诉求遇到挫折后开始了持续的抗争，以体制内和体制外相结合的抗争不断冲击着国民党当局的威权体制。

所以，台湾社会政治变迁过程的实质内涵之一是政治资源分配格局的调整，而这一内容却是以政治民主化的面目表现出来。经过了长期的折冲之后，到了90年代，台湾社会的权力格局完成了调整的过程，本省人已经基本上掌控了政治中枢，外省人被迅速排挤出了权力核心，政治资源分配格局的重构过程基本结束。从民主的诉求上来说，实现了民意基础上的多数人当家做主。但是，在这个过程中，台湾社会的族群异质性越发明显，政治对立也不断激化，成为政治衰退的一个重要表征。

3.1.3 政治动员成为政治对立的动力源

显然，政治对立不只是在民主化过程中和民主制度下才有，任何体制下都可能出现政治对立。在以竞争性选举为中心的制度环境中，政治对立只能在政治动员的语境中才有其分析价值。

一般而言，政治动员包括了以下几个方面的要素：一、谁在动员？这里主要指政治动员的主体，通常情况下指政党、执政当局和政治生活中的其他政治集团。在政治动员过程中，动员主体是主动的一方。动员主体提出动员目标，并通过周密计划寻求目标的实现。二、动员谁？这是政治动员光谱的另一端，如果说动员主体主要指政治精英的话，被动员者显然绝大部分是社会大众。从状态上说，他们是不活跃的，对政治参与的主动性不强，对政治运作和政治系统的特征一般没有专门知识，比较容易相信政治人物的宣传，很容易形成一定的政治倾向，甚至形成特定政治人物的追随群体。三、怎么动员？政治动员的方式五花八门，不一而足。如通过利益交换、人际关系、价值诉求等，均可以形成有效的政治动员。具体的政治动员形式在不同的地区和不同的时代具有很大的差异性。但是对政治人物来说，动员的有效性则是衡量政治动员手段是否有价值的关键性指标。四、为什么动员？政治动

---

① 亨廷顿认为，随着社会的发展，新鲜事物打破了传统文化在认知和观念上的障碍，并提高了新的渴望和需要的水准。但是，过渡型社会满足这些渴望能力的增进比这些渴望本身的增进要缓慢得多。结果，便在渴望与指望之间、需要的形成与需要的满足之间，或者说在渴望程度和生活水平之间造成了差距。见塞缪尔·P·亨廷顿著，王冠华等译，《变化社会中的政治秩序》，上海世纪出版集团，2008年，41页。台湾的政治发展过程与亨氏的判断比较吻合，具有一定程度的普遍性。

员的目标系指动员者想要通过政治动员达成的结果和希望完成的任务。当然，这个任务在不同的时间和不同的地点差异性更大。

政治生活不是政治精英的独角戏，需要公众的参与，对以竞争性选举为中心的政治生活而言更是如此，政治动员是政治精英取得政权的最主要手段。概括起来说，政治动员其实是指一定的政治主体，如政党、国家或其他政治集团，运用通俗化、生动的形式、方法、途径自上而下地激起本阶级、集团及其他社会成员的积极性和创造性，引导他们自下而上地参与政治活动，以实现特定政治目标的行为与过程。① 以此观之，政治动员包含了复杂的内容，在政治目标既定的情况下，政治动员的实质其实是寻求和建立特定政治集团及其诉求的政治合法性和正当性的过程。

台湾民主化过程中政治动员诉求的变迁可以比较典型地反映出这种政治正当性争夺的轨迹。在国民党退台初期，政治动员主要的诉求是“反攻大陆”，这是建立在国共内战基础上的政治动员模式。在这种逻辑下，国民党当局宣称自己代表了中国的“正统”，虽然已经败退海岛，偏居东南一隅，仍然宣称自己具有道德和价值上的“合法性”。这些诉求成为当时台湾社会的话语主流，挤压了族群想象与族群对立存在的话语空间。“在国民党的鼓吹下，追求民族生存的‘民族利益’，被描绘为在道德的位阶上优先于追求平等公民权的‘个人利益’诉求”，② 当然更优于省籍族群的诉求。但是随着政治形势的发展，台湾社会的政治动员结构发生了改变。一方面，“反攻大陆”的诉求日益显示出不切实际，其话语正当性日益削弱；另一方面，随着国民党当局威权统治的放松，族群矛盾等社会矛盾日益占据了台湾的话语舞台。渐渐地，党外人士在动员中开始诉求于“本省人出头天”。这是以省籍族群矛盾为基础的诉求模式，其逻辑起点就是省籍的区隔与对立，在这个逻辑下的政治正当性则变为反对外省人的压迫与权力垄断，后来又极端化为“爱台湾”与“不爱台湾”的对立论述。

台湾民主化过程其实也是政治动员模式改变的过程。在传统的威权体制动员模式下，与政治力的强力统合相适应的是意识形态的强力约束，③ 政治社会化的过程

① 关海庭主编：《20世纪中国政治发展史论》，北京大学出版社，2002年，251页。

② 王甫昌著：《当代台湾社会的族群想象》，（台湾）群学出版有限公司，2003年，90页。

③ 这种意识形态是官方强制推行的意识形态，一个较为强烈的意识形态的存在是威权统治比较鲜明的特点。但是，民主体制中的意识形态强制也是可能存在的。例如，在台湾社会，“民主”就成为一种意识形态，“本土”的价值诉求也大致如是，成为不容挑战的信条。

也主要表现出一元性、官方占据主导地位的特征。政治动员是一个自上而下的过程，动员者强调的是被动员者的服从，尽管有时这种服从是被迫的。在这种情况下，动员者的合法性和合理性是不言自明的。因此，追随者很难有较大的主动性。但是在民主化以后，政治动员变成了自下而上的，至少是上下互动的模式，在这种模式下，政治动员的主要方式是说服和协商，动员者的合法性和合理性并不是一个不言自明的预设，反而成为动员者所必须要说明的问题。以台湾的具体情况来说，在国民党当局统治的威权时期，在“反攻大陆”等意识形态的灌输下，国民党当局权力的合法性与合理性是不言自明的，这个行政当局能代表台湾人民的利益是一个预设性的逻辑前提。但是在民主化的语境下，台湾的各个政党就必须不断证明自己是“爱台湾”的，并且要能证明自己是能代表台湾民众利益的政治群体。

民主化的推进其实加速了族群边界的清晰化。动员者必须明确自己在哪一方面能够成为被动员者的代表，按照民进党的话说，如何才能找到“令人民感动”的方法，是政党和政治团体能够得到民众支持的前提。于是，身份认同、政治利益的区隔等都可能被拿出来作为政策区隔的标准。在族群异质性不强的社会，由于政治认知的多元化，难以形成一贯的、较为划一的集体意识，所以这些社会的政治动员虽然可能形成政治对立与冲突，但是冲突的路线往往是发散的。同一个领导者可能在这个月是追随者的众矢之的，在下个月却又成为追随者心目中的英雄——但是在不同的问题上。[①] 在台湾社会，社会的异质性主要表现为族群的异质性，选民对各个政党政策层面的差异性理解对政治人物的政治动员来说并不是那么重要，相反，政党或政治人物与某一群体的情感联结才是有没有选票的关键。当然，这不是说政治人物可以忽视选民对政策层面的差异性理解，而是说这种理解往往被族群的操作所掩盖，或者干脆这种差异性理解直接被包装成了族群区隔的外化形式。在许多选民那里，这种基于族群认同而产生的感情是一贯的和稳定的，所以在此基础上形成的政治冲突也是长期的。在台湾的政治生活中，民进党不断以族群身份进行政治动员，国民党也在压迫之下不断强调自己的“本土化”认知，社会冲突的路线以较为收敛集中的方式表现出来。民进党执政被视为“本土政治势力”的胜利，而一旦这个“本土政党”出了问题，则所有的问题都会被贴上族群斗争的标签。例如，在2006 年的民进党政治弊案的惊涛骇浪里，民进党一直强调这是一场“政治迫害”。

---

① ［美］伯恩斯著，常健等译：《领袖论》，中国人民大学出版社，2006 年，259 页。

一直到2008年民进党下台，深绿支持者也无法与贪腐的陈水扁家族及民进党高层进行比较清楚的切割。关键原因在于，在族群异质性比较强的情况下，对深绿民众来说，政治操守和政治道德的要求已经退居第二位了，第一位是要保证“本土政权”的存续。同样，马英九在上台后，缓和两岸关系，强化两岸交流的措施虽然对台湾有利，却也被攻击为“卖台”，遭到了民进党的强力抵制。这些情况都比较典型地反映出台湾社会政策层面的诉求在政治动员中难以占据主导地位的事实。

所以说，台湾的民主化过程本身为族群冲突提供了天然的动力。而在相反的路径上，政治资源争夺中的区隔与动员又会作为政治社会化内容强化政治对立的边界。应该提到的是，民进党除了在2000年上台以后较为强调族群动员以外，很少单纯以族群动员为主要动员模式。但是这并不能否定民进党的政治动员以族群动员为核心的事实。如王甫昌所说，民进党的政治动员一直宣称以“政治民主化”、“本土化”为目标，但是在当时台湾的政治结构情势下，它却产生了造成本省人族群意识上升的族群运动效果。[①] 台湾民主化过程也是族群异质性强化的过程，政治对立与冲突也在这个过程中形成较为固化的模式，构成了台湾民主化过程中政治衰退的基本语境。

3.2　民主化与价值分配：“台湾主体意识”建构[②]

所谓价值分配，主要是指政治斗争中不同的政治集团对政治正当性制高点的争夺。价值分配的中心问题是：在政治生活中如何强化自身价值正当性。一般情况下，价值分配格局和政治资源分配格局应该在相当程度上是重叠的，但是偶尔也会出现背离。在发展中国家和地区，在社会剧烈变化的时期，这种价值分配格局与政治资源分配格局背离的情况出现得最多。比较典型的情况是，传统的价值系统在政治结构变迁的冲击下已经趋于瓦解，但是新的价值系统却又无法完全建立起来。一个政治势力能否在政治价值重新分配的过程中取得优势往往在于，该政治势力的政治诉求和价值诉求在多大程度上能为社会所接受，能在多大程度上成为社会的主流诉求。这里需要注意的是，这种诉求的内在逻辑一致性与否并不一定是该政治诉求

① 王甫昌著：《当代台湾社会的族群想象》，（台湾）群学出版有限公司，2003年，99页。

② 本节部分内容曾公开发表，见陈星、相靖著：《“台湾主体意识”的概念性解析》，《台湾研究集刊》，2009年4期。

为大众所接受的前提条件，在一个社会看起来不合价值的诉求在另一个社会可能大行其道。

台湾社会政治资源分配格局的重构过程虽然已经基本结束，但是价值分配格局的重新建构却远没有完结。有学者指出，“岛内省籍族群间社会权威性价值再分配带来的冲击”是台湾政治变迁的一个重要方面。强人政治结束以后，“台湾社会权威性价值体系面临再造”，在野政治势力和党内本土势力不约而同地树起了“台湾化”的大旗，从而形成了社会的话语主流，进而形成了外省人的“原罪感”。① 台湾政坛上的“主体性”和“主体意识”论述的建构就是以族群的区隔为基本逻辑起点建构起来的价值诉求，目前已经成为台湾新的主流价值诉求。政治人物无论蓝绿，均将坚持“台湾主体意识”作为自己的基本政治立场。然而，对于“台湾主体意识”的概念内涵，诸多解读却各执一词，形成了“一个概念，各自解读”的局面。

3.2.1 “台湾主体意识”概念的流变

“主体”（subject）是一个古老的哲学概念，指实践活动与认识活动的承担者。与主体概念相对的是“客体”（object），指主体实践活动和认识活动的对象。“主体性”强调人在主体与客体关系中的地位、能力、作用和性质，核心是人的能动性问题。② 马克思主义认为，在主客体的关系中，主体性具有重要的地位，主体的存在一方面受到客体的约束，但是主体本身又具有很大的能动性。③ “主体意识”是作为主体的人意识到自己是自足的存在，具有主观能动性，能够在自己意识的支配下主导自身的发展。相比较而言，“主体性”侧重于本体论层面，强调主体自身的“存在”；而“主体意识”则更强调认识论的意涵，强调对于这个世界我们能够知道什么以及我们如何能够知道的观点。④ 本书主要讨论作为认识论层面的

① 刘国深著：《当代台湾政治分析》，九州出版社，2002 年，81—84 页。

② 王晓波著：《浩然千古见文章》，见戴国煇著：《台湾研究集外集代序》，（台湾）远流出版事业有限公司·南天书局有限公司，2002 年，4 页。

③ 马克思说：“从前的一切唯物主义（包括费尔巴哈的唯物主义）的主要缺点是：对对象、现实、感性，只是从客体的或者直观的形式去理解，而不是把它们当作人的感性活动，当作实践去理解，不是从主体方面去理解。”见马克思著：《关于费尔巴哈的提纲》，中央编译局编：《马克思恩格斯选集·第一卷》，人民出版社，1995 年，54 页。

④ 关于政治学中“本体论”与“认识论”及其关系的相关论述见［英］大卫·马什、格里·斯托克编，景跃进、张小劲、欧阳景根译：《政治科学的理论与方法》，中国人民大学出版社，2006 年，16—17 页。

“台湾主体意识”。但是显然这两个概念具有伴生性质，在讨论“台湾主体意识”的时候不可能绕开“台湾主体性”概念。“台湾主体性”强调台湾是一个能动的“自足存在”,[①] 具有作为“主体”的自足特征，所追求者是在实践活动中可以保持自己主观能动性的价值。所谓“台湾主体意识”则是指行为主体认识到且认同“台湾主体性”的存在，并在坚持“台湾主体性”前提下展开实践活动。因此，“台湾主体性”是“台湾主体意识”的基础，是“台湾主体意识”建构的逻辑起点。

“台湾主体意识”大约滥觞于日据时期，在“日本统治台湾以后，作为被统治者的台湾人集体意识的‘台湾意识’逐步出现。”[②] 在日本殖民统治的镜像中，台湾民众感觉到了自己不同于殖民者的存在。因此，这一时期虽然还没有提出比较清晰和明确的“台湾主体意识”概念，但这一时期出现的“台湾意识”已经形塑了以后“台湾主体意识”的基本内涵。不过需要说明的是，这时的“台湾主体意识”立基于殖民统治下的民族和文化差异，反映的基本上还是民族矛盾。

二战以后，台湾学者中较早意识到“台湾主体意识”的存在并对“台湾主体性”概念进行清理的是戴国煇教授。在他的台湾近现代史研究中，“主体性”是核心概念。针对当时台湾史学界受日本影响深重的情况，戴氏认为在学术研究中，“作为研究主体者，千万不该站在媚日之立场，连亲日的立场都该有所扬弃。”最理想的立场，“不待言该是知日之立场，笔者早察觉台籍中上层人士有失去自我尊严，抑或自我迷失立场者不少，因而提示树立‘台湾人’该保持的主体性。”[③] 台湾学者王晓波教授认为，戴国煇的台湾研究虽是从“自我主体”出发，但并不是局限于“自我主体”，而是要以“通过内省”的“主体”能动性超越殖民

---

① 不过需要说明的是，此处的“主体”在有的学者那里主要指人，如戴国煇；但是在有的学者那里则指人和地，如李永炽等。李永炽等人认为，“台湾主体性是台湾这个空间跟生活在其中的人交错成的结构体”。他所指的“主体性”主要指台湾的土地和人从“经常被客体化”的状态转变为“主体化”，由“被支配变成自我支配”。见李永炽、李乔、庄万寿等编：《台湾主体性的建构》，（台湾）财团法人群策会李登辉学校，2004 年 5 月，6 页。显然，庄氏想突出“台湾以前是受（外来势力）支配的客体，现在却不再为外部势力所支配”的意涵，但是却没有解释清楚的是：从哲学上来说，主体是实践活动、认识活动的承担者，“土地”显然无法具备此项功能。所以，作为客体的土地即使能摆脱被支配的地位，也不意味着因此具有了主体性。

② 黄俊杰著：《论“台湾意识”的发展及其特质》，见夏潮基金会编：《台湾意识与中国意识》，（台湾）海峡学术出版社，1999 年。

③ 戴国煇著：《台湾史探微——现实与史实的相互往还》，（台湾）远流出版事业有限公司 · 南天书局有限公司，2002 年，总序，14—15 页，12 页。

地伤痕和悲情，以达到“内在自由之崭新境界”。[①] 简而言之，戴国煇教授的“主体意识”强调的是作为“台湾人的尊严”，即：一、出生的尊严；二、民族的尊严，即保持自己的民族属性、传承自己的文化传统并以之作为自己文化认同标识的尊严；三、学术研究的尊严，主要指以客观和公正的心态从事学术研究，对社会和人类有所贡献。[②] 所以，戴氏在使用这一概念时，有强烈的认识论意涵，主要立基于民族和文化的立场，力求摆脱台湾的殖民地阴影，客观反思台湾的历史和现状。

20 世纪 60 年代到 80 年代，是台湾政治变迁最为剧烈的时期，两岸关系也在跌宕起伏中向前推进。“台湾主体意识”在政治生活中日益成为主流政治话语，该概念基本内涵也发生了很大变化。

一方面，“台湾主体意识”在岛内成为表征身份认同差异的政治符号。国民党败退台湾之后，占人口少数的外省族群长期垄断了大部分政治资源。随着台湾政治转型和政治参与的扩大，本省籍精英的“自主意识”不断强化并得到了部分本省人的支持，以省籍区隔为背景的“台湾（本省）人主体意识”不断发展起来。国民党当局为弥补统治的“合法性”危机，采取了“本土化”的路线和政策，以缓和来自本省籍精英的政治冲击。一时之间，“本土化”成为台湾政坛最为时髦的口号。但吊诡的是，对于“本土化”的真正意涵，在台湾政坛反倒乏人问津。[③] 在这个意义上说，“本土化”的过程也是“台湾主体意识”日益凸显的过程。

另一方面，在两岸关系的政治对立结构下，“台湾主体意识”作为表征“台湾人”认知台湾生存状态的重要概念，具有在整个中国的镜像中寻求自我定位的意涵。目前学界对“台湾主体意识”的认知主要有两方面的分歧：一、坚持“台湾”与“中国”的连结与联系。这种联系既有文化上、心理上的，也有政治上和地缘上的，关于这方面的讨论比较典型、也比较多的是“台湾意识”与“中国意识”的

---

① 王晓波著：《浩然千古见文章》，见戴国煇著：《台湾研究集外集代序》，（台湾）远流出版事业有限公司·南天书局有限公司，2002 年，7 页。

② 戴国煇著：《台湾结与中国结》，（台湾）远流出版事业有限公司·南天书局有限公司，2002 年，39—78 页。

③ 戴国煇著：《台湾史探微——现实与史实的相互往还》，（台湾）远流出版事业有限公司·南天书局有限公司，2002 年，2 页。

内在统一性。[①] 也就是说，“台湾主体性”只有在中国主体性的框架内存在和发展，才会有伸展的空间。二、认为应该强调“台湾”与“中国”的区隔与对立。在大多数情况下，这种区隔与对立往往以国家认同冲突的形式表现出来。“台独”势力在进行理论建构时往往更强调这些层面。郭正亮认为，“有关台湾主体性的争论，历来常以国家认同分歧出现。”“台湾主体性的辩证，其实就是台湾与中国（大陆）同时展开自我认识和互相认识的过程。”[②] 这种论调在“台独”理论中俯拾皆是，其基本出发点和归宿均是要建立起完全排斥中国因素的“台湾主体意识”理论。

到了90年代，围绕着“台湾主体意识”的概念形成了一个庞杂的概念群。如“台湾意识”、“台湾人”、“新台湾人”、“台湾优先、台湾第一”、“台湾民族”、“生命共同体”、“本土化”、“台湾命运共同体”、“台湾共同体意识”、“台湾认同”等。在上述概念中，有的远在二战以前就已经出现，但是在改换内涵后重新被使用。如“台湾意识”的概念，出现于日据时期，上世纪60年代作为在日本“台独”运动的诉求被重新强调。[③] 而有的概念则是在上世纪90年代的政治发展中出现的新概念，如“新台湾人”的概念。可以说，这些概念都在一定程度上与“台湾主体意识”有关联，但是各自的解释却有较大差异，可以看作是不同的学者和政治人物从不同的角度去诠释与建构“台湾主体意识”的结果。不过需要说明的是，从学理上讲虽然上述概念与“台湾主体意识”概念有若干差别，但是在大多数情况下政治人物却是将这些概念与“台湾主体意识”的概念混同使用的。

“台湾主体意识”概念的流变过程与台湾社会和政治结构的变化过程同步，是政治现实的映射与观念建构综合作用的结果。因此，“台湾主体意识”概念对于台湾政治发展进程来说具有继发而非原生的性质。

3.2.2 “台湾主体意识”的基本层面

经历了长期发展之后，“台湾主体意识”面临着概念过剩与概念贫乏的双重困

---

① 目前学术界已经对这个问题有较多讨论，例如郭洪纪著：《台湾意识与中国情结》，（台湾）慧明文化事业有限公司，2002年；虞义辉著：《台湾意识的多面向》，（台湾）黎明文化事业股份有限公司，2001年；王晓波著：《交锋：统独论战三十年》，（台湾）海峡学术出版社，2002年；夏潮基金会编：《台湾意识与中国意识论文集》，海峡学术出版社，1999年。

② 郭正亮著：《台湾主体性的辩证》，见夏潮基金会编：《台湾意识与中国意识》，（台湾）海峡学术出版社，1999年，628、629页。

③ 曾健民著：《台湾意识辨析》，见夏潮基金会编：《台湾意识与中国意识》，（台湾）海峡学术出版社，1999年6月，646页。

境。如已经看到的那样，表述“台湾主体意识”的概念很多，但是，台湾对于“主体意识”的解读却各有不同的立场，具体内涵的解读也千差万别。这种情况使“台湾主体意识”概念的内涵变得相当模糊。相关概念的歧异，对民众造成的困扰是显而易见的。特别是什么是“台湾人”？什么是“中国人”？在概念化（conceptualization）不明确的情况下，百姓自然是一头雾水，① 政治人物也未必能搞得清楚（或者说故意不说清楚）。

“台湾主体意识”的核心是认同问题。台湾社会耳熟能详的“台湾主体意识”概念主要有以下几个层次的内涵：

一、地缘认同。“台湾主体意识”最为基础的内容是对台湾的土地认同。这本来是一种非常朴素的情感，但是地缘认同一旦进入政治场域，情况就完全改观。

在台湾岛内政治斗争的语境下，族群的边际不断被清晰化和固定化，外省精英因其族群身份而背负了“原罪”，经常会遭到本省籍精英“是否爱台湾”的质问。这时，“台湾主体意识”更多地在“本土”与“非本土”的族群对立结构中呈现出来。本省籍精英在与外省籍精英争取政治资源的斗争中强化了族群区隔，并将族群身份作为是否有“台湾主体意识”的判定标准之一，本省人被先定地赋予了比外省更认同台湾这块土地、更具有“台湾主体意识”的政治地位。因为个人的家族和省籍出身是无法选择的，所以在这个意义上，外省人的“本土化”根本不可能实现。这种“台湾主体意识”可以称为“台湾（本省）人主体意识”，实际上是一种“本省人本位意识”。

在两岸关系的语境下，“台湾主体意识”同样也是以地缘认同的面目表现出来。当年李登辉曾说，现在的台湾住民，不论是四五百年来的，或是四五十年前从大陆来的，或是少数民族，“拢是咱们台湾人。”② 这里的“台湾人”（李登辉所称的“新台湾人”）就是以住民居住地的地缘认同为基础建构起来的政治概念。这种地缘认同的概念被许多“台独”理论所引用，作为认同建构的逻辑起点。“新台湾人必须全心全意拥抱台湾，丢弃原先的中国人思想，才能成为新台湾人，目前很多人自

① 施正锋著：《台湾人的国家认同》，台湾历史学会编：《国家认同论文集》，（台湾）稻乡出版社，2001 年，153 页。

② 施正锋著：《台湾人的国家认同》，台湾历史学会编：《国家认同论文集》，（台湾）稻乡出版社，2001 年，145 页。

以为是台湾人又是中国人，这就不是新台湾人了。"[1] 同样，台湾部分学者所推崇的"后殖民论述"建构，也带有强烈地缘认同的色彩，他们强调"台湾过去几百年的历史、文化演进，主要基于外来殖民者与本土被殖民者文化和语言冲突、交流的模式。"[2] 在这样的基本逻辑下，"本土论述"（地缘认同）已经变成："台湾是台湾人的土地"，却被外人所殖民。[3] 就目前所看到的情况，这种论调已经成为泛绿阵营进行"台湾独立"理论建构的重要支点。

二、共同体[4]认同。共同体认同反映了行为主体对社会结构和制度系统的基本认知和基本情感。共同体认同反映的是个体对社会的归属感，这种归属感可能是历史形成的，也可以是在利益联结的情况下形成的。共同体认同无论在理论上或是实践上都是正常的。但是台湾的问题在于：部分政治人物通过突出"台湾命运共同体"的概念，力图将"台湾共同体认同"的形成过程作为新的"国家认同"建构过程。有"独派"学者认为，所谓的"台湾认同"是指生活在台湾的人，经由生活历史经验而形塑命运共同体的自觉，认知归属于斯土斯民所构成的社群，并愿意付出心力营造护卫这一社群。"如将此休戚与共的集体自觉认同，转化为意愿与行动要建立国家来保障共同福祉，就是更具体的国家认同。"[5] 民进党主席蔡英文认为，"台湾主体意识已经成为这个社会的共识，"可以用包容性的"本土观"与"主权"联结，在包容性的"本土观"下，台湾是一个生命共同体，"这个生命共同体的主权是我们自己的。"[6] 这里并没有对"台湾主体意识"的概

---

① 戴正德著：《非常台湾——台湾人的意识与认同》，（台湾）望春风文化事业股份有限公司，2004 年，34 页。

② 邱贵芬著：《"发现台湾"——建构台湾后殖民论述》，见张京媛编：《后殖民理论与文化认同》，（台湾）麦田出版，1995 年，169 页。其实这种史观在"台独"学者中比较普遍，著名者如史明的《台湾四百年史》等。这个史观割开了大陆与台湾的历史脐带，同时也割断了台湾历史发展的逻辑链条，无法解释"台湾人"形成的历史。

③ 卢建荣著：《台湾后殖民国族认同》，（台湾）麦田出版，2003 年，17 页。

④ 共同体（community）是一个复杂的概念。该概念既表明了社会互动中的一些特殊形式，又意味着它所规定的社会关系中有某些积极和有价值的东西。现代政治理论对共同体特质进行的解释大概有三种模式：（1）以费迪南德·腾尼斯所代表的，认为界定一个共同体的经验特质是由共同体的渊源所赋予的；（2）麦基佛《共同体》一书中所强调的共同体利益的共同性；（3）认为局部共同体建立在其有特殊私人利益关系的个人聚合之上。相关论述见［英］戴维·米勒主编，邓正来等译：《布莱克维尔政治学百科全书·社区·共同体［Community］（思想卷）》，中国政法大学出版社，2002 年版，153 页。

⑤ 戴宝村著：《玉山地景与台湾认同的发展》，台湾历史学会编：《国家认同论文集》，（台湾）稻乡出版社，2001 年，123 页。

⑥ 蔡英文著：《以新本土观捍卫台湾》，（台湾）《中国时报》，2009 年 3 月 22 日，A12 版。

念作进一步说明，但是却明显地隐含了“生命共同体”认同的成分，在强化台湾作为一个“生命共同体”的同时，也强化了与外界特别是与大陆的区隔。有民进党“台独理论大师”之称的林浊水也强调“台湾主体意识”与台湾作为一个“共同体意识”的联结，甚至直接将共同体意识提升到国家认同的层次。① 也有的学者将共同体认同作为新的“国家认同”的基础，认为“台湾主体性”是指居住在台湾这个场所里的人，对台湾有归属感，认为台湾的存在是自己的责任，进而与场所中的人互相交感，形成命运共同体，组成生命一体的“国民”（nation）。因此，他们认为只有“台湾定位清晰，主体意识才能确立，自我认同感才能具体。”② 在这些论述中，将“共同体认同”与“国家认同”等同者较多，对二者的界限与分际的讨论却比较欠缺。

三、“国家认同”。这个层面上的“台湾主体意识”概念往往与台湾的“主权地位”相联结，并坚持以台湾的“主权独立”作为“台湾主体意识”的核心内涵。按照理论依据不同，台湾目前大致有两种主权理论：1. “主权固有说”，即“1912年成立的中华民国一直存在”，“中华民国”在 1949 年以后并未灭亡，依然保有“主权”。这一理论框架又有两个面向：一是强调两岸内战状态尚未结束，一中架构是处理两岸关系的基本原则；二是强调台湾已经是一个事实上“主权独立”的国家。③ 后者其实就是“两个中国”和“一中一台”的基本观点。2. “主权建构说”。持这套理论的大都是“独派”的学者和政治人物。他们认为，台湾主权应该依据“台湾认同”和“台湾主体意识”进行建构，即以地缘认同为基础，以“生命共同体”认同为中介，以“公投”为基本手段，完成台湾的“主权赋予”和“独立建国”。这种模式基本上脱离了两岸关系发展的历史脉络，忽视了两岸在内战状态下主权从没有分裂的事实。

可以看出，“台湾主体意识”是地缘认同、社会认同（共同体认同）和国家认同相互纠缠的产物，仅从某一个层面去讨论“台湾主体意识”问题，显然是失之偏颇的。

---

① 林浊水著：《共同体世界图像下的台湾》，（台湾）左岸文化出版，2006 年，74 页。该书提到了各种类型的共同体（作者称为共同体的各种面向），也提到了共同体意识，但是对这些概念却没有进行清晰的界定与说明。

② 李永炽、李乔、庄万寿等编：《台湾主体性的建构》，（台湾）财团法人群策会李登辉学校，2004 年 5 月，4 页。

③ 陈荔彤著：《台湾主体论》，（台湾）元照出版有限公司，2004 年，29 页。

3.2.3 观念建构与“台湾主体意识”的意识形态化①

台湾岛内对“台湾主体意识”的差异性解读与长期以来不同学者和政治势力对“台湾主体意识”进行观念建构有相当关联。按照建构主义的解释范式，世界包含物质与理念两个方面的内容，但物质本身是没有社会意义的，只有在施动者的社会互动之中，才能产生社会性意义。② “台湾主体意识”建构的过程中，突出体现了主体间的互动所建构的社会意义，强调施动者和结构在互动中所建构的身份和认同，体现了观念在行为模式塑造中的作用。

台湾无论蓝绿阵营对“台湾主体意识”进行建构时均以台海格局的基本结构为出发点。不过不同学者在对客观实在进行的选择性和过滤性解读却导致了目前对“台湾主体意识”认知的差异。正如熊彼特所言，人们可以“选择”的行动路线不是受环境的客观事实直接强制决定的，而是根据他们的立场、观点和癖好来进行选择。③ 但是另一方面，他们的立场、观点和癖好并不构成另一组独立的事实依据，它们本身都是由那套客观事实根据构成的。这恰好说明了“台湾主体意识”的吊诡之处：面对同样的历史，不同的学者通过不同的解释方式，建构出了完全不同的观念体系。

“台湾主体意识”观念建构的过程其实也是台湾社会身份认同重新建构的过程。自20世纪80年代以来，台湾民众在族群、共同体、国家等各个层面上的认同均经历了一定程度上的消解与重构。一方面，作为国家认同的中国认同不断遭到侵蚀；另一方面，以“台湾主体意识”为基本诉求的地缘认同在台湾的语境中越来越被赋予“国家认同”的意涵。

---

① 意识形态是具有符号意义的信仰和观点的表达形式，它以表现、解释和评价现实世界的方法来形成、动员、指导、组织和证明一定的行为模式或方式，并否定其他一些行为模式或方式。见［英］戴维·米勒主编，邓正来等译：《布莱克维尔政治学百科全书·意识形态（思想卷）》，中国政法大学出版社，2002年版，368页。本书所说的“意识形态化”系指通过对“台湾主体意识”概念的选择性诠释为自己的行为寻求合法性和合理性基础的行为。

② 秦亚青著：《建构主义：思想渊源、理论流派与学术理念》，《国际政治研究》，2006年第3期。

③ ［美］约瑟夫·熊彼特著，吴良健译：《资本主义、社会主义与民主》，商务印书馆，1999年，54—55页。应该说明的是，熊彼特仅强调“人们选择的行动路线不是受环境的客观事实直接强制决定”，并没有否定客观事实对行动路线的作用。其实，从长远的观点来看，无论是观念建构还是行动路线的选择，都不可能脱离客观环境的影响。从这个意义上说，客观环境的变化对主体行动路线的选择和观念的形成显然有决定性的影响。

传统上，认同被认为是一致的、固定的，是个人所具有的本质，如种族、性别、阶级等性质所产生的“身份”。但是 20 世纪以来，越来越多的学者提出认同是“建构的事实”，是在不断化成（becoming）过程中建构出来的。所以认同是一种“生产”（production），并非与生俱来，而是特定历史与文化下的结果。[①] 包括以史明等以“台湾人”概念为核心进行的“主体意识”建构活动均符合这种认同的化成模式。主张在台湾进行“民族”建构的施正锋认为，民族并非天生而成的，其建构是一个持续的过程，必须经过想象、建构及成熟的步骤；这个任务永无止境，甚至于要不断地建构、重建。[②] 在这样的话语氛围中，相当一部分台湾学者在解读台湾地区和中国整个的历史和文化时，并非是出于甄别真相的目的，而是进行政治建构的需要。所以说，在“台湾主体意识”的建构过程中，本体与认识、主观与客观、知者与被知者、事实与价值之间的界限实际上是不存在的。[③] 易言之，就台湾部分学者所进行的“台湾主体性”建构而言，历史和文化本身是什么已经不重要了，未来会被建构成什么样子才是问题的关键。这一过程既是价值的建构过程，也是历史“事实”的建构过程。也就是说，“台湾主体意识”的建构其实是一系列观念的建构，这些观念可能部分有事实依据，也有一部分是建立在想象的“事实”上面。

“台湾主体意识”的意识形态化是台湾社会在“主体意识”方面的观念建构达到极致的结果。随着“台湾主体意识”概念进入政治传播的视野，该概念很快就失去了学术上的严谨性，成为政治动员中经常被运用的政治话语[④]。各种政治势力、特别是以民进党为代表的“本土”政治势力通过对“台湾主体意识”的选择性诠释，建构起自己行为正当性的价值基础，同时也以此作为攻击政治对手的武器。例如，以“台湾主体意识”为外衣的“爱台湾 vs 不爱台湾”、“台湾人 vs 中国人”等对立话语基本上都是在这种情况下出现的。从学理的角度来看，以上话语基本上没

---

① 郑翰林编译：《传播理论简明辞典》，（台湾）风云论坛出版社有限公司，2003 年 9 月，100 页。这里的“历史和文化”应该是建构的结果。

② 施正锋著：《台湾政治建构》，（台湾）前卫出版社，1999 年，30 页。

③ 这种本体与认识、主观与客观、知者与被知者、事实与价值界限的模糊性，也是建构主义的基本观点。见张小劲、景跃进著：《比较政治学导论》，中国人民大学出版社，2001 年，63 页。

④ 本书在论及“台湾主体意识”时，兼用了“概念”和“话语”两个定义。此处的“概念”系指内涵界定比较清晰、使用比较规范的情况；而“话语”则主要指在政治动员中使用的概念，较为符号化和口语化，内涵界定也不是非常严格（如“爱台湾”等）。

有分析功能，因为作为概念来说它们是不清晰的。但是这些政治话语却具有强烈的情感冲击效果，可以最大限度地调动起支持者的积极性。可以说，“台湾主体意识”在政治传播过程中完成的内涵异化是该概念意识形态化的前提，也是“台湾主体意识”概念意识形态化的重要生产机制。

同时，“台湾主体意识”也成为政治人物、特别是泛绿政治人物违背道德操守的正当性依据。按照台湾学者石之瑜的说法，泛绿的政客在“主体意识”的硬壳下已经说谎成性。“为了非关人格的政治现实说谎当然不必大惊小怪，为了更高的‘台独’道德而说谎就更是理直气壮。说谎已成为党国的道德信条，不但是生活常态，甚至养成习惯。他们不是故意欺骗，而是人格上说不出真心话，政治上也没有实话可说。”① 也就是说，在绿营政客看来，在“主体意识”的掩护下，政治操守的沦丧并不是什么大不了的事情。

“台湾主体意识”的意识形态化有两个基本路径：一、概念内涵的窄化以及相关概念的口号化、符号化。二、“台湾主体意识”话语的硬化。

概念窄化缘起于政治人物在政治动员中营造有利于己之政治认知的行为。对于选民和普通百姓来说，他们对政治话语的理解是模糊的。这就给政治人物利用概念进行操作提供了较大的空间。② 简化以后的概念内涵经过了过滤，往往特别强化其中的某一个方面，甚至以此突出的部分作为整个概念的内涵，然后通过政治社会化过程，内化为民众对该概念所映射之政治现实的认知。比如一直为泛绿阵营津津乐道、屡试不爽的“本土 vs 外来”政治话语，就明显只剩下地缘认同区隔和族群认同区隔的内涵。而在两岸政治对立的语境下，“台湾主体意识”也往往被用作指称与中国大陆区隔的政治符号。这种情况不但在泛绿的支持者中大量存在，在泛蓝的支持者中也较为普遍。经过符号化以后的“台湾主体意识”概念变成非常典型的政治口号和政治话语。于是，不同的政治力量按照对自己有利的方式诠释“主体意识”，并设计出简洁易懂且符合情感动员的指标，以方便进行政治动员。再经过选举的政治社会化作用，“台湾主体意识”很快成为台湾民众尽人皆知的政治话语，台湾社会对“台湾主体意识”也形成了“基本共识”，“台湾主体意识”完成了意

---

① 石之瑜著：《假——当代台湾的政治精神》，（台湾）海峡学术出版社，2006 年，2 页。

② “台湾主体意识”从学术概念演变为“群体意识”中间经历了非常复杂的心理过程，可以说，“台湾主体意识”的逐步意识形态化在相当大程度上是由群体的心理特点所决定的。由于这个问题与本书论题相距较远，这里不拟对这个问题展开讨论。

识形态化过程。几乎与此同时，“台湾主体意识”话语也完成了硬化的过程。经过政治传播过程改造的“台湾主体意识”话语在台湾的话语体系中取得了优势地位。无论是泛蓝还是泛绿的政治人物，都必须利用“台湾主体意识”的话语体系为自己的行为寻求正当性。

3.2.4 “台湾主体意识”的身份认定功能

不过，在台湾社会内部“台湾主体意识”话语硬化的强度并不高，台湾社会内部对“台湾主体意识”的诠释依旧是五花八门。易言之，“台湾主体意识”话语虽然形成了一个硬壳，在台湾政治话语结构中具有主流话语地位，但是在这个硬壳的下面，却是对“台湾主体意识”的不同诠释。在台湾政治变迁的过程中，不同政治势力一直在争夺对“台湾主体意识”的诠释权，争夺在价值分配格局重构中的主导地位。这个过程一直到现在也没有结束。其中的主要内容是：无论蓝绿，都通过“台湾主体意识”对自己进行身份认定，但是哪个政党都无法完全垄断对“台湾主体意识”的诠释权。

尽管早就推动“本土化”路线，泛蓝在2000以来的选举中还是因为在“台湾主体意识”上缺乏比较系统和严密的论述而吃尽了苦头，甚至一度在泛绿“外来政权”、“不爱台湾”等政治口号的攻击下几近崩盘。2004年台湾地区最高领导人选举中，甚至出现了连、宋为了证明自己“爱台湾”而亲吻台湾土地的场面。在选举的压力下，国民党开始重新建构自己的“台湾主体意识”论述。2006年12月，国民党中常会检讨高雄市长败选案，马英九首次提出，国民党应该强调“以台湾为主，对台湾有利”的“台湾主体意识”，宣称“未来国民党的论述会向这个方向努力”。[①] 2007年，马英九推出新书《原乡精神》，提出了“新本土论述”。他认为，历史上在不同时期出现的七波移民及其文化共同构成了台湾的“本土”内容。这是马英九与民进党进行“本土”诠释权争夺的重要举措，也是国民党对“台湾主体意识”重新建构的重要支点。2007年10月，国民党在修改党章时将“台湾”写入党章，并宣示“以台湾为主，对台湾有利”的基本信念。2008年马英九在“就职演说”中再次强调这一信念，并将其作为施政原则。这意味着国民党对“台湾主体意识”论述的建构暂时告一段落。大致来说，国民党的“台湾主体意识”论述强调族

---

① 台湾工作年鉴编委会、两岸关系杂志社编：《台湾工作年鉴（2006）》，2008年，489页。

群融合的“新本土观”，强调对台湾的地缘认同和社会认同。在“国家认同”方面，到目前为止，国民党中虽然一度有不同的声音，但是大体上还是坚持了“中华民国”的认知框架。在两岸政策方面，鉴于两岸联系越来越紧密的情况，以及利用两岸关系发展消解民进党的“本土性”诉求的攻势，虽然强调两岸在政治认知等方面的差异，但一般来说国民党不会刻意凸显两岸的政治分歧并挑起政治对抗。所以说，相较而言，国民党的“台湾主体意识”论述较注重于社会和经济政策层面的观照，意识形态的色彩相对较淡。

泛绿的“台湾主体意识”论述较为复杂。主要原因在于绿营学者对“台湾主体意识”的理论论证与政治人物在政治动员中所使用的“台湾主体意识”口号在内涵上有很大差距。泛绿学者在建构“台湾主体意识”时，所谓的“主体”指涉对象基本都是“台湾人”，强调作为整体的“台湾人”的“主体意识”。施正锋认为，所谓的“台湾主体意识”其实是“台湾意识”的强化，也就是以台湾为主体，不再是让人宰割的客体，“强调的是台湾人要主宰自己的命运”。狭义上说，就是台湾人不愿意任凭大陆宰制，广义上说就是不容台湾成为他人左右的战略卒子，不管是过去的日本、现在的大陆、还是未来的美国。① 在两岸对立的语境下，泛绿阵营对“台湾主体意识”的认知基本是一致的，其所谓“主体”即整体“台湾人”，“主体意识”即强调在地缘认同和共同体认同的基础上建构独立于整个中国之外的“自主意识”。其实，2000 年民进党执政以来泛绿阵营一直将“台湾主体意识”当作“台独”政策的社会情感基础，在推动“废统”、“公投”、“宪改”等活动时均以坚持“台湾主体意识”、“让台湾变成一个正常国家”作为动员口号。但是在台湾内部的政治斗争过程中，泛绿却一直无法摆脱“本省—外省”二分的思维模式，在蓝绿斗争中强调“本省人主体意识”。所以说，泛绿阵营的“台湾主体意识”论述在“国家认同”层面上较为一致，但是在地缘认同和共同体认同的层面上认知却难同一。尽管许多绿营学者不断呼吁放弃挑动族群矛盾的做法，然而许多泛绿政治人物在实际的政治动员中，在谈及这两种认同时其实是将外省人排斥在外的。这也是泛绿阵营在族群问题上屡屡出现矛盾的原因之一，以陈芳明、施正锋等人为代表的绿营学者们一直反对这种族群撕裂政策，但是却没有能力阻止政治人物继续操弄族群

---

① 施正锋著：《台湾主体意识的发展》，转引自：杨毅周、韩晨：《台湾“总统”选后社会新思潮研究》，见许世铨主编、全国台湾研究会编：《两岸关系研究报告 2004—2005》，九州出版社，2006 年，57 页。

议题。

这些在“台湾主体意识”诠释问题上的差别与泛蓝、泛绿两个阵营在台湾话语结构中的不同地位有关。在“本土化”和“台湾主体意识”话语权的占有方面，泛绿因为“本土身份”的缘故，显然具有更多优势。民进党也注意利用这些优势推动自身政治力量的扩张。一直到现在为止，民进党所进行的都是彰显台湾“国家认同”基点上的族群动员，该党对“台湾主体意识”的诠释也偏重于“本土”身份认同。相比较而言，泛蓝阵营由于外省人身份及其所带来的“原罪感”，在对“台湾主体意识”进行诠释时只能以族群融合为主要诉求，以民生议题和经济发展作为主要论述方向，并以此为基础与泛绿展开“台湾主体意识”诠释权的争夺。

泛绿的“台湾主体意识”论述建立在族群区隔基础之上，意识形态化的程度最深。在泛绿的许多支持者那里，“本土 vs 外来”的对立结构成为判定政治是否正确的唯一标准。意识形态化以后的“主体意识”话语已经完全成为泛绿的一个“神主牌”，对外以与大陆的主权区隔为基点强调台湾的“主权独立”，对内则以身份认同为核心强调对敌对阵营展开攻击。意识形态化的“台湾主体意识”笼罩之下，政治观点的理性讨论空间已经完全被压缩。甚至当有绿营学者在 call - out 节目中表示反对以出生地来判断一个人的忠贞时，也被深绿的“台联党”发言人戴上“台奸”的帽子。[①] 在这种情况下，所谓的“台湾主体意识”完全变成激进“台独”话语结构之一环，反映出的依然是狭隘的族群意识。

可以看出，“台湾主体意识”的内涵并不是固定不变的。在台湾岛内，没有任何一个政治势力可以垄断“台湾主体意识”的诠释权。以长远的观点来看，未来台湾岛内政治结构与两岸关系基本结构变化不可避免地会对“主体意识”话语内涵产生消解与重构作用。

首先，民进党政治道德的沉沦不仅导致了该党在选举中的失败，更重要的是在相当大程度上拆开了“台湾主体意识”与“本土”身份之间的强固联结，使泛绿阵营以“本土观念”为中心的“台湾主体意识”建构遇到了前所未有的挫折。这些政治人物以“疼惜台湾”的口号上台，以“爱台湾”和坚持“台湾主体意识”的诉求执政，但是在上台后却出现了大面积道德沉沦，这种情况对民进党来说无疑是自打耳光，足以引发台湾民众对“主体性”与“本省人”身份之间的关系进行

---

① 施正锋著：《台湾民族主义》，（台湾）前卫出版社，2003 年，12 页。

深刻反思。

其次，两岸关系的联系越来越紧密，两岸对立的政治结构正在逐步消解。“台湾主体意识”面对的不再是一个隔绝与封闭的两岸关系，而是一个交流与融合的台海格局。在台湾一直强调自己是一个“命运共同体”的时候，两岸其实已经在实际上形成了一个真正的“命运共同体”。以目前两岸经济联系的紧密程度来看，这种趋势只能加强而不会减弱。影响所及，以对立、对抗和区隔为基础的“台湾主体意识”概念必然越来越不能解释两岸关系现实的发展，该概念的消解与重构势在必行。

但是，目前来看民进党和泛绿阵营在一定程度上还垄断着“台湾主体意识”的诠释权，并将“台湾主体意识”与两岸关系联结起来，试图建立对抗性的两岸论述和排斥性的族群论述。这些论述已经成为台湾社会政治对立的根源，也成为民进党为其政治操守沉沦辩护的道德正当性基础。从这个意义上说，以“台湾主体意识”建构为中心的价值重构成为台湾政治衰退的一个重要推手。

3.2.5　意识形态重构与政治衰退

一个社会意识形态的基本样态在一定程度上反映了该社会价值系统的基本生态。所以说，“台湾主体意识”建构的过程是价值分配格局重构的过程，同时也是意识形态的重构过程。意识形态是具有符号意义的信仰和观点的表达形式，它以表现、解释和评价现实世界的方法来形成、动员、指导、组织和证明一定的行为模式或方式，并否定其他一些行为模式或方式。① 意识形态的重新建构主要应该包括下面几个方面的内容：一、对传播渠道的控制。二、主流诉求的建构。三、话语权的争夺。

在两蒋时期，台湾威权政治的意识形态主要由三部分构成：一、“反攻大陆”。二、反对共产主义。三、实现三民主义。② 这些诉求基本延续了国共两党内战的历史脉络，构成了国民党当局在台湾的意识形态基础，也成为国民党当局统治台湾的正当性来源。这种意识形态也和国民党在台湾实行的强力社会统合措施相匹配。国

---

① ［英］戴维·米勒、［英］韦农·波格丹诺主编，邓正来译：《布莱克维尔政治学百科全书·意识形态（思想卷）》，中国政法大学出版社，2002 年，368 页。

② 陈明通著：《派系政治与台湾政治变迁》，（台湾）新自然主义股份有限公司，2001 年，93—94 页。

民党当局通过戒严、党禁、报禁以及对社会生活的强力渗透，保证了这一意识形态在台湾社会的垄断地位。所以，在两蒋时期，整个社会的意识形态是一元的。但是国民党无法解决的问题是，“反攻大陆”对蜗居东南一隅的国民党当局来说是个无法完成的任务，随着时间的推移，这种诉求就越来越显示出其虚幻性。因此，建立在“反攻大陆”基础上的意识形态随着这一诉求的逐步破灭而趋于弱化不过是早晚的事情。

及至台湾戒严结束，党禁与报禁先后放开，意味着行政当局对媒体传播渠道的垄断宣告结束。短短的十年时间里，台湾的传媒业迅速发展。以报纸为例。到 1998 年，台湾的报纸已经达到了 357 家，其中主要以综合性日报为主。这一时期台湾综合性、专业性日报和综合性晚报呈现出多元发展的态势，报业竞争十分激烈。在民间媒体的猛烈冲击下，国民党掌控的媒体逐渐萎缩。① 报禁放开后，反对势力获得了发声平台，开始逐步扩大自己政治诉求的影响范围。影响所及，到了 80 年代，国民党当局的意识形态系统已经被冲击得七零八落了。反对运动的主要诉求是“民主、清廉、爱乡土”，后来发展成为民进党的主流诉求。在反对运动的发展过程中，甚至到“美丽岛事件”爆发之前，反对运动一直是将“民主”的诉求作为反对国民党的主要武器。这种情况大致符合民主转型的基本逻辑，即民主转型的主要任务（overriding goal），就是在社会发展的目标及其可行的途径上达成广泛的一致。因此，成功的转型就必须是包容的和妥协的。② 所以，党外运动时期的反对运动大部分时间里均是一个反国民党的联盟，其主流诉求是“民主”。及至“美丽岛事件”爆发，统“独”矛盾才开始凸显出来。不过这时的统“独”议题也是在反国民党统治的语境下展开的。至于“台湾主体性”诉求和“台湾主体意识”诉求被建构成为台湾社会的主流话语，并进而形成了新的意识形态，则是 80 年代中期以后的事情。

就意识形态的变迁而言，80 年代至今是台湾旧的意识形态逐步被破除，而新的意识形态逐渐建构的过程。在这个过程中，意识形态的建构始终围绕着“本土”、“非本土”的对立展开，在相当多的时候，这种对立被建构成敌我矛盾的模式，如民进党称国民党为“外来政权”、声称自己有而国民党没有“台湾主体意识”等。

---

① 陈飞宝著：《台湾大众媒体与政党权力之争》，《台湾研究》，1999 年 2 期。

② Terry Lynn Karl, “Dilemmas of Democratization in Latin America”, Comparative Politics, Vol. 23, No. 1 (Oct., 1990), pp. 1 – 21.

意识形态重构的过程也就是政治对立的建构过程，对台湾社会的政治衰退产生了较大的影响。

台湾社会意识形态重构的重要表征是话语权的争夺和控制。有学者认为，“话语”的概念隐含了两重意义：辨识行为所需要的逻辑性和路径指向所具有的目的性。在现代话语理论中，逻辑性被进一步演绎成“序列”或“秩序”，目的性被演绎成“权力”或“权势”。作为一种权力秩序的表达，话语天然是政治的。① 话语权的争夺就是以自己的话语去压制、甚至是排斥其他话语。这也意味着，政治自由化可以给予媒体自由的空间，但是并不一定会导向多元化的话语结构。在“新闻自由”的旗号下，同样也可以形成话语垄断，甚至形成话语霸权。

民进党“台独”话语权的建构就是一个例子。民进党的“台独”诉求以“台湾主体意识”为核心，以“台湾的前途应该由全体台湾人民来决定”为基本诉求，强调自己代表“台湾人”与泛蓝及中国大陆对抗的正当性。这种做法的实质，是将“台独”理念和“台独”诉求作为价值标准，强行要求整个社会接受。不过需要提及的是，民进党的这些行为未必一定是将“台独”视为其政治理想，该党最根本的目标还是要以自己的方式重构台湾的价值系统，强化自己的价值正当性，实现“永续执政”的目标。概括起来说，民进党争夺话语权的主要措施有以下几个方面：

一、通过选举的政治社会化功能进行民进党版本的“台湾主体意识”宣传。2004 年“总统大选”中，民进党甚至将“公投”和“大选”捆绑在一起，运用行政手段强制推动实施，这种做法实际上和“台湾主体意识”的宣传是互为表里的。这些打着“民主”招牌的诉求，“实质上都是为其‘住民自决论’张目，都是为了争取岛内民众认同与支持其‘台独意识形态’，以此来扩展社会基础。”② 通过这些措施，民进党将“台湾主体意识”与“台独”政策画上等号，力图为“台独”路线寻求价值支撑。

二、利用暴力手段，建构话语霸权。③ 民进党及其支持者对不同观点进行谩骂和攻击早已不是什么新闻，对政治对手和不同声音者的话语暴力攻击也屡见不鲜。

---

① 张凤阳等著：《政治哲学关键词》，江苏人民出版社，2006 年，343 页。

② 鞠海涛著：《民进党社会基础研究》，九州出版社，2004 年，116—117 页。

③ 民进党在争夺话语权的过程中，运用了语言暴力、肢体暴力和制度性暴力等手段，系统地改变了台湾社会的政治认知，并将“台独”和“台湾主体意识”意识形态化。见徐博东、陈星著：《论“台独”话语霸权的建构》，《台湾研究》，2004 年 6 期。

例如，台湾中南部的连宋支持者，被骂作“台奸”；著名电影导演侯孝贤因为反对民进党操弄族群议题，网络上就有人攻击他“出卖台湾”；甚至连民进党大佬沈富雄，也因为在“陈由豪事件”中不愿替吴淑珍圆谎，而被指责为“施琅”、“民进党的叛徒”，如此等等，不一而足。在深绿民众的话语压力下，支持两岸交流和两岸统一的民众为了自保，只有噤声不语一途，“台独”的话语霸权遂告建立。

三、建构符号系统，重构话语结构。哈罗德认为，“在精英们使用宣传手段时，一个战术上的问题就是要选择那些能够产生希望中的共同行为的各种象征和方法。不断采用的方法常常是重复或分散注意力。”① 民进党正是采用了这种方式，在平时的政治生活中不断重复经过自己诠释的话语（如“爱台湾”），建构体现自己价值的符号系统，极力增加和强化民众对该党及该党价值诉求的认同感。经过以民进党为代表的泛绿势力的系统建构，带有两岸区隔、政治敌对和鼓吹“台湾是一个主权独立国家”的政治话语逐渐进入政治话语谱系，并逐渐成为政治话语的主流。

经过民主化历程，以民进党为首的泛绿政治势力一度掌握了台湾的话语主导权，在价值重构的过程中占据了有利地位。例如，民进党上台以后，台湾岛内民众对政治人物称自己为“台湾”而称对岸为“中国”的做法早已习以为常，泛蓝人士称对岸为“中国大陆”反倒经常会被攻击。两岸政策方面，有学者甚至戏称，马英九上台后，台湾当局在两岸政策问题上已经形成了“国民党答题、民进党判卷”的格局，非常形象地说明了民进党在岛内话语权方面的优势。事实上，从 2008 年上台执政前后一直到现在，马英九一直宣称坚持“九二共识”，其上台后也确实在“九二共识”的基础上改善了两岸关系。但是台湾社会，对“九二共识”的认知非常分歧，即便是泛蓝的学者，对该概念的认知也很混乱，有的认知甚至与“九二共识”的精神内涵相违背。比较突出的例子是 2009 年末举行的“两岸一甲子”学术研讨会中，有论者综合了台湾学者的观点，认为主旨不外乎两点：一、强调不能用一个中国原则当成谈判前提；二、主张不能让“中华民国”消失，不能绕过“中华民国”讨论两岸的未来。② 这些学者均是台湾地区具有代表性的权威专家，其论点的核心就是从根本上否认“九二共识”与“一个中国”的必然关联。这种情况也意味着，泛蓝学者和政治人物对“九二共识”的宣示并不意味着对一个中国的认

---

① ［美］哈罗德·D·拉斯韦尔著，杨昌裕译：《政治学》，商务印书馆，2000 年，25 页。

② （台湾）《今日新闻》，2009 年 11 月 23 日。

同。在这个基本逻辑下，所谓的“中华民国”也早已经失去了“中国”的意涵。正是因为如此，有的媒体将其称为“隐性台独”思潮。① 台湾学者杨泰顺认为，蓝营学者对一中原则的质疑，是因为“国民党在戒严时期为维持政权合法性，主张一个中国，但是今天台湾政治情势已经转变，用一中框架很难得到选民支持。”② 杨泰顺的观点非常简明扼要地说明了台湾社会意识形态解构与重构的事实。同时，这反映出，在民进党等泛绿势力多年以“台独”诉求为基本内涵之“台湾主体意识”话语的攻击下，台湾的价值认知日趋混乱，这种情况对台湾社会政治衰退的影响是明显的。

3.3 统合机制变化与政治衰退

3.3.1 统合机制由刚性向柔性转变

英文的 integration 翻译成汉语可以有不同的译法，可以是“整合”、“统合”，也可以是“一体化”。目前在台湾比较流行使用“统合”和“整合”的译法，而在大陆“一体化”的译法则比较流行。不过，具体问题具体分析，在中文语境中，这三个概念的含义还是有所差别的。张亚中认为，“整合”较倾向于非制度与结构面的聚合，统合则是多了制度与结构面的互动与规范。他举例说，在讨论欧洲民间社会、经济发展趋同的过程时，可以用“欧洲整合”表示，但是讨论到涉及欧洲共同体的运作时，可以“欧洲统合”称之。“欧洲整合”相对语是“欧洲共同体”，“欧洲统合”的相对语是“欧洲社群”。③ 比较而言，“一体化”的概念更加宽泛一些，更加偏重于社会层面的融合。

这里有必要区分一下社会整合、政治整合、政治统合三个概念。有学者认为，社会整合指社会各个相离但是有关系的单位，如阶级、团体等，使之成为一体团结的社会过程，或有此结果的社会体系。社会整合概念用以指涉社会体系的状态。在现代社会学理论中，社会整合的概念被认为包括三个层面的内容：一、文化层面的整合，即规范模式的脉络相关状态。二、规范模式的整合，即规范模式与动机过程

---

① （台湾）《今日新闻》，2009 年 11 月 23 日。

② 林浊水著：《国民党的双重危机》，（台湾）《中国时报》，2009 年 11 月 20 日。

③ 张亚中著：《全球化与两岸统合》，（台湾）联经出版事业股份有限公司，2003 年，32 页。

的相关状态，此一状态促进社会构成成员间的顺应。三、意见整合，即社会构成成员分享与传递规范模式的状态，即主张、期待及外表行为的连贯一致的状态。① 政治整合指行政当局对各种政治势力和政治结构进行调整，使之能够聚合为一个正常运作的政治系统的过程。政治统合是指行政当局与各个政治势力之间通过互动的方式，协调彼此的行动，使政治系统能够正常运作下去，政治系统的功能得以实现的过程。一般而言，社会整合的概念并没有“国家—社会”二分法的前提和预设，而政治整合和政治统合则存在着这样一个前提。社会整合主要指社会各个结构之间的相互作用，政治结构不过是这个些结构中的一个部分；而政治整合和政治统合则强调政治力量对社会的统驭与支配。本书在使用 integration 的概念时，主要基于政治变迁过程中结构变化与功能重整的视角，故而采用“政治统合”的译法。②

从政治变迁的角度看，台湾民主化的过程也是社会统合模式变化的过程。在 20 世纪 80 年代以前，台湾的统合模式比较倾向于刚性模式，这也被认为是威权统治下的一个典型特征。这种统合模式强调行政当局对社会的控制。从经济上来说，行政当局控制了社会的经济命脉；从政治上来说，行政当局通过各种方式将控制力渗透到社会各个层面。这种体制类似于彭怀恩所讲的“国家统合主义”的政治模式。在这种模式下，行政当局的力量明显强于民间社会。任何控制“国家机关”的团体，较其他私人部门团体都居于更优势的位置，因为他们控制了社会的资源，包括军力和传播系统。③ 80 年代以前台湾社会的统合模式是行政当局对民间社会保持着优势前提下的强力统合。国民党刚刚到台湾时，利用强大的国家机器，全面控制了政治和社会生活，通过特务组织渗透、经济控制、政治高压实现了对社会的强力统

---

① 王云五等编：《云五社会科学大辞典普及本第一册 · 社会学》，（台湾）商务印书馆股份有限公司，1971 年，112 页。

② 这里的“统合”与统合主义（corporatism）的“统合”概念还是有所差别的。统合主义系指国家机关跨越传统社会部门限制，以经济产业的分际来垂直分割社会，把个人强制编制进入法定的职业团体，这些团体在同一地区、同一性质的产业仅能组织一个，完全垄断该产业的利益代表。每一个职业团体，都依中央到地方作层层分割，上下隶属，层级分明。国家机关透过给予这些社会垄断的代表权，以换取对该社团领导者的挑选权力与利益要求的监控权，进而获致对该团体的有效动员与支持。见陈明通著：《派系政治与台湾政治变迁》，（台湾）新自然主义股份有限公司，2001 年，7 页。

③ 彭怀恩著：《台湾政治发展与民主化》，（台湾）风云论坛有限公司，2005 年，74—75 页。不过需要说明的是，这种统合主义模式的形成主要是不发达国家和地区在经济发展的诉求下完成的。“在尚未经历资本主义发展的社会，国家在形成权力分配及指导经济发展等方面，扮演了优势且自主的角色。所以，它不是因为资本主义弊端出现后的补救，而是必须满足人民期望经济改善的需求。”这种追求经济发展的“国家统合主义”，往往是采取威权政治的模式，以政治过程来控制发展方向。

合。这种统合模式与当时的战时体制是相适应的。在这样的结构下面，权力的运行基本上是单向度的，权力配置沿着从上到下的路径流动。社会没有自主性，也没有组织起来，根本无法发挥影响力，更无法通过制度内渠道对政治过程产生影响。

随着民主化过程的推展，台湾当局对社会的控制力开始减弱，民主的诉求得到了部分实现。对于台湾当局而言，这个过程是被动的，是社会力的兴起在制度框架内寻求不到政治参与的途径所致。20 世纪 70 年代以来，台湾社会发生了巨大变化，长期的戒严体制已经没有办法再维持下去，所以国民党不得不采取了“革新保台”的措施，台湾的政治自由化程度不断增加。于是，刚性的统合机制逐渐向柔性的统合机制转变，行政当局与社会之间的关系由原来权力自上而下的单向度流动变为双方互相影响的双向度互动。

具体来说，这种变化主要体现在以下几个方面：一、就权力来源而言，竞争性选举成为合法性更迭最重要的途径。这不仅表现在台湾的民主化过程中，世界范围内皆是如此。兰德曼（Todd Landman）认为，对世界上大多数国家与地区来说，民主转型通常亦伴随着大选的举行，无论是国会的选举，或某些行政首长的选举，或者两者兼备。这些选举吸引政党的投入与参与，无论是威权时代即已存在的政党，或是希冀在民主转型过程中扮演重要角色的新兴政党，且选举本身亦被视为奠定民主政治基础的里程碑。① 台湾自 20 世纪 50 年代开放县市长选举到 90 年代“总统”直选制度的确立，全面建立了公职人员直接选举制度，选举成为政治生活的基础和核心。二、影响决策的路径由单向、一元变为开放和发散的。在威权主义体制下，政治决策是封闭的，民间力量对决策的影响很小。随着选举日益成为政治生活的中心问题，民间力量影响决策的能力逐渐加强。政治动员的过程其实也就是社会力量影响决策的过程。在台湾，自上个世纪 80 年代以来，由于政治压力的减弱，民间社会兴起，社会的自组织程度不断加强，在一定程度上取得了与行政当局抗衡的能力，在经济政策、社会福利政策等方面的影响力日益增强。三、政治过程中强制的色彩减少，协商的成分增加。所谓协商，是一种面对面的交流形式，它强调理性的观点和说服，而不是操纵、强迫和欺骗。在协商过程中，自由、平等的参与者支持一系列程序规范，其目的主要是为了交流而不是做出决策。参与者倾听、响应并接

---

① ［美］托德·兰德曼著，周志杰译：《比较政治的议题与途径》，（台湾）韦伯文化国际出版有限公司，2003 年，200 页。此处的“合法性”简单而言就是：政府的组建是经过选民同意的。

纳他人的观点，他们忠于交流理性与公正的价值。在决策做出之前，协商能够赋予参与者对各种建议或方案的审视、检查和批判的权力。① 当然，事实上的政治协商很难做到纯粹的公正与理性，因为在不同的社会环境中，正义与公正的标准并不相同。即使是在台湾社会，对公平与正义的理解也相当分歧。其实，将政治协商的过程视为各个利益集团的博弈过程，可能更接近于真实。在这种情况下，政治决策和政治变迁的方向是各种政治势力刻意影响的综合结果。

统合机制的变化是政治民主化过程中最为重要的政治变迁。在威权体制下，台湾行政当局保持着对民间社会的强大压力和政治渗透，在压制了政治诉求的同时，也使社会治理变得简单化。在民主化过程中，行政当局的压制减少，从而使民间社会的力量得以透过各种渠道表现出来，民间的声音逐步进入政治过程，"主权在民"原则得到了一定程度的贯彻。

民主化过程中，旧的统合机制被打破，新的统合机制逐渐建立。这时应该是整个政治体系最为脆弱的时候，公权力废弛的情况最为严重，各种矛盾均在短时期内爆发出来，而新的、可以舒解矛盾的机制却没有完善起来，政治衰退也最容易在这个时候发生甚至强化。正是因为这样，民主化时期往往是最容易出现政治动荡的时期。台湾社会因为统合机制的变化引发的政治衰退是明显的。朱云汉指出，台湾民主化过程中，朝野政治人物刻意运用族群与省籍的矛盾进行政治操作牟利、行政首长有集权倾向并力图规避立法部门的监督、选举至上和解决社会问题的能力下降等问题，都必须要进行深刻的反省。② 其实问题远不止此。概括起来说，台湾政治统合机制柔性化导致的政治衰退主要表现为：一、公权力废弛，制度权威下降。政党和政治人物因为有"民意"的支持，所以也就具有了抵抗公权力的"合法性"基

---

① 陈家刚著：《协商民主新术语》，载于陈家刚选编的《协商民主》，上海三联书店2004年版，335页，转引自张凤阳等著：《政治哲学关键词》，江苏人民出版社，2006年，240—241页。显然，这种协商在公共生活的视域中才有其学理意义，而不是私人个体之间的一般商讨或者市场主体之间的交易协商等非政治形态。这种协商与西方语境下的协商式民主还是有差别的。后者主要是指，当代西方社会出现了多元冲突与权力专断的局面。西方学者为了解决这些问题，提出了协商的概念。他们希望通过对协商的重新审视，能够找到一种沟通分歧的合理办法，既切实维护民众的利益，又为政策制定赢得更多合法性支持，他们希望广泛的协商能够培育公民美德，进而成为简单投票模式的某种替代；他们希望，民众的充分商议，能为控制行政权力、强化行政责任寻找到新路。见［英］戴维·赫尔德著，李少军、尚新建译：《民主的模式》，（台湾）桂冠图书有限公司，2002年，243页。

② 朱云汉：《全球第三波民主化的反思》，见殷海光基金会主编：《民主·转型？台湾现象》，（台湾）桂冠图书股份有限公司，1998年，39—40页。

础。同时，因为政治决策和政策执行时太过于强调“民意”因素，而民意往往又是多元的，故而导致政治决策和执行中的顾虑不断增多，在社会治理中鼠首偾事，出现了治理效率下降的局面。如上文我们已经提到的，在目前的“中华民国宪法”框架内，主张“台独”其实是“违宪”和“违法”的，但是民进党因为有基本支持民众撑腰，公然将“台独”诉求作为该党的基础理念，相关的检调部门也不敢进行惩罚，制度权威遭到了极大的藐视。这是典型的因公权力废弛而形成的制度衰退。二、民粹主义盛行，政治系统的功能遭到削弱。民粹主义有制度外的偏好，民粹主义盛行的后果就是制度本身的约束能力减弱，或者是一些本来应该进行的政策调整无法进行。例如，截止到2010年3月，台湾的健保费率一直没有调涨，使健保制度面临的财政缺口越来越大，甚至不排除健保制度无以为继的情况出现。但是由于台湾每年都面临着选举，所以朝野政党为了不得罪选民，都不敢轻易调涨健保费，甚至提都不敢提。吴敦义出任“行政院长”后，明确指示必须有四分之三的民众健保费不能调涨，但是杨志良领导的“卫生署”却只能做到60%左右的人不涨。在无法完成上级要求的情况下，杨志良挂冠求去，感叹台湾“频繁选举、祸国殃民”。在台湾，因为怕丢掉选票而使民主制度流于民粹的情况很多，也是导致政治无能的根本原因。三、社会价值混乱，社会分歧增加。台湾社会因为族群问题、统、“独”问题等各种问题交互影响，社会认知生态本来就非常多元。随着统合机制的柔性化，各种诉求和社会意识之间的对立日益凸显出来，加剧了社会的对立与政治对抗。虽然各个政党都宣称要建构“台湾的价值”，然治丝益棼，最后甚至连基本的是非标准都变得模糊不清了。

不过不可否认的是，台湾在统合机制柔性化的过程中没有出现大的社会动荡，基本上达到了社会的平稳发展与政治民主化转型的平稳实现。这种情况的出现主要取决于几个方面因素：一、较为发达的公民社会（civil society）。[①] 台湾经历了20世纪60年代和70年代的发展，公民社会已经较为成熟，大量相对独立于公共权威机构之外的经济、社会组织成为公民社会的重要组成部分，促进了社会自组织能力的提高。公民社会的成熟一定程度上缓冲了政治变迁所造成的冲击。二、政治精英

---

① civil society在有的学者那里也翻译成“市民社会”。公民社会的基本特征是，它是社会的一部分，不同于国家且独立于国家；它是构成个人权力、特别是财产权利的基础；是许多自主的经济单位或商业公司的集合体，这些单位独立于国家，并相互竞争。见爱德华·希尔斯著，李强译：《市民社会的美德》，邓正来、［英］J. C. 亚历山大编：《国家与市民社会》，中央编译出版社，2002年，36页。

妥协的结果。兰德曼认为，一般而言政治自由化是在政权的强硬派与试图推动自由化改革的温和派斗争过程中逐渐完成的，在威权政权中这两派统治精英必须正确地衡量死守威权主义（面临来自国内外的反对与丧失政权的合法性）而抗拒自由化（增加社会与政治的不稳定）所需付出的代价。① 到 20 世纪 80 年代，台湾在自由化与否的问题上斗争非常激烈，反对派精英与国民党当局之间的冲突也不断增强。同时，由于美国等外部因素的压力，以自由化为中心的改革已经别无选择，台湾遂走上了民主化的快车道。罗伊对政治精英妥协的层面进行了更为细致的分析，认为可以从三个层面上说明台湾 80 年代及以后政治精英之间的妥协：1. 国民党内大多数人认为，对政治异议者实施大规模镇压，只会引发更激烈的反政府情结和大型抗议；2. 为满足台籍人士对政治权力的要求，国民党已经招募许多台籍人士为当局工作；3. 国际压力遏止了国民党以强大力量压制反对人士的念头。② 因此，国民党不断下放权力，改变政治运作规则，台湾的民主化进程在一定程度上呈现出渐进性和可控性的特点。在这个过程中，实际上是社会应力的缓慢释放。也正因为如此，政治变迁对政治系统的冲击相对比较分散，造成的震荡也比较小。三、各个政治势力对规则的遵守。由于台湾的特殊历史和社会特征，在威权体制的民主化转型过程中，虽然也曾经出现过保守势力的反扑，但总的来说没有出现类似军人干政等导致政治动荡的问题。这在相当程度上取决于各个政治势力对当时既有规则的尊重。所以，政治变迁还是在制度框架内以渐进方式完成，并没有出现整体性政治衰退。

3.3.2　政治精英内部关系的变迁

台湾政治精英集团内部的统合机制在民主化过程中也有所变化，并对政治变迁的结果产生了影响。在民主化过程中，政治精英的重新组合是不可避免的现象。台湾从战后一直到现在的历史经验表明，以派系政治为主要表征的“恩庇—侍从”体制的长期存在是政治生活的重要特点。“恩庇—侍从”体制是台湾政治中较为普遍的现象，以蒋家父子为中心的“恩庇—侍从”体制在威权时期曾经是政治统合的重要手段。民主化在破除了强力社会统合机制的同时，“恩庇—侍从”体制不但没有遭

① ［美］托德·兰德曼著，周志杰译：《比较政治的议题与途径》，（台湾）韦伯文化国际出版有限公司，2003 年。200 页。

② ［美］丹尼·罗伊著，何振盛等译：《台湾政治史》，（台湾）商务印书馆股份有限公司，2004 年，207—208 页。

到削弱，反而被因袭下来，甚至逐渐制度化，成为台湾民主制度的重要组成部分。

斯各特在分析东南亚地区社会和政治变迁的过程中，从人类学中借用“庇护主义”概念及其理论，提出了“恩庇—侍从”的分析模式。由于东亚地区广泛存在着以庇护关系为核心的政治结构，所以这一分析对东亚社会的政治变迁具有一定的解释力。庇护关系的中心内容，系指强势政治人物通过手中控制的政治资源，建构以自己为中心的政治势力。政治人物可以为被庇护者提供稀缺的政治资源，来换取他们的政治忠诚。[①] 这是一种非正式的政治制度（informal politics），大量充斥于东亚社会，特别是儒家文化圈内的国家和地区，如日本、韩国等，在菲律宾和泰国也大量存在。正是因为这些非正式制度的存在，所以在考察这些国家和地区的政治运作过程中仅以明确的和正式的法律和制度为依据，显然是有失偏颇的，非正式制度往往对政治生活的影响更大。例如，在一些国家和地区，政治选举中政治献金和选举开销的数额屡屡超出法律规定的界限，但是除非这些行为已经引起公愤，相关部门却一般不会认真地去追究这些事情。而且，有意思的是，这些腐败行为往往是由媒体率先爆料，然后相关司法部门才跟进查案。这种情况在日本、韩国和中国台湾地区都存在。[②] “恩庇—侍从”体制就是对台湾和其他东亚社会影响很大的一种非正式制度。从形式上看，“恩庇—侍从”体制更多地表现出利益交换和政治交易的特征。有影响的政治人物和政治领袖（庇护者们）控制了稀有资源，并用这些资源去组建自己的政治山头。这是一种带有浓重等级色彩的主从交易关系。交易往往是在个人之间进行的、非制度化的，而且是互惠的。这种体制的核心在于利益联结，无论是在传统社会还是现代社会，“恩庇—侍从”体制的具体形式可能不尽相同，但是本质却没有改变。传统社会中，以身份、等级为表征的庇护关系决定了人的实力地位、权威关系和公民在社会中的角色；现代社会中，“资本主义的生产方式能使村民们追随村庄、地区和国家的管理者。但是这很大程度上仍然是通过个人关系来追求自己的利益，只不过在传统的庇护关系中增加了一些现代资本关系而已，还远远没有突破传统的庇护关系。”[③] 从根本上讲，“恩庇—侍从”体制与法制是相抵触的，是法制不健全的表现。

---

① 陈尧著：《政治研究中的庇护主义——一个分析的范式》，《江苏社会科学》，2007 年 3 期。

② T. J. Cheng and T. C. Chou, “Informal Politics in Taiwan”, see Lowell Dittmer, Haruhiro Fukui, Peter N. S. Lee, Informal Politics in East Asia, Cambridge University Press, Cambridge, 2000. pp. 42 – 65.

③ 李路曲著：《东亚模式与价值重构》，人民出版社，2002 年，357—359 页。

“恩庇—侍从”体制可以导致多方面的政治衰退，最起码有以下诸端：一、政党和派系的理念性相对来说会变得较差，政党会变成以利益分配为中心的政治集团，这对公平、正义理念的成长显然是不利的，对社会共识的建构也会产生消极影响。二、使政治腐败呈现群发特征，即在利益分配的过程中，出现大家都腐败的现象，如陈水扁对民进党内选举的普遍资助，就是如此。民进党内大概没有人敢说没有拿过陈水扁的钱。三、导致制度权威下降。以个人为中心形成的“恩庇—侍从”体制一般而言是一种非正式的政治结构，恩庇者权威的扩大在一定程度上意味着制度权威的降低。

具体到台湾社会而言，对“恩庇—侍从”体制可以从两个不同层面上来解读：一、上面所提到的非制度化部分，即以恩庇者为核心形成的政治结构。二、经过制度化以后的“恩庇—侍从”关系，即“恩庇—侍从”体制被用来作为政治统合的一个主要手段。一般来说，这两者是难以截然分开的，因为“恩庇—侍从”体制一般都以个人为中心进行建构，所以，制度化的“恩庇—侍从”体制在很多情况下是个人为中心“恩庇—侍从”关系的延伸和扩大。台湾的派系结构及其在民主化过程中的变迁非常典型地反映了“恩庇—侍从”体制在民主化过程中的演进路径。

国民党自1949年以来在台湾的发展与派系政治分不开。陈明通认为，国民党在台湾建立起了双重派系结构。在“中央”层级，形成了以蒋家父子为核心、下辖各派系的结构。[①] 蒋介石为了重建威权统治，对自己统治圈内的“中央”派系，采取拉拢团派、打压CC派、虚悬政学系、替换孔宋财经系统、整顿军统等手段，一方面重新巩固自己的权威，一方面则逐步栽培蒋经国系。当国民党改造完成，过去的主要派系领袖，除了陈诚外，已经不复当年独霸一方的气势。[②] 随后，蒋介石又剪除了美方在台湾扶植的两个政治人物：吴国桢与孙立人。在这个过程中，蒋经国的势力逐步扩张，为日后接班奠定了基础。蒋介石靠着他在党内的历史地位，以及一连串的整顿，使自己成为国民党内不争的领袖和至高领导。蒋经国则在其父多年的培养下，逐渐掌握了政治机器，控制了整个统治集团。自开始地方选举以来，国

---

① 陈明通著：《派系政治与台湾政治变迁》，（台湾）新自然主义股份有限公司，2001年，191页。

② 这一时期国民党内的派系生态与后来民进党刚成立时的派系生态有很大差别。在威权体制下，所有的派系均需遵从政党领导人为共主。所以在国民党的派系中，自主性很差。民进党在执政之前保持了相对较强的派系自主性，只是在执政以后派系自主性才变差。台湾学者讲国民党的“恩庇—侍从”体制主要是指与地方派系的结盟模式，而不特别指其党内的派系结构。

民党一直在压制与利用地方派系间徘徊。国民党需要地方派系代为动员选票，但是对地方派系坐大却又心存疑虑。因此国民党当局采取在利用原有地方派系的同时不断扶植新地方派系的策略，并力求达成这些地方派系间的平衡。经过这一过程，国民党建构了以蒋氏父子为中心的“恩庇—侍从”结构，通过操控地方派系掌握了整体局势。进入70年代以来，地方派系的面貌呈现出以发达的“恩庇—侍从关系”为核心的稳定形态。这些地方派系赖以维系内部联盟的特殊“恩庇关系”，基本上包括以下几个部分：一、就业或工作上的人事安排；二、财务上的信用贷款；三、对地方行政机关部门的关说；四、透过某种仪式化的活动，提供象征性的社会声望。① 国民党通过资源倾斜等手段，利用手中的特权与政治经济资源，与地方派系领袖结成利益交换的联盟关系，形成了对台湾社会的有效统治。

20世纪80年代以前，国民党当局凭借着“动员戡乱体制”以及在这个体制下形成的强人政治结构，尚能驾驭党内派系。这种情况在解严以后发生了重大变化。一方面，李登辉上台后，为了巩固自己的政治权力，更加频繁地利用恩庇关系去拉拢支持者，形成了党内尖锐的派系斗争（“主流派”与“非主流派”），随着反对党的合法化以及竞争性选举在政治生活中越来越成为主流的政治资源分配方式，国民党当局面临着来自在野党的强力挑战。国民党因为强势统合模式的式微而无法再对地方派系保持优势地位，相反，在选举中却不得不更加依赖地方派系进行动员。但是，国民党当局由于没有了传统上可以利用的政治威权对派系施惠（例如，通过政治特权为地方派系提供某种方便），只能是以政治利益对派系进行收买，这是李登辉时期“黑金政治”大行其道的重要原因。从这个意义上说，“黑金政治”的出现和恶性发展在一定程度上与“恩庇—侍从”体制以及当时的政治结构有关。2000年国民党失去执政权后，与地方派系的关系也没有摆脱“以资源挹注换取政治支持”的模式。及至马英九上台，以其“不粘锅”的个性，努力改变党内的“恩庇—侍从”结构，也极力要改变与地方派系的关系，力图消除“黑金政治”的根源。② 但从现实来看，成效似乎不大。

民进党的“恩庇—侍从”关系与国民党稍有不同。该党与地方派系结盟的情况

---

① 蔡明惠著：《台湾乡镇派系与政治变迁》，（台湾）洪叶文化事业有限公司，1998年，91页。

② 要提到的是，马英九并不是要斩断与地方派系的关系，这在选举决定一切的台湾，是一个不可能的任务。马英九想要做的，是改变与地方派系的互动模式，以斩断国民党“黑金政治”的根源，实现他“清廉执政”的理想。

是在执政以后才逐渐发展起来的，一直也没有发展到像国民党那样发达的程度。而且这种恩庇关系也不是该党“恩庇—侍从”关系的主要内容，民进党的恩庇关系主要存在于党内派系结构当中。

在民进党的发展过程中，派系共治一直是一个重要特色。① 1986 年民进党成立时，几乎汇集了台湾各种反国民党的势力，“由于各自的参政经历、政治理念、政治利益、社会基础和政治操作风格不同，也由于党外长期没有形成一个众望所归的领导人来统领党外运动，形成了谁也不服谁的局面。”于是，在民进党内形成了政治人物结派现象比比皆是、争权之声不绝于耳、政治斗争持续不断的局面。形成了富有特色的派系文化，深刻地影响着民进党的发展。简单来说，民进党派系的形成就是利益综合与分配的结果。在民进党的几个派系中，除了“新潮流系”以外，其他如陈水扁的“正义连线”，谢长廷的“福利国连线”等，基本上都是以某一政治明星为中心的利益聚合体。这些政治明星通过选举或其他手段获取政治资源，与其下面的派系成员形成了恩庇关系。这些派系严格来讲应该称为“政治山头”，而不是学理意义上的政治派系。及至民进党上台后，陈水扁利用“总统”手中握有的庞大政治资源，通过与民进党高层分享政治权力的方式进行政治资源分配。在这个过程中，民进党不断展示出内聚力减弱和党员对扁向心力增强的双重面向。就民进党与陈水扁的互动模式而言，形成了陈水扁以手中所掌握政治资源的分配为轴心掌控党内政治生态平衡、民进党各个派系通过向陈水扁输诚来换取政治资源的利益交换模式。② 经过了八年执政历程，民进党高层基本已经没有人没有接受过陈水扁的恩惠。一位前“新潮流系”大佬甚至说，“这几年来，党内大大小小跟着扁吃香喝辣，差别只在于各人程度与粗细不同而已。”③ 在这种情况下，陈水扁形成了党内最大的“恩庇者”，渐渐不能容忍其他政治山头的存在。陈水扁第二任期开始后，“新潮流系”以其强大的凝聚力，占据了各个职能部门的要津，曾经一度引起了反弹。2004 年陈水扁连任后，“新潮流系”成员大多身居要职，其中吴乃仁出任证交所董事长，更被认为是“新潮流系”密集建构政商网络，以图后举的大动作。此举一度被“新潮流系”人士认为是其他派系联合发动解散派系的主因。“新潮流系”这种从实质上改变权力和资源分配格局的做法，从根本上来说与陈水扁的政治预期是相抵触

---

① 杨毅周著：《民进党的组织派系研究》，九州出版社，2004 年，36 页。

② 陈星著：《试论利益共生结构下民进党的发展困境》，《台湾研究》，2006 年 6 期。

③ 纪淑芳著：《三王一后之争中场休息?》，（台湾）《财讯》，2006 年 7 月。

的，唯其如此，“新潮流系”在党内不断遭到陈水扁嫡系势力——“正义联机”的攻击和围剿。[①] 终于在2006年7月通过了“派系解散”的决议。民进党高层在陈水扁家族弊案浮出水面后，一直无法和陈水扁进行切割，也和这种“恩庇—侍从”关系有相当的关联。

台湾的民主化过程非但没有削弱“恩庇—侍从”体制，该结构一直到现在为止仍旧呈现出勃勃生机。第一次政党轮替初期形成的几个政党，大都带有非常典型的“恩庇—侍从”色彩。亲民党就是以宋楚瑜为核心的一人党。2000年台湾地区最高领导人选举过后，宋楚瑜挟300余万张选票的声势，组建了亲民党，旗下聚集了一批泛蓝政治人物，利用宋个人的政治声望博取政治利益。但是随着宋政治声望的逐渐衰落，亲民党最终没有摆脱泡沫化的命运。“台联党”的命运也与此相类似。李登辉退出国民党后，拉拢了一批忠于自己的政治势力，成立了“台联党”，形成了以李为中心的“恩庇型”政党。在李登辉的光环消失后，“台联党”逐渐走向泡沫化。这两个政党的泡沫化固然有制度上的原因，受到国民党与民进党挤压是其衰落的重要方面，但这两个政党的衰落也反映出“恩庇型”政党的典型特征。

2009年马英九第二次出任党主席后，开始极力推动国民党的改革，努力想改变党内“恩庇—侍从”色彩深厚的权力结构；蔡英文在民进党下台后出任党主席，也开始了民进党的价值重建，并力图在体制上解决“恩庇—侍从”体制带来的负面影响。[②] 但讽刺的是，马团队自己也摆脱不了带有“恩庇—侍从”色彩的派系政治俗套，该团队决策的封闭性和武断性已经成为一个广受诟病的缺点，甚至马英九的改革被想象成“马派系”与泛蓝内部其他派系的利益博弈。同样，蔡英文竭力清理陈水扁留在党内的“恩庇—侍从”结构，但是却无法阻挡新的“恩庇—侍从”结构的形成。目前陈菊已经挟在高雄执政的优势，形成了庞大的政治势力，陈菊已经成为新的“恩庇者”。即使是蔡英文自己，随着党内年轻世代的政治精英在其周围逐步聚集，民进党内许多政治人物已经将其视为一个派系对待了。

从上面可以看出，台湾的“恩庇—侍从”体制具体的表现形式并不相同，但是这种非制度性的体制确实深刻影响到了台湾政治发展的基本样态。民主化虽然可以

---

① （台湾）《中时晚报》，2004年7月31日。

② 民进党2010年1月24日举行“临全会”，敲定年底五个“直辖市长”选举以协调与民调为主，不用党员投票；“直辖市”议员提名采完全民调的方式，也不进行党员投票。民进党提名策略的调整对于党内操控人头党员的“恩庇—侍从”体制是一个沉重打击，对民进党的发展有较大影响。

在一定程度上和一定范围内对某种形式的“恩庇—侍从”体制有所冲击，但是却难以阻遏它以另外的方式发展起来。

3.4　政治行为模式化成与政治衰退

政党政治是台湾民主化的一个重要结果。经过了近半个世纪发展，台湾逐渐形成了两党政治的基本框架，虽然这种政党体制目前并不稳定，但是学界普遍认为台湾已经初步具备了两党制的雏形。政党与政治人物的行为模式也正是在这个基本框架中展开。如果说前面所谈的政治资源分配格局和价值分配格局的调整聚焦于对政治衰退宏观层面影响因素的分析，对政治行为模式的分析则可以从中观和微观层面解释台湾民主化过程与政治衰退的内在关联。①

3.4.1　台湾政党政治与政治行为模式

行为模式系指颇为规则化的行为系列或可观察的规则行为。这里的“模式”有类型、一定形式或具有特定方向的特性等意涵。行为模式指有关外表行为的特定倾向或一贯特性，其重要特征是可重现或反复性。当一系列的行为达成目标后，行为模式并不立即消失，而在其他类似的情境中重复出现，使人感觉到它是固定的，有规则的，以及始终一贯的。行为模式虽从外表行为观察及推定，但其形成却与心理因素关系密切，存在着因果关系。有些社会学家甚至将某些心理因素，如动机态度、价值取向等包括在行为模式的范畴里。② 行为模式是行为者长期与所处情境互动的结果。同时，由于行为模式具有相对稳定性，特定行为模式下行为者的行动有一定的可预期性。

在各种政治活动中，人是最为活跃的因素。政治学研究中以政治行为为中心的研究早已有之，并在上个世纪初发展成蔚为大观的行为主义学派。一般认为，政治行为是指有关政治过程的思想和行动，它包括隐藏在人类内心世界的有关政治反应，如政治思想、态度、信仰和价值等，也包括可见的政治行动，如选举、抗议和

---

① 本节部分内容曾公开发表。见陈星著：《简析民进党的“对立—冲突”政治行为模式》，《台湾研究》，2008年6期。

② 王云五等编：《云五社会科学大辞典普及本第一册·社会学》，（台湾）商务印书馆股份有限公司，1971年，61页。

竞争等。[①] 这些相关研究题域的出现是对当时政治学研究中过多关注于政治制度静态分析研究模式的反动，并吸收了当时心理学和社会学的最新成果。及至后来新制度主义兴起，行为主义虽然有日渐式微的迹象，但是其理论成果却作为学理资源被新制度主义继承下来。尽管各个流派的新制度主义对政治行为观照的视角不同，但不可否认的是，关于政治行为的研究已经以不同的面目出现在了新制度主义的不同研究题域中。所不同者，在制度主义的语境下，对政治行为的考察突破了行为主义范式的微观偏好，向中观和宏观方向发展。

政治行为模式指在一定时期内、在特定制度环境下相对稳定、带有规律性的政治行为取向。[②] 进而言之，政治行为模式包含了行为者的选择结果和选择趋向两个层面的内容。政治行为模式只是反映政治选择的主流趋向，并不排斥该模式之外的政治选择存在。

政治行为模式不是一成不变的。以制度范式[③]的视角看，特定个人或政治团体的政治行为模式反映了特定价值偏好。同时，这种行为模式具有历史延续性和因时、因地，特别是因制度变化而变化的可塑性。因此，政治行为模式的基本样态其实是理性选择的结果。长期来看，真正能使政治行为模式发生改变的主要因素就是制度环境的改变，个人和团体的政治行为模式会在理性选择的驱动下向有利于自身发展的方向调整。

在台湾的民主化过程中，两个主要政党——国民党与民进党都形成了比较固定的政治行为模式。较为稳定的政治行为模式反映了两个政党在争取选民认同方面的不同认知。国民党的行为模式可以称为“组织—动员型”，民进党的行为模式以制造政治对立与冲突为主要特征，可以称为“对立—冲突型”。

国民党的政治行为模式主要包含以下两个方面的内容：一、在国民党政治动员

---

① 俞可平著：《政治与政治学》，社会科学文献出版社，2003 年，152 页。

② 心理学的行为模式理论认为，“行为模式”包含以下几个方面的特征：一套按时间顺序排列的行为以达到特定目的的结构；在一个行为模式内可以有场景、执行或完成行为的角色、一定的道具等。见戴炜华著：《论行为模式》，《上海理工大学学报》，2001 年 3 月，第 23 卷第 1 期。本书为便于讨论，对这个模型进行了简化。

③ 制度范式其实涵盖了新制度主义的三大流派，其最简化的分析路径是“制度结构→制度安排→制度绩效”。相关论述见杨光斌著：《制度的形式与国家的兴衰》，北京大学出版社，2005 年，15—32 页。本书所指的“制度”概念也是取自该书：从最一般的意义上说，制度可以被理解为社会中个人遵守的一套行为规则，而这一套行为规则又可以被理解为制度安排，这种安排可以是正式的，也可以是非正式的。同杨光斌上引书，15 页。

中，基层组织是较为重要的依靠力量。国民党威权时代遗留下的严密组织结构，现在对国民党的政治动员依然发挥着重要作用。虽然随着国民党的改造，党工的数量剧减，基层组织的严密程度也大不如前，但是相比较民进党的基层组织，还是有一定的优势。不过，国民党与民进党在动员模式方面的差异正在减小，民进党为了强化选举动员的效力，基层组织也逐渐扩张。二、与地方派系结盟。国民党威权统治时期，国民党与地方派系间形成了相互依靠与相互利用的共生关系。近20年来，随着台湾地区竞争性政党政治的形成、社会经济状况的变迁以及选民自主性的增强，地方派系与国民党的传统关系也受到严重冲击。不过地方派系至今依然是国民党在基层的重要依靠力量。①

民进党在选举动员以及与国民党的斗争中主要依靠议题进行动员，② 该党的“对立—冲突”政治行为模式就是以特定议题为中心制造对抗和冲突来牟取政治利益的思维和政治运作模式。民进党的对立与冲突行为既有一时起意的临场作秀，也有经过长期过滤和沉淀后的政治行为策略选择。“对立—冲突”的政治行为模式在民进党内有一定的普遍性，是该党进行政治动员的主流模式。这种思维模式既见于民进党内的斗争，在与敌对阵营的斗争中表现得更为明显。

先说内部斗争。民进党的历史就是派系斗争的历史。自民进党成立以降，举凡党主席选举、公职人员选举、统“独”路线斗争、“急独”与“缓独”的斗争、政治利益的争夺等方面，均可以看见激烈的对立与对抗。1999年，陈水扁就是以制造对立与对抗的方式排挤了许信良，成为民进党的2000年“总统”候选人。一直延伸到陈水扁第二任期的派系共治政治生态也是该党“对立—冲突”政治行为模式的重要表征。派系共治的实质就是通过制度化的运作，将派系斗争纳入到党中央的可控制范围之内。民进党上台后，党内的“对立—冲突”政治行为模式依然存在。虽然在扁一人独大的背景下，这种“对立—冲突”行为模式受到了一定程度的压制，但一旦有合适的时机，立即就会现出本来面目。2007年民进党的“总统”候选人初选中的残酷斗争再一次为这一政治行为模式提供了注解。2007年5月5日，民进党“总统”初选党员投票的前一天，声势最盛的“苏谢两大主帅亲上火线，从传简

---

① 林劲、聂学林著：《民进党基层经营初探》，见周志怀主编：《台湾研究优秀成果获奖论文汇编》，九州出版社，2009年，81页。

② 当然，这并不意味着民进党不依靠组织与地方派系。民进党与地方派系的关系在2000年上台执政后已经有了较大的改变，有逐渐“国民党化”的趋势。

讯到轮番接受电视专访，丑话说尽，刀刀见骨，两阵营已杀红眼，形同撕破脸。”① 同样，在2007年“立委”选举党内初选中特定派系对“十一寇”封杀所用的手法也如出一辙。在这些斗争中，一些以前对付泛蓝阵营的招数悉数登场，令泛绿支持者和民众瞠目结舌。由此可见，这种“对立—冲突”的思维模式在民进党文化中是根深蒂固的。

在与泛蓝阵营的斗争中，民进党“对立—冲突”的行为模式表现得更加明显。民进党素以斗性强悍闻名，在上台前与国民党及上台后与泛蓝阵营的斗争中，不问是非的攻击所在多是，只分颜色、不讲理性的问政更是俯拾可得，在文宣中越过道德界限对敌对政治人物进行人格谋杀等更是家常便饭。选举期间民进党更会不遗余力地鼓动支持者仇恨政治对手，将政治分歧转化为社会对立。

民进党在处理两岸关系时，也秉持“对立—冲突”行为模式以求取得最大的政治利益。该党上台以后，在两岸关系方面不断制造紧张气氛，坚持“台独”意识形态，强化“台独”理念，炒作两岸议题，不断冲撞“一个中国”的底线。民进党在两岸关系上的行为模式是稳定的和一贯的，即通过制造两岸冲突来强化自己的内部支持。通过这样的循环系统，民进党将在一定程度上强化两岸关系的紧张作为扩大内部支持来源的重要渠道。正是在这种结构性思维的影响下，民进党的两岸政策不断走向极端化。从陈水扁的“一边一国论”，到“防御性公投”，再到废除“国统会”和“国统纲领”，以及后来的“入联公投”，及至对马英九当选后采取的扩大两岸交流举措强力杯葛，民进党在两岸政策的选择上显然是倾向于将两岸关系维持在相对紧张的态势之上。

3.4.2 政党之政治行为模式的历史习得过程

国民党“组织—动员型”政治行为模式显示出该党在行为模式上的历史沿袭性。国民党在长期执政过程中形成的“恩庇—侍从”体制并未随着威权统治的瓦解而完全消失。今天国民党在选举中的政治动员在相当程度上还要依靠威权统治时期留下的组织结构。不过不同的是，威权时期国民党中央对地方组织和地方派系保持着绝对的权威和控制权，现在这种权威和控制权已经不在了，国民党中央不得不更多采用协商的方式来协调与地方派系的关系。威权时期的国民党中央与地方派系和

① （台湾）《中国时报》，2007年5月6日。

地方组织之间支配与被支配的关系变成了协商式的合作关系。在双方的互动方式上，国民党中央向地方派系和地方组织挹注资源换取地方派系支持的模式并没有完全改变。此外，如果说在威权时期，国民党尚可以用意识形态来约束地方派系，随着“动员戡乱”等临时性意识形态结构的瓦解，意识形态层面的约束作用越来越弱，国民党不得不更加借重于利益交换的方式保证组织结构的存在和政治动员的有效性。也正是因为这个原因，国民党中央对党员的约束相对较为松散，对于党内比较有实力的政治人物，没有较为有效的办法进行约束。在国民党内部，一旦利益受到损害，有实力的政治人物与党中央抗衡的情况极有可能出现。事实上，台湾民主化的过程中，国民党政治人物脱党参选者屡见不鲜，而且不乏成功者。

民进党“对立—冲突”政治行为模式也是历史习得的结果。党外运动时期，党外势力与国民党当局之间的斗争就明显带有街头运动的特点。及至民进党成立，与国民党当局的低烈度冲突越来越频繁。从 1977 年的“中坜事件”，到 1979 年“美丽岛事件”，然后到民进党成立后的一系列街头抗争，民进党的冲突性动员力度不断增强，规模也不断扩大。民进党的冲突性动员以“民主”、“本土”、“清廉”为招牌，注重“草根性”，强调通过制造街头抗争事件和流血冲突，吸引媒体的目光，增加自己的曝光率，从而达到向行政当局施加压力的目的。得益于这种动员模式，民进党的政治版图日益增加，但是也因此累积了沉重的历史包袱。如台湾学者所指出的，“党外时期是一群精英从事抗争，抗争当然要有草莽气概，后来为了拓展票源，又与草莽群众相结合，因此民进党的草莽性格特强。”① 这一时期的历史对民进党政治行为模式的形成有直接影响，在民进党内甚至出现了“冲突迷思”，即过分强调“冲突对立”政治行为模式的功效。当时民进党的高层多强调群众路线，要求与国民党进行正面的政治斗争。陈菊就认为，“我们的英勇反抗是有效的，只有正面迎向国民党的迫害，我们才能够存在。”② 上世纪 90 年代，“对立—冲突”的政治行为模式逐渐成为民进党的主流政治行为模式。

民进党“对立—冲突”型政治动员模式具有鲜明的体制外色彩，但是却没有完全脱离体制，相反，该党的反体制政治活动一直是以在体制内获得更大的生存空间为目的。尽管在党外势力和后来的民进党内部一直有反体制的声音，但是这种声音

---

① 陈癸淼著：《论台湾》，（台湾）海峡学术出版社，2002 年，86 页。

② 陈菊访谈：《没有党名的党——美丽岛政团的发展》，美丽岛事件口述历史编辑小组，（台湾）时报文化出版企业股份有限公司，1999 年版，151 页。

几乎从来都没有占据过主流。及至20世纪90年代李登辉与民进党的利益交换格局形成，推翻体制显得更加没有必要。不过，正是民进党这种以体制外压力为手段向体制内渗透的历史记忆形成了民进党的“体制外偏好”。尽管在2000年以后民进党已经在体制内占据了绝对的主导地位，但是却仍不愿接受体制的约束，很多时候依然是利用体制外动员来达到政治目的，甚至在处理某些议题时刻意绕过制度和官僚机构，回避理性讨论，以直接诉诸民众的方式，来转圜各种无法解决的政治危机和制度性问题。① 这里，制造冲突和对抗成为民进党获得正当性的重要手段。

经过长期发展，民进党以对立和冲突为中心的动员模式不断化育并沉淀下来。对立与对抗的思维模式也成为该党处理政治问题的思维定势，形成了对立性思维模式的路径依赖。有台湾学者评论说，推行对抗逻辑是民进党为了自身的政治利益所做的最简单而偷懒的政治行为选择——蓝绿对抗、两岸对抗，最后上升为台湾民族主义与中国民族主义的对抗。② 民进党下台以后，以族群区隔为中心的对立性思维仍然根深蒂固，所以，到目前为止，“对立—冲突”政治行为模式依然是民进党政治行为模式的主流。

3.4.3 对立性政治结构和敌我矛盾的建构

有趣的是，虽然在同一个政治系统内运作，国民党与民进党政治行为模式的逻辑起点和价值诉求并不相同。国民党所强调的价值和理念，在民进党那里可能根本就站不住脚，如外省人“爱台湾”的命题；同样，民进党所强调的一些价值和理念，在国民党那里根本就不是问题，如“台湾主体意识”问题，在国民党看来，吃台湾米，喝台湾水长大的人，即便是外省人，怎么会没有“台湾主体意识”？由于两党的立论基础不同，所以两个政党的行为模式均在台湾社会得到了部分民众的支持，形成了泛蓝与泛绿的分野。

大致来说，国民党更多地强调其“民主性”，强调该党对台湾民主发展的贡献，以及在政治行为中对民主价值的坚持。故而，台湾许多学者往往将民主化与政治变迁的价值诉求结合起来，为政治变迁赋予价值的色彩。例如，彭汶坚认为，国民党在蒋经国之后的政策调整及本身属性的变迁，部分反映了时代环境的变迁，同时也

---

① 王振寰著：《谁统治台湾——转型中的国家机器与权力结构》。(台湾) 巨流图书公司，1996年，324页。

② (台湾)《中国时报》，2007年5月6日。

反映出政治的现实。“基于‘民主政治’和‘政党政治’的共识，国民党必须在党章之外做体质上的根本性改变，尤其是意识形态、制度及行为模式上，更应本持着民主的理念与逻辑，建立必要的‘正当性’与‘合法性’。”① 所以，国民党在政治行为中比较注重在“民主”制度框架下展开政治活动，在选举中较为注重经济和民生议题，比较强调族群融合和社会和谐，将政治动员的主轴锁定在民众福祉的议题上，而不愿与民进党在族群议题上过多纠缠。②

相反，民进党“对立—冲突”的政治行为模式则强调台湾社会现实存在的和建构出来的异质性。在台湾社会，统“独”矛盾、族群矛盾、省籍矛盾构成了异质社会的交错网络。上世纪90年代以来的政治发展过程中，这些矛盾由隐性走向显性，现实政治场域的利益博弈既是社会异质特征的投射，也在一定程度上反向强化了这些异质特征，并不断衍生出新的分歧。这些矛盾被民进党拿来刻意放大，将台湾社会的异质特征扩大为社会对立结构，并以此为起点不断营造出新的对立与对抗，进而以对抗性的政治动员获取政治利益。

民进党一直最为强调者，就是台湾社会族群身份的认同区隔。民进党以“本土政党”自居，并以族群身份区隔为起点，加速推动政治认同的分化。通过“本省人”与“外省人”的区分，在台湾社会形成了“我族”和“他族”的对立，族群身份区隔成为民进党建构的最为基本也是最为成功的对立结构。也正是因为这样，有学者认为，台湾的政治发展从一开始就走上了“族群政治”的歧途。一些持有极端意识形态的政治力量为获支持，通过唤起族群集体悲情记忆来动员群众，以被剥夺的危机感刺激选民，进而将这样一批情绪化支持者固化为政党的“基本盘”。民众对政党的认同和选择，情感因素占据主要成分。族群政治打破了成熟民主社会中以议题结盟的游戏模式，出现了近乎永久性的结盟。③

在建构对立性政治结构的过程中，民进党操作最多者，乃是台湾民众的群体挫折心理。民进党一直在竭力煽动台湾民众的悲情，目的就在于要激发出台湾民众的挫折感，尽管有时这种挫折并不存在。其中最常见的方式就是将国民党指为“外来政权”，强调国民党当局对“台湾人”的“压榨”，强调本省人的苦难历史，将历

---

① 彭汶坚著：《国民党属性的变迁与当前台湾的政治发展——十四全大会的反省与评估》，（台湾）《成功大学社会科学学报》，2003年12月，第6期。

② 当然，这与国民党在族群议题上的劣势有关，并不是说国民党的政治关怀多么高尚。

③ 杨剑著：《台湾政党政治与中间选民》，《世界政治与经济论坛》，2004年2期。

史的伤疤揭开，激发本省籍民众的挫折意识。同样，在两岸关系上强调大陆对台湾的“打压”也是基于同样的手法。有心理学理论认为，挫折总会导致某种形式的攻击。也就是说，挫折和攻击行为之间存在着普遍的因果关系。美国心理学家多拉德等人还指出，身体和语言攻击是最直接的攻击形式，但是直接攻击受到阻碍或抑制时，个体也可能采取其他形式的攻击，比如散布流言蜚语等。① 因此，在台湾政坛上为民进党所广泛作的“抹红”、“抹黑”、诬陷等与真正民主精神南辕北辙的选举手法能为支持民众所容忍，甚至在民进党高层弊案屡出的情况下基本盘仍未有大幅的削减，均与这种挫折心理下的攻击行为有关。泛绿支持者比泛蓝支持者攻击性更强，也与此不无关系。

在对立性政治结构下，对政治敌人的攻击就具有道德上的正当性。卡尔·施米特认为，在政治活动中，朋友与敌人的划分本身就表现了最高强度的统一或分化、联合或分裂。它能够在理论上和实践上独立存在，而无需同时借助于任何道德、审美、经济或其他方面的划分。政治敌人不一定非要在道德方面是邪恶的，或在审美方面是丑陋的。② 政治敌人就是外人，非我族类，他的本性足以使“他”在生存方面与“我”迥异。所以，在极端的情况下，“我”就可能与“他”发生冲突。这一切既不取决于某种预先确定的规范，也不取决于某种无功利的、因而是中立的第三者的评判。易言之，对立政治结构下的敌我划分本身就为对政敌的攻击加赋了道德色彩。

受特定历史背景和政治文化影响，民进党的敌我想象和区隔走得更远，只要是政治对抗，就“一定是你死我活”。而且，当民进党习惯于仇恨及分化后，对内部同志的打击与攻讦也一样残忍。具体来说，当外部敌人还很强大时，要从内部进行整肃，找出敌人的同路人；当外部的对手已经一蹶不振，内部矛盾的地位就会相应升高，整肃更是不可避免。易言之，不管什么时候，内部斗争都具有合理性。在民进党的话语体系中，敌我区分的标准不是以政策取向为分际，而是特定的意识形态（如“台独”意识形态）和集团利益为依据，即他人政治的、经济的和社会行为及诉求皆必须符合“我群”期待的思维模式，否则就不以为然③、甚至横加打击。

---

① 俞国良著：《社会心理学》，北京师范大学出版社，2006 年，499 页。利用民众的挫折心理牟利并不是民进党所独有，李登辉在上世纪 90 年代的政治操作模式与民进党的操作如出一辙。见杨剑著：《领袖心理、公众情绪和敌意的社会习得——李登辉现象的挫折攻击理论分析》，《台湾研究集刊》，2001 年 4 期。

② ［德］卡尔·施米特著，刘宗坤等译：《政治的概念》，上海人民出版社，2004 年，106—107 页。

③ 胡佛著：《政治文化与政治生活》，台湾三民书局，1998 年，220—221 页。

一旦“对立—冲突”的政治行为模式形成，它就会自我复制和自我强化。依民粹主义[①]理论的视角看来，某一政治势力对敌对政治势力（集团）的攻击会产生两个方面的后果：一是使那些对敌对势力有怨恨之辞的民众站在了同一条战线上；二是加强了那些痛恨敌对势力民众之间的团结。这两个影响结合在一起意味着，敌对阵营之间在生产敌意的同时也产生内部的团结。[②] 这种情形无疑将会使对立结构得到强化，进而又会使“对立—冲突”的政治行为模式得到加强。如果没有外来力量的干预和内部力量的不平衡发展，这种循环会一直持续下去。

“对立—冲突”政治行为模式的社会成本是巨大的。在两极化社会中，对立的政治势力各自所持有的意识形态如果是截然两分的，必将使这个社会出现高度动荡。[③] 对立结构本身就孕育着动荡的因子。就台湾的实际而言，一方面，民众对民进党攻击行为的纵容其实鼓励了该党继续采用冲突性动员的冲动；另一方面，社会的分殊与异质性同样也压缩了民进党与政治敌人进行妥协的空间。也就是说，一旦民进党政治立场和政治行为模式有若干松动，则会面临着支持基础流失的局面。因此，民进党与基本支持者之间已经形成了密切咬合的结构，成为对立攻击政治行为模式的强力支撑。马英九上台后，这一咬合结构有所松动，但是要完全拆除这一结构显然还有相当长的路要走。

3.4.4 政党之政治行为模式与政治衰退

台湾政党的政治行为模式与政治衰退的关系包含了两个层面的内容：一、反映了民主化过程中政治发展与政治衰退交互影响的复杂关系。例如，在竞争性选举日益成为政治生活的中心时，固然实现了“民主”的基本诉求，但是族群动员与族群撕裂却获得了空间，制造族群对立以获取政治利益成为政治人物获取政治成功的最廉价渠道。所以说，政治行为模式的某些内容本身就是政治衰退的表现形式。

---

① 民粹主义的概念十分复杂，厘清这样一个概念非本书力所能及，也没有这个必要。本书采用英国学者保罗·塔格特对该概念的描述。他认为这一概念应该包括六个方面的核心主题：民粹主义者敌视代议政治；民粹主义者把他们所偏爱的群体作为理想化的中心地区并以此作为辨识自身的依据；民粹主义作为一种思想缺乏核心价值；民粹主义是对严重危机的强烈反应；民粹主义因自身的矛盾而有自我局限性；民粹主义作为像变色龙一样的东西，能够随环境的变化而变化。见［英］保罗·塔格特著，袁明旭译：《民粹主义》，吉林人民出版社，2005年，3页。

② ［英］保罗·塔格特著，袁明旭译：《民粹主义》，吉林人民出版社，2005年，127页。

③ A·Downs，“An Economic Theory of Democracy”，Harper & Row，New York，1957，p. 120。

二、政治行为模式的硬化使台湾政治衰退的结果长期化和固定化。例如，民主化并没有消除和改变政治生活被利益集团垄断的局面，在威权时期留下的利益结构现在台湾政坛上依旧大量存在，类似“阳光法案”之类损害当政者既得利益的提案也迟迟不能通过。再如，民主化使地方派系的地位上升，而政党与地方派系的结盟使“黑金政治”大行其道。虽然各个政党和政治人物均对“黑金政治”表示深恶痛绝，但无论是泛蓝还是泛绿的政党，均无法摆脱“黑金政治”的梦魇。在这种情况下，民主化过程催生出来的政党行为模式对政治衰退产生了推波助澜的作用。

台湾两个主要政党的政治行为模式是经过了长期政治实践汰洗之后沉淀下来的理性选择产物，是中观和宏观的政治结构在政治行为的微观层面最直接投射。台湾政党和政治人物所在意者，是自己和自己所属政党的利益，根本不会考虑到他们的行为模式是会推动台湾的政治发展还是导致政治衰退。所以，考察两党政治行为模式必然要上溯到结构层面。在不同层面上对国民党和民进党政治行为模式进行考察，最需要关注的是这种政治行为模式在政治结构关系网络中的坐标和定位。这些关系不仅包括既定政治体系内处于不同境遇群体之间的关系，而且也包括了超越政治体系本身的更为广泛的关系。① 历史制度主义学派在考察微观层面政治行为时也基本依循了同样的路径。该学派将制度视为对行为起着建构作用的正式与非正式的程序与规则，他们将制度分为三个层次，即宏大的国家结构、民族国家的文化特质和具体的政治制度安排。因此，有学者认为，对制度的定义本身就强调了历史制度主义的核心特点是强调制度的“关系特征”，即既定的制度结构如何影响着政治行为的互动，关注国家与社会的整体范围如何影响着政治行动者确定其利益以及如何确定他们同其他政治行为者之间的关系。② 在这里，结构与制度在内涵上出现了交集，尽管其侧重点并不相同。

国民党政治行为模式主要借助于该党的组织结构及与地方派系的关系。民进党的政治行为模式所依附者，是台湾政治系统中结构性的刚性对立。该党以褊狭的“本土认同”符号为政治号召，加上“反独裁”、“要尊严”的形象塑造，吸引台湾本省人的支持，使部分要民主、要尊严的台湾本省人找到一条易于接受的利益和情

---

① ［美］西达·斯考切波著，何俊志、王学东等译：《国家与社会革命》，上海世纪出版集团，2007 年，19 页。

② 杨光斌著：《制度的形式与国家的兴衰》，北京大学出版社，2005 年，56 页。

绪表达途径。[①] 20 世纪 90 年代以来，外省族群在政治生活中已经逐渐被边缘化，本省人已经实现了“出头天”的愿望，原先的刚性对抗结构已经不复存在，但是民进党却依然保留了刚性对抗的想象，不过把对抗的应力释放区由政治权力分配场域转移到了政治认知和身份认同建构的场域而已。同样，在两岸关系上，民进党也不断强调两岸的分歧和对抗性，通过操作两岸关系，强化台湾民众对两岸关系的刚性对抗想象。笔者认为，民进党在“对立—冲突”政治行为模式上所出现的路径依赖，这应该是主要原因。这种路径依赖应该是一种“结构惯性”，在原有结构已经发生改变的情况下，可以称之为旧有“结构”的想象。

2000 年台湾政党轮替以来，台湾的政治结构发生了巨大变化，对国民党与民进党的政治行为模式产生了一定冲击。

国民党失去政权之后快速进入了全面政治改造的疼痛期。总的来说，国民党改造的方向是：党机器的政治资源分配功能不断弱化，作为选举机器的功能则在不断加强。同时，国民党在论述上强调“本土化”，并以此来规避民进党以族群区隔为基础的政治攻击。此外，国民党自马英九 2005 年首次担任党主席后，就一直要改革与地方派系的关系，但是这种改革要想取得成功，并不是容易的事情。国民党能否改变政治行为模式，远离“黑金政治”，还在未定之天。就马英九自 2008 年当选台湾地区最高领导人以后所进行的改革来看，这些改革遇到了极大的阻力，使马自己甚至都陷入了遭国民党内政治精英千夫所指甚至是落井下石的境地。

民进党在执政八年过程中经历了全面解构与重新建构的过程。就制度层面来说，民进党一度行之有效的派系共治结构遭到了根本性破坏，扁的控制不断加强，民进党走向威权化，该党一贯鼓吹的“民主”机制遭到了致命破坏；从政治文化层面来说，民进党执政以后，政治操守缺失的问题越来越严重，这种情况大大削弱了民进党政治攻击行为的道德正当性，并在一定程度上消解了族群对立想象建构的效果，在一定程度上消解了攻击行为的效度。民进党执政八年后，其行为模式所造成的政治衰退渐次显现出来，引发了民众对民进党政治行为模式的重新检视。

台湾政治结构的变化对政治行为模式提出了转型的要求。台湾两党制的结构已经开始形成。台湾政坛的两党化趋势从 2000 年民进党上台以后就已经非常明显地表现出来了。泛蓝和泛绿两大阵营的形成其实就是这一政治格局的先声。随后，台

---

① 刘国深著：《当代台湾政治分析》，九州出版社，2002 年，205 页。

湾两党政治的发展首先从各自内部的整合开始。由于泛蓝和泛绿内部的支持结构同质性都非常高，大党很快在自身利益的驱使下开始了对小党的压制和吞并。亲民党、“台联党”均先后经历了泡沫化过程。同时，“单一选区两票制”等选举制度的改革在客观上要求政党强化理性色彩，放弃激进的意识形态动员。

此外，两岸政治结构的发展变化对台湾政党政治行为模式也有影响。在两岸力量对比上，时间显然并不在台湾一边。而且，大陆一系列直指台湾民心的善意举动化解了两岸的紧张局势，一定程度上消解了民进党政治攻击行为模式的冲击力道。特别是自民进党下台以来两岸交流的迅速发展，对民进党“对立—冲突”政治行为模式赖以生存的社会结构具有根本性解构作用。

长期来看，台湾两个主要政党的政治行为模式都面临着一定的困境。国民党正在试图通过改变行为模式来改变在政党斗争中的被动地位，其行为模式的改变似乎是可以预期的。不过对国民党来说，改变行为模式的核心问题是改造“勇于私斗、怯于公战”的党内政治文化，这对号称“百年老店”的国民党来说并不是一个轻松的任务。相比较而言，民进党在短期内进行政治行为模式转型的可能性并不大。原因在于：一、政治结构的变化所产生的能量传导到微观政治行为需要一定的时间，在台湾这种能量传送主要是通过选举的汰洗机制来完成的。二、民进党在经历了长期的选举操作和“本土化”运动之后，内部已经形成了对自身政治取向的群体思维定势。群体心理学认为，高内聚力的群体在决策时往往具有一种倾向，以为他们的决策一定没有错误，甚至为了维持群体表面上的一致，所有成员都坚定不移地支持群体的决定，与此不一致的信息则被忽视，这种现象也称为群体决策时的倾向性思维方式。① 在对立性思维模式下，民进党的群体性思维特征相当明显，要改变该党这种思维习惯诚非易事，必须经过选举不断失败的惨痛教训后才有可能。三、民进党支持者的观念会在岛内政治结构和两岸关系结构分化之后产生一定程度的分化，但是这个过程更加漫长，作为政治文化的政治观念一旦形成，就具有相对稳定性，对其赖以产生的政治结构有维持作用。② 在民进党的支持者中，对立性思维还会有一定的市场，这种情势对民进党政治行为模式转型产生的拉扯作用自是显而易见。政治行为模式的改变可以在一定程度上影响政治衰退的发展。当然，这种影响是双

---

① 俞国良著：《社会心理学》，北京师范大学出版社，2006 年，566 页。

② 潘一禾著：《观念与体制》，学林出版社，2002 年，205 页。

向的，既可以使民主化过程中出现的政治衰退消解，也可能使政治衰退进一步恶化。这一切端看台湾主要政党政治行为模式调整的方向和效果而定。

3.5　余论

民主化引发了台湾的政治结构变迁，政治发展和政治衰退是台湾政治变迁的两个不同面向。基本情况可以用下图表示：

表四　台湾民主化过程与政治衰退的关系

<table>
<tr><th colspan="2">政治变迁面向
政治变迁内容</th><th>政治发展</th><th>政治衰退</th></tr>
<tr><td colspan="2">政治资源分配格局重构</td><td>政治资源的分配格局与省籍人口比例协调，实现了本省人“出头天”的愿望。</td><td>社会异质性显性化，政治对立长期化。</td></tr>
<tr><td colspan="2">价值分配格局的重构</td><td>“台湾主体意识”成为流行话语，一定程度上体现了主体性关怀。</td><td>“台湾主体意识”成为身份区隔的工具；意识形态的重构加剧了族群的对立；对国家统一产生了负面影响。</td></tr>
<tr><td rowspan="2">统合机制变化</td><td>刚性→柔性</td><td>社会统合机制由刚性到柔性：民间力量兴起，民意对决策的影响程度增加，协商性政治的比例增加。</td><td>公权力不彰；行政效率下降；决策短期化等。</td></tr>
<tr><td>政治精英关系调整</td><td>最具有人气的政治人物脱颖而出；世代交替加快。</td><td>“恩庇—侍从”体制获得了新的生命。</td></tr>
<tr><td colspan="2">政治行为模式化成</td><td>政党政治初具雏形，选举成为合法性更迭的最主要手段。</td><td>“对立—冲突”行为模式的固化；客观上对政治腐败产生了庇护作用等。</td></tr>
</table>

不过，民主化过程中各种结构调整与政治衰退现象之间并不是简单的逐一对应关系。易言之，台湾出现的每一个政治衰退现象都有可能是多种原因共同推动的结果。例如，政治腐败的存在及某一时期内的恶化显然与台湾社会长期存在的“恩庇—侍从”体制有关。同时，族群对立的语境对民进党的腐败行为也产生了推动作用。在民进党的贪腐问题出现以后，深绿的支持者依然没有放弃对陈水扁和民进党的支持，台湾南部甚至出现了“自己的孩子，即便坏一点也要疼”的论调。对于民进党来说，在族群对立的语境下，腐败问题总是可以找到道德正当性的支撑。这种

情况等于变相地鼓励了民进党的贪腐行为。

前文已经提到，民主化过程是政治资源分配格局、价值分配格局重新调整和社会统合模式调整、政治行为模式化成的过程。这四个过程代表了民主化过程的基本面向，综合影响了政治变迁的基本面貌。例如台湾的族群问题，在政治资源分配的视角下，族群问题的边界是以利益来划定的，即本省人反对外省人长期垄断政治资源的分配权；但是在价值分配的视角下，族群的边界则是身份认同的观念，和以族群身份为基础进行政治价值判断的认知模式。这一边界在一定程度上与利益已经没有什么关系了。因此，单纯说上面几个过程中的一个决定了族群问题的面貌，都是有失偏颇的。

第 4 章

比较视角下台湾政治衰退的理论意涵

在讨论台湾民主化过程中的政治衰退问题时，一个经常涉及的问题是：台湾民主化过程中出现的政治衰退是台湾社会特有的吗？如果要对这个问题进行探讨，仅选取台湾一个个案是不够的，而应该将视野延伸到台湾之外进行比较。比较政治学理论认为，单一个案的分析往往容易对例外的个案进行一系列假设，而在追求比较分析的模型中，相似性与差异性都变得更为明显，研究者必须更清楚地思考影响系统表现的根本因素为何。① 易言之，比较研究能够强迫研究者找出个案中所隐藏的个别性及一致性，并对引发这些特征的基本原因进行更有解释力的说明。

这里将台湾政治衰退的问题放在东亚民主化的视域中进行检视，主要出于以下几个方面的考虑：一、这些国家的民主化进程与台湾的民主化进程在时间上大致相仿，模式上也有一定的相似性；二、这些东亚国家同处于儒家文化圈，与中国台湾地区有着较为一致的文化背景。一般认为，儒家文化圈主要包括中国、日本、朝鲜、越南、韩国和新加坡等国。在历史上，以儒家思想为代表的中华文明在世界文化中的领先地位曾保持若干世纪，并因其先进性及普适性，在东亚及东南亚逐步形成了以儒家文化为核心的"儒家文化圈"。儒家文化作为"辐射文化"不断传播，产生了广泛而深远的影响。② 在儒家文化圈的国家和地区中，经历了西方学者所说"民主化"过程的主要是日本和韩国两个国家，以及中国的台湾地区，新加坡则是

---

① ［美］B. Guy Peter 著，陈永芳译，王业立主编：《比较政治的理论与方法》，（台湾）韦伯文化国际出版有限公司，2003 年，4 页。

② 于建福著：《儒家文化教育传统对"儒家文化圈"的影响》，《教育研究》，2005 年 4 期。

一个较为特殊的例子，被认为是威权统治为主导的政治形态。[①] 本书选择用来与中国台湾地区的政治衰退进行比较的个案主要是日本和韩国。从比较政治的角度，讨论政治衰退在这两个国家的基本样态，并与台湾地区的政治衰退现象进行比较，对于理解台湾政治衰退所隐含的理论意涵应该是较有助益的。

4.1 东亚视域中的政治衰退问题

在长达半个多世纪的政治变迁过程中，日本和韩国的政治制度不断完善，实现了为西方所称道的政治民主化转型。上述国家和地区在民主化过程中实现的政治发展是毋庸讳言的，但是同时也产生了一定程度的政治衰退，这一问题大致来说可以从以下几个方面展开分析。

4.1.1 政治腐败

战后政治变迁的过程中，日本和韩国的政治腐败问题逐步浮现出来。自 1955 年以后，日本长期由自民党一党执政，形成了“一党独大体制”（也称为“一党优位体制”）。[②] 在自民党长期执政的过程中，日本社会形成了政治人物、政府官员、企业界相互勾结的“铁三角”利益交换模式，贪腐事件屡见不鲜，自民党高层涉入政治腐败的案件所在多是。20 世纪 70 年代发生的“洛克希德事件”，是较早被揭露出的政治腐败案件。当时的首相田中角荣通过政治操作，促成全日空公司购买美国洛克希德公司的客机。田中因此得到了 5 亿日元的酬谢，数额之大，已属空前。此事被媒体曝光后，在日本社会引起震动，田中锒铛入狱，开创了前首相和自民党总裁被关进监狱的先例。不过，比较而言，“洛克希德事件”还是牵涉面比较小的政治腐败案件。1988 年发生的“利库路特股票丑闻”涉及的政治人物更多，影响也更坏。利库路特是日本的一家公司，为了经营良好的政商关系，寻求政治人物的支持，在公司运作时取得行政当局提供的便利和争取制定对自己有利的政策，该公司

---

① 李文主编：《东南亚：政治变革与社会转型》，中国社会科学出版社，2006 年，42—44 页。这种体制也被称为“1955 年体制”。1993 年自民党在大选中失败，被认为是该体制的终结，日本朝向多党制发展。

② 朱艳圣著：《不寻常的民主——自民党单一政党统治与日本式民主》，《当代世界与社会主义》（双月刊），2003 年第 5 期。

对日本政坛的诸多政治人物进行了大面积收买。该公司采用的办法是，将即将上市的股票以很低的价格出售给可能对自己“有用”的政治人物和政府官员。包括两位前首相在内的诸多党政高层均卷入了这场弊案。这个案件震惊了日本社会。“利库路特股票丑闻”案尚在审理中，1992 年媒体又爆出“佐川案”，涉案资金更多，影响也更恶劣。① 这些层出不穷的弊案加重了民众对自民党的失望，促成了该党在 1993 年的下台。据统计，从 20 世纪 60 年代开始到 1993 年自民党下台，日本政坛出现的比较大的丑闻和腐败案件不下 20 起。② 自 80 年代中期以来，日本历届内阁都将“政治改革”和“清廉政治”作为最重要的诉求，但是政治腐败现象却难以遏止。进入 21 世纪以来，日本的政治腐败问题仍难称好转，安倍内阁（第一任期）、麻生内阁都有阁员落入政治献金丑闻的泥淖。

韩国民主化过程中，政治腐败是一个长期存在的痼疾，困扰着韩国的政治发展。有学者认为，韩国的民主转型其实是从 1988 年开始的，即从卢泰愚当选为总统开始，也就是韩国的第六共和国时期。③ 但是韩国无论是在此前的威权时期，还是后面的民主时期，政治腐败均是一个棘手的问题。60 年代和 70 年代执掌韩国政局的朴正熙说，因为对政府机构和政府官员监督的缺失，国家公器成为个人寻租和牟取私利的工具，整个机构的制度化腐败因此产生，并因而导致了国家的病态。这种制度性缺失引发了严重后果，“因为缺乏监督和对腐败遏制的无力，现有机制事实上成为化育贪腐和滋生腐败的温床。这种局面导致了劣币驱逐良币的结果，使相对清廉的官员根本无法在官僚系统中生存下去。”④ 尽管朴正熙自己保持着清廉，并且进行了反腐败努力，但是这种努力却只是建立在他个人的自我道德约束之上，自然成效有限。在朴正熙当政的近 20 年时间里，韩国一直无法对腐败行为形成强大的制度性制约。1979 年朴正熙被枪杀后，全斗焕上台，政治腐败呈一发而不可收之

---

① 李素华著：《日本民主党兴起的政治社会基础》，《当代亚太》，2007 年 10 期。

② 王瑜著：《日本自民党“一党优位制”的终结》，《当代世界与社会主义》（双月刊），2005 年 3 期。

③ 金东日著：《韩国民主化过程论析》，《南开学报（哲学社会科学版）》，2003 年 5 期。其实，如果从韩国民主发展的历程来看，民主化还是应该从 1945 年开始算起，因为在美国军队的策划下，韩国建立了美式的三权分立的政治架构，虽然这个架构长期被搁置，但是却为后来的民主化提供了制度基础。按照金东日的说法，“韩国之所以在不到二十年的时间内能够实现民主化，在很大程度上是因为民主制度框架的存在。”

④ ［韩］朴正熙著：《我们国家的道路》，华夏出版社，1998 年版，154—165 页。转引自：［韩］尹益洙著：《韩国由权威主义向政治民主化转型的回顾与思考》，《江苏社会科学》，2001 年 3 期。

势。全斗焕的亲属利用其权势，通过贪污等手段，获得经济利益之巨大，令人瞠目结舌。相关资料披露，全斗焕的弟弟全敬焕七年间贪污多达78亿元（韩币），而在全斗焕执政期间其亲属涉嫌贪污者多达450人。[①] 卢泰愚上台后，韩国政治腐败盛行的局面并没有多少好转。1993年金泳三上台后，开始全面推进反腐倡廉的工作，加大了对政治腐败的整肃力度。但是事实已经证明，在短期内较为彻底地整肃政治腐败的难度很大。金泳三一直坚持反对政治腐败，但是金泳三自身政权却在政治腐败的侵蚀下陷入了危机。金泳三政权的国防部长李养镐、保健部长李圣洁先后因为政治腐败问题而被迫下台。金泳三执政时期的“韩宝集团行贿案”更是掀起了政坛风暴，金泳三政权的多名高官卷入这个弊案，甚至包括他的儿子。金大中统治时期，行政当局接受了市民团体“防止腐败法立法请愿”的要求，设立了“反腐败委员会”，以加强监督，加大对腐败的打击力度。但遗憾的是，金大中的家属和亲信却通过各种方式接受大量贿赂，腐败程度与前任政权相差无几。[②] 卢武铉上台后也一直坚持打击政治腐败，但是效果并不显著。2008年卢武铉卸任总统，此后不久就被亲友收受财界贿赂的丑闻所困扰，2009年5月23日在羞愤之中坠崖自杀身亡。

日本和韩国在民主化过程中均做出了遏制政治腐败的努力。日本经过长期实践，构建了细致周密的惩治腐败的法律体系，在刑法典和其他部门法中对惩罚政治腐败进行了详细规定。此外，日本严密的制度设计，包括公务员制度、审计制度、官员财产申报制度、政治献金管理制度等，都对遏制政治腐败产生了一定的积极效果。但是这些措施对公务员的约束较为有效，对政务官的约束作用相对来说较不明显。日本的政治腐败呈现出这样的特点：作为事务官的公务员利用个人职务进行腐败的情况较少，而围绕着选举发生在政治人物身上的政治腐败比较多。韩国在民主化过程中，针对政治腐败也出台了不少法律，1981年12月31日颁布了《公职人员伦理法》、1996年底公布的《公共机关信息公开法》、2001年出台《腐败防止法》，2003年2月公布《公务员保持清廉行动纲领》，该纲领的主要目的是保证公务员公正地执行任务，营造健康的公务员风气。2008年通过《防止腐败和成立国民权益委员会相关法律》，加大了反政治腐败的力度。这些措施在一定程度上阻遏了政治腐败的恶化，但是要想较为彻底地整治政治腐败，显然还是任重道远。

---

① ［韩］尹益洙著：《韩国由权威主义向政治民主化转型的回顾与思考》，《江苏社会科学》，2001年3期。

② 孙晓莉编著：《国外廉政文化概略（第3辑）》，中国方正出版社，2007年，216—218页。

4.1.2　权力集中

与中国台湾地区相比，日本与韩国在权力集中方面的表现各有不同。日本是比较典型的内阁制国家，按照《日本国宪法》和《内阁法》的规定，日本内政、外交的政策立案及实施权在内阁及其领导下的行政机构，其最高决策者是首相。从政治制度安排上说，内阁制的制度安排比总统制更有条件实现权力的集中，内阁领袖在行使权力时受到议会的牵制更少，特别是执政党在议会占绝对多数的时候。但是，首相实际上的决策权受到执政党内部权力之争和党外诸因素的牵制，历届首相运用权力的实际情况并不相同。日本战后历史上，田中角荣和中曾根康弘等人表现得相对强势，但是竹下登等人则表现得相对弱势。对于日本首相的权力及其行使情况，日本政界的认知也不相同。前副首相后藤田正晴认为，在日本，首相的实际权限并不是严格依据法律来规定的，而是和领导人个人的素质和掌握的政治资源情况有关。一般而言，强势的领导人在行使权力时会表现得相对强势一些，而弱势的领导人在行使权力时会表现得相对弱势。前首相宫泽喜一看法则不一样，他认为，日本的民主制度相对比较成熟，制度运行平稳，所以首相并没有多少自由发挥的空间，不管谁来当首相，都不可能跳出制度的框架。其实后藤田正晴和宫泽喜一所说的并不是同一个问题，前者是指权力运行层面而言，后者是指制度层面而言，两者都没有错。战后日本的政治决策过程总体上表现出重视“由下而上”的程序和决策层成员“全体一致同意”的特征。不过，在全球化和经济竞争日益激烈的今天，日本也一直力图改变首相行政决策能力不强的局面。日本最高层的政治改革目标之一，就是改变“政出于官僚部门”的“由下而上”的决策模式，引进“政出于首相及其官邸”的“自上而下”决策模式，其重要举措就是加强首相官邸及其内阁官房的权限。这一倾向在桥本首相时期初现端倪，① 到小泉时期得到了大力强化。小泉出任首相以后，没有改变任何法律，却不断增大了他本人和首相官邸的实际权限，加深了官僚机构在决策过程中的边缘化程度。② 由此可见，日本的政治变迁过程中，政治集权表现出“整体集权”的特征，政治领袖个人集权的情况较不明显。

---

① 淳于淼泠著：《宪政制衡与日本的官僚制民主化》，商务印书馆，2007 年，230—234 页。

② 金熙德著：《日本政治结构的演变趋势》，《日本学刊》，2006 年第 1 期。作者认为，2005 年 9 月 11 日举行的日本众议院大选自民党大胜，日本政治结构出现了新变化，“一党优位制”以“2005 年体制”的形态得以重现，首相的决策地位进一步提高，自民党强行通过法案的能力进一步增强。

所以威亚尔达说，“尽管日本宪法、议会和政党制度看似是自由民主的，但是事实上在很多方面，它仍然是独裁、统制而又不自由的，并且只对一小部分有庇护关系的政客开放。”① 显然这不是描绘日本首相行使权力的图像，而是针对日本这种集体性集权的现象而言的。这种情况的出现，与日本政坛的复杂派阀结构及政治文化心理有较大关联。当然，现实的低度集权与集权可能性之间并不能画等号，小泉上台后不改变任何法律就可以扩大首相的权限就是证明。

韩国的权力集中是另外一种景象。韩国是总统制，总统是选民选举出来的行政首长，所以集权的合法性基础比日本首相强得多。韩国民主化过程中，以总统为首的行政机构地位远远高于议会和政党，政党主要是以党首为中心进行活动，而不是以政治信仰和政治争论为中心。韩国政治中的总统集权特征与该国自 1945 年以来的历史变迁轨迹有关。在第一部宪法草拟其间，韩国就有内阁制与总统制的争论，后来在李承晚的坚持下，采用了总统制的制度模式。此后，韩国内部政局动荡，军人干政情况严重，总统权力空前膨胀。1987 年，韩国宪法第九次修订，基本确定了现在韩国的政治制度结构。新宪法强调了民主建国的基本理念，大大缩小了总统的权限，取消了总统解散国会的权力，恢复了国会的监督权，国会不仅具有大法院院长任命的批准权，同时具有大法官任命的批准权，国会获得了独立的地位。② 但是国会对总统的权力制衡还是办法不多。除在立法权上有相对于总统的优势外，国会对行政权的牵制有以下几个方面：审议确定国家预算（宪法 54 条）；国会可监察国政或调查特定的国政事案，并可要求提出所需的相应文件或证人的出席、证言或意见的陈述（宪法 61 条）；国务总理、国务委员或政府委员可出席国会或其委员会报告国政处理状况或陈述意见、答复询问，国会或其委员会要求时，国务总理、国务委员或政府委员要出席、答辩，国务总理或国务委员收到出席要求时，可令国务委员或政府委员出席、答辩（宪法 62 条）；国会可向总统建议国务总理或国务委员的罢免（宪法 63 条）。③ 即便是上面所列的制约，总统可以通过执政党在议会中所占的绝对优势来控制议会，避免受到议会的牵制。即便在执政党没有达到议会过半数

① ［美］霍华德·威亚尔达著，刘青、牛可译：《新兴国家的政治发展——第三世界还存在吗?》，北京大学出版社，2005 年，79 页。

② 李凯、李永洪著：《东亚民主化过程比较分析——以日本、韩国和中国台湾为比较对象》，《科学社会主义》，2009 年 2 期。

③ 《大韩民国宪法》，1987 年 10 月 29 日全文修订，宪法第 10 号。

的情况下，通过同其他政党的联合或从其他政党中拉拢议员加入自己所属政党等方法也能够控制议会。同样，司法机构虽然在宪法上具有较强的独立性和权限，却难以起到牵制行政权的实质性作用。①

日本、韩国和中国台湾地区政治集权情况的差别在一定程度上可以归因为政治体制的不同。日本是内阁制，是一种“集体集权”的制度设计，其集权程度主要受到议会中各个政党的力量对比情况的影响。在这种制度下，首相不是民选产生，所以首相的集权没有直接民意基础，因而首相的行政权力可以得到一定程度的控制。韩国和中国台湾地区则是总统制的设计，总统集权有直接合法性基础。民主化过程又将集权的权力分布结构制度化了。这也许正应验了林兹的判断，他认为从制度的角度来说，议会制比总统制更加有利于权力的制衡。② 也正因为如此，中国台湾和韩国一直有推行议会内阁制的呼声。

4.1.3　族群冲突

日本在民主化过程中基本没有出现大范围的族群问题，这与日本的社会性质有关。日本是同质性较强、社会分裂程度低的社会。有的学者因此将日本归类为非多元社会。一般而言，多元社会容易产生政治分裂，在多元或极度分化的社会中，实行多数决原则的结果不是民主，而是多数专政和国内纷争。③ 在日本，虽然有政治立场的左右之分，但是这些并不构成族群区隔的身份边界。

韩国在民主化过程中的族群冲突表现得比较明显，族群的边界是以地域为特征划定的，地区冲突被列为“政治病”的重要表征之一。④ 韩国的地区冲突由来已久，岭南地区（庆尚地区）和湖南地区（忠清、全罗地区）之间的对立尤其典型。由于历史原因、地理位置等各个方面因素的影响，这两个地区的发展程度有所差

---

① 金东日著：《韩国民主化过程论析》，《南开学报（哲学社会科学版）》，2003 年 5 期。

② Juan. J. Linz，“The Perils of Presidentialism”，Journal of Democracy，1990，Winter，pp. 51 – 69. 转引自林震著：《东亚民主化比较研究：以台湾地区和韩国为例》，《东莞理工学院学报》，2009 年 4 月，第 16 卷第 2 期。

③ 张伯玉著：《日本民主模式及政党制形态转变的可能性与不确定性》，《日本学刊》，2009 年 6 期。作者在文中特别提示，绝不能将社会分裂程度低的社会与“同质”社会等同起来，日本至少在一定程度上存在着宗教分化。

④ 韩国政治病的内容包括：双重性和伪善、没有责任感、不信任、地区主义、不退休、轻视法规和规范、政党的私有化、不培养接班人、大权独揽、轻视国民等。《韩国日报》，1996 年 7 月 21 日，转引自郭定平著：《韩国政治转型研究》，中国社会科学出版社，2000 年，159 页。

别，但是在20世纪60年代以前两个地区的政治对立并不显著。随着台湾民主化的展开和选举的推进，地区之间的区隔却越来越明显。导致这种区隔明显化的原因主要有三个方面：一、现实政治权力分配中累积起来的地域区隔情结。例如，在政府高层人事方面，朴正熙和全斗焕当权时期，朴正熙和全斗焕都来自岭南地区，政府官僚便多来自岭南，湖南地区的利益遭到忽视并引发了不满，地区感情对立逐渐加剧。二、威权主义统治下形成的较为强力的社会统合模式，使地区对立基本没有恶化的空间。民主化展开之前，韩国政府在基层设立各种强制各地人民结合的水平纽带，如官常会、工作场所防御队和乡土预备军等，可以保持对社会的严密控制，从客观上压缩了地区对立问题扩大的空间。① 随着民主化的推进，这套社会统合工具要么是消失了，要么是失去了原有的功能，政治系统压制地区对立释放的能力减弱。同时竞争性选举下政客又不断操弄地区对立的议题，将地域身份作为争取选票的重要手段，使地区区隔日益明显。这些均成为推动地区区隔鸿沟逐步扩大的原因。三、在民主化的过程中，地域情感的动员成为政治人物最为省力的动员工具，从而导致了地域冲突的显性化与强化。

1987年和1988年的两次选举中，地域动员表现得最为明显。1987年选举中，两位岭南籍的总统候选人（卢泰愚和金泳三）在岭南地区获得了92%的选票，而湖南籍的候选人金大中则取得了湖南地区89%的选票。1988年的国会选举中，卢泰愚领导的民主正义党和金泳三领导的统一民主党取得了岭南地区66个席位中的63个，金大中领导的和平民主党取得了湖南地区37个席位中的36个。民主正义党和统一民主党在湖南地区没有获得任何一个席位，而和平民主党在岭南地区也交了白卷。在1987年总统选举中，卢泰愚、金泳三、金大中、金钟泌四人在他们各自的家乡都取得了压倒性胜利，金大中在他的家乡全罗南道得到了93%的选票。② 显然，地域取向对这两次选举的结果起到了至关重要的影响。

韩国地域冲突的存在对政党政治的格局产生了重大影响，概括起来有以下数端：一、政党的去政策化。在选举动员过程中，政党的地域特征对政党获取选票有

---

① 这也反向说明地域矛盾和冲突在一定程度上是动员出来的。在大规模的选举动员展开之前，韩国的地区差异并不是不存在，但是处于隐性状态，没有造成公开的社会分裂和对立。从这点上说，韩国的地域冲突与中国台湾的族群冲突有很大的相似性。也是在这个意义上，族群冲突和地域冲突是民主化的结果，而不一定是原因。

② 林震著：《论韩国民主化进程中的地域冲突问题》，《东北亚论坛》，2004年3月，第13卷第2期。

重大影响，也就意味着政党的动员并不一定主要以政策取向为中心展开。在这种情况下，政党会极力宣扬自己的地域身份特征，相应地，政党的理念性会变得较差。二、政党的私有化。在地域认同显著的地区，政党的存在和发展显然与政党领袖的个人关系网络密切相关，所以领袖个人的作用对政党的凝聚功能会被强化。三、政党体制的碎片化。一个政党或者政治人物在自己的户籍地之外难以取得大量支持，导致的结果就是政党数量众多，却难以形成全国性的政党。四、政党分合常态化。在韩国政坛上，政党的解散与重组是经常的事情。有统计显示，与韩国的政权交替相伴随的就是政党的解散或改组，因此无论是在野还是在朝，韩国的政党大都短命，没有任何一个政党存在超过 20 年。① 以上情况与中国台湾相比有较大的不同，台湾地区的政党发展走向了另外一个方向，即在政党的发展过程中出现私有化的情况较少。特别是民进党，基本上不可能成为某个政治人物的私产。在该党历史上有影响力的政治人物脱党参选者众，却鲜有成功者，政党在这里显然是超越个人的。这种区别主要是因为韩国和中国台湾政党的性质有所差异，韩国政党政治动员的基础是地域性区隔，而台湾的政党政治则夹杂着族群区隔与统“独”区隔等因素，带有意识形态的特征，所以政党相对稳定。

4.1.4 “恩庇—侍从”体制以及“金权政治”

与中国台湾地区相似的是，日本与韩国在民主化过程中的“恩庇—侍从”体制得到了保留并以新的形式发展起来。李路曲认为，在东亚社会中，庇护制广泛存在。在中国台湾地区、越南、韩国等社会中，一个人要想在政治上、经济上或社会地位上高升或保全自己，就不能不进入一定的庇护网络。② 韩国以地域区隔为重要特征的政党政治生态本身就是“恩庇—侍从”体制的温床。政党的发展，甚至兴衰存亡，不是因为该政党能够代表一定阶层的利益和提出某种政策诉求，而是以有魅力的强势领导人为核心，随领导人的变动发生变化。③ 在这种情况下，庇护关系对政党的存在和发展就非常重要，政治领袖通过选举为自己的受庇护者提供政治资

---

① 郑继永著：《韩国政党与政党体系的变迁动因初探》，见李文主编：《东亚：政党政治与政治参与》，世界知识出版社，2007 年，88 页。

② 李路曲著：《东亚模式与价值重构》，人民出版社，2002 年，358 页。

③ 贾都强著：《东亚国家政党政治的发展：模式、路径与问题》，见李文主编：《东亚：政党政治与政治参与》，世界知识出版社，2007 年，13 页。

源，而受庇护者则通过政治忠诚进行回报。在韩国，这种“恩庇—侍从”体制非常普遍。韩国国会议员有许多人就将通过组织以个人为中心的社会组织作为拓展和巩固政治版图的重要手段。韩国有许多以国会议员为中心组织起来的“私组织”，诸如联谊会、宗亲会、校友会、登山俱乐部等娱乐团体，都可能成为“私组织”的具体形式。这些“私组织”从国会议员那里获得经费，受议员的指导，中心任务就是增强和拓展彼此之间的友谊，强化彼此之间的联系与利益联结。选举时这些组织就成为强大的竞选部队，他们利用自己的人际关系网络，配合议员所属的政党组织，为议员争取选票。① 层层交织的恩庇关系形成了韩国政治系统中独特的复杂网络。

日本政治变迁过程中，派阀政治是一个重要特征。所谓“派阀”是指在某一个集团内部形成的非正式小集团。这些小集团形成的基础是它们在思想、出身、利益、好憎、对特定人物的忠诚心等方面的共同点，它们会通过连续性的共同行为，试图发挥该集团的影响力。② 在日本长期执政的自民党就是派阀的联合。派阀属于非正式组织，成员不固定，规模也不相同。但是派阀不管大小，每个派阀都有一套完整的组织机构，平时活动非常频繁。派阀的主要成员为党籍内阁成员、国会议员和党的核心干部等，属于政党中的活跃分子和核心力量。王振锁认为，派阀主要具有以下几个方面的功能：一、对政治人物来说，成为派阀成员是被某一政治集团和恩庇者认可的标志，对未来的发展是非常有利的。而对派阀本身来说，可以通过派阀成员的扩充促进世代更替，使派阀保持活力和竞争力。这是一个双向选择的过程，政治人物和派阀只要能够“情投意合”，就可以达到政治人物加入派阀的目标。二、派阀是政治资源收集和分配的主要单位。这里的政治资源既包括政治资金，也包括政治职位。派阀领袖通过筹集资金，保证派阀的正常运作，而政治人物则在派阀的支持下拓展政治空间，扩大派阀的影响力。同时，派阀也成为政治职务分配的一个重要节点。派阀通过整体的努力争取政治职位，在派阀内部进行分配。从这两个意义上说，派系其实是活跃于政党内部的政治次级团体。三、派阀成员通过参与行政事务的管理，增加政治历练，为未来的政治发展铺路。③ 在地方层次上，日本议员通过大量的后援会进行政治动员。后援会的存在已经成为日本选举政治中的一大特色，成为所有级别的议员及行政首长在选举中获胜不可或缺的手段。正是由于

---

① 林震著：《论韩国民主化进程中的地域冲突问题》，《东北亚论坛》，2004 年 3 月，第 13 卷 2 期。

② 徐万胜著：《日本自民党：一党优位制研究》，天津人民出版社，2004 年，115 页。

③ 王振锁著：《战后日本政党政治》，人民出版社，2004 年，328—329 页。

“恩庇—侍从”色彩浓厚的后援会存在，日本很多县和国会议员可以子承父业，他们每个人都可以发展出自己忠实的追随者，家族政治的情况比较严重。

“恩庇—侍从”体制的存在使“金权政治”不可避免。日本的国会议员选举费用动辄上亿（日元），这样的负担纯粹由个人承担是很难想象的。所以，现任的国会议员不得不投身于派阀，借助派阀的势力，依靠派阀的经济资助。作为派阀的掌门人，如何大量筹措选举资金，也就成了该派阀能否生存的关键。于是派阀政治成为政治与金钱联结的纽带，工商界每年都为政治人物提供大量的政治献金，这些资金有部分是合法的，但是有相当部分是不合法的。虽然日本财界一直试图将提供政治资金的渠道统一起来，却始终无法阻止大企业私下向自民党内部各派阀乃至政治家本人提供政治资金的做法，因为这种政治资金的“投资”回报率更高、更有效。① 韩国的情况也大致相仿。选举和维持“私组织”均需要大量的金钱，于是财阀与政党之间的勾结就不可规避。财阀利用各个政党和政治人物对政治资金的渴求，适时出手，经过讨价还价，收买那些急需金钱发展政治势力的政治人物。通过提供大量政治资金的方式，这些财阀经营起了良好的政商关系。这为他们获得政策上的便利提供了空间，也为未来的发展铺平了道路。② 无论是中国台湾地区还是日本、韩国，“金权政治”都是政治腐败的一种重要表现形式，成为政治发展的阻碍。

4.1.5 “政治无能”与信任危机

政治无能是一个相对的概念，在民主化过程中，是否出现了政治无能取决于两个方面的因素：一、行政当局处理危机和统合、驾驭各种政治势力的能力；二、民众对政治系统功能实现情况的认知。就前者来说，无论是政党还是政治领袖，他们上台都背负着民众的期望，这些期望可能是理性的，也可能是非理性的。所以，处理问题、协调各种关系及处理政治资源分配过程中矛盾的能力就成为该政党和政治领袖能否兑现选举承诺、满足民众期望的重要考量标准。以是观之，政治无能的内涵里面，既有客观的层面，如政治人物和政党处理问题的能力低下等，也有主观的层面，如媒体宣传导致的民众对政治人物负面评价的增加等。易言之，政治无能的

---

① 徐万胜著：《日本政治与对外关系》，人民出版社，2006 年，126 页。

② 郭定平著：《韩国政治改革与民主转型》，见宋志勇、王振锁主编：《全球化与东亚政治、行政改革》，天津人民出版社，2003 年，132 页。

评价标准在很多情况下是多元的，相当大程度上是选民风评的结果，并不一定是以政党和政治人物的施政能力为标准。

政治无能极易引发民众对执政者的信任危机。民众信任危机可能形成对执政当局的鞭策，加强决策者解决问题的动力和紧迫感。但是在很多情况下，信任危机更倾向于迫使执政当局追求政策的短期效果，以求消除民众的不满。同时，因为当政者在施政时必须考虑到选民的反应，决策时瞻前顾后、首鼠两端的情况经常出现，决策迁延、执行不力、政策的短期化倾向在所难免。

在日本战后民主化过程中，民众信任危机导致了内阁更迭频繁。自从 1955 年体制确立以来，日本历史上只有四任首相的任期超过了四年，即池田勇人、佐藤荣作、中曾根康弘和小泉纯一郎。而这四任首相的任期在相当程度上都与经济的振兴有关。池田和佐腾创造了日本战后最长的经济高度成长，中曾根是因为泡沫经济保住了任期，小泉则是依靠经济的结构性改革，推动了经济发展。小泉下台以后，安倍晋三和福田康夫都在上台后不久被迫下台。安倍是因为政治丑闻缠身，福田则是因为碰到国际经济形势恶化，国际油价与粮价的不断飙升导致日本的生产生活成本上涨，带来通货膨胀压力。加上美元持续贬值，使日本出口大受影响，而福田又没有办法解决这些问题，所以支持率一再降低，最终导致了他的下台。

民众信任危机对韩国政治的影响也是明显的。卢武铉和李明博两位总统在上台后都遭遇了同样的困境：虽然他们都是在选举中高票当选，但是不久以后，民众的态度逆转，政府的支持率一降再降，行政当局面临着严重的信任危机。2009 年 4 月李明博访问美国时承诺逐步放宽对美国牛肉的进口限制，激起了国内的强烈反弹，自 5 月 2 日起，出现了多达百万人的游行示威活动。在这种情况下，经济议题与政治议题已经难以分得清楚了。

中国台湾地区也是同样景象。2008 年马英九高票当选，但是在经历了“八八风灾”和“美国牛肉”事件以后，支持度也跌到了谷底。“缺乏行政能力”已经成为台湾民众对马英九的一个刻板认知，即马英九是“好人 + 笨蛋”类型的领导人。马英九“八八风灾”中的救灾不力，被泛绿阵营攻击为“走了一个要钱的，来了一个要命的。”这种政治认知已经对马英九的政治形象造成了非常负面的影响。同时台湾蓝绿对立政治生态导致的政治民粹化倾向又使行政官僚的无力感不断加剧，行政怠惰的行为日益增多。因为要讨好选民，该执行的政策不能执行，如公务员薪资的调涨问题。台湾当局由于不敢扩大税收，财政赤字不断扩大，所以在物价普涨的情况下，薪资却无法上调，从而导致人才出走、景气难复。随着民主化进程的推进，这种民粹主义会不断制度化，对政治无能的长期影响也将会逐步显现出来。产生这种政治无能的原因是结构性和制度性的，并不是哪一个政党和政治人物的问题。现在马英九是这样，改天换了民进党重新执政，还是这样。在台下的时候可以骂别人政治无能，但是到自己坐到那个位子上，能耐也未必能比当初被骂者高明多少。

4.2　政治衰退的发生学解释

比较可知，日本、韩国、中国台湾地区的民主化虽然有其个殊性，但是却也在一定程度上表现出了一致性。诸如“恩庇—侍从”体制的延续、政治腐败、族群对立、权力集中、政治无能等，均表现出了若干相似的特征。于是，一个不得不追问的问题就是：为何出现这种情况？这些国家和地区民主化过程中出现的政治衰退基本样态及其演进路径是不是有一定规律可循?① 本部分试图通过对上述国家与地区政治衰退形成过程及基本样态的探讨，对中国台湾地区民主化过程中的政治衰退问题进行若干说明。

东亚国家和地区出现了相似样态的政治衰退并不意味着这些现象是这些国家和地区特有的。事实上，在所有民主化国家和地区，都有可能出现这些现象，理查德·罗斯（Richard Rose）将这种现象称为“不完整的民主”。罗斯指出，上个世纪世界范围内的政治变迁显示，政治民主化的转型之路是异常艰难和曲折的。这一转型不可能在短期内完成，转型失败的风险也非常大。转型意味着原有体制的瓦解和新体制的建立，但是许多国家和地区都在新体制的建立过程中出现了问题。也就是说，在旧的体制解体以后，新的、符合价值期待的新政治体制却迟迟无法建立起

---

① 本书在比较时，主要选取了日本、韩国与中国台湾地区的民主化过程等三个个案。这并不意味着否定其他民主化地区与国家出现的政治衰退与上述三个国家与地区政治衰退有相似性的可能。但是，就所有的民主化国家与地区而言，相似的政治衰退现象未必是由相似的原因所引起。例如，同样的政治腐败问题，起因就非常多，可能与贫富悬殊、平均国民所得、经济发展程度、文化和宗教等因素有不同程度的关联性。见李普塞特（S. M. Lipset）、林兹（G. S. Lenz）：《腐败、文化与市场》，［美］哈瑞森（L. E. Harrison）、［美］塞缪尔·亨廷顿主编，李振昌、林慈淑译：《为什么文化很重要》，（台湾）联经出版事业股份有限公司，2003 年，141—156 页。相比较而言，由于上述国家与地区文化背景的同质性，所以在政治衰退的基本样态和形成原因方面有更多的相似性。

来，这个过程中可能出现政治发展的停滞，甚至出现政治衰退，这就是“不完整的民主”。不完整的民主要成为完善的民主政治，需要一系列条件催化。所以，从逻辑上说，原有体制解体后，不见得会建立起可以顺畅运作的理想民主制度。当然，在现代社会，由于政治变迁的不可逆性，也不大可能再回到原来的体制。于是这个国家或地区可能维持一种“半吊子民主”的状态：既存在选举等民主形式，又缺少法治、健全公民社会、政府问责制等现代政治必须的成分。[①] 这里提示出的意涵是，在民主化过程中，政治衰退是普遍的，同时，不同地区和政治系统的政治衰退特征又表现出一定的个殊性。如果要研究政治衰退，就不能单纯关注其普遍性特征，而是同时必须将焦点集中在政治衰退的个殊性特征上面。从普遍性特征来看，政治衰退的表征可能是一样的，如政治腐败、社会对立、共识缺乏等等，但是从个殊性特征来看，同样一种政治衰退现象可能有不同的发生与发展轨迹。[②] 故而从发生学的角度讨论政治衰退问题，其基本面貌会更加清晰。

从发生学的视角来看，民主化过程中出现的政治衰退有两种化成模式：一、西方民主制度所具有的政治衰退因素在新的情境下以新的形式表现出来。这种衰退带有一般性特征，只要采行西方民主制度，就会出现这方面的问题。例如，由于选举动员而造成的社会对立，因为选举需要而产生的大量政治献金的需求等。这些因素在西方社会的语境下大多数都可以得到有效控制，但在东方社会的语境中，却有可能导致严重的政治衰退。这种政治衰退可以称为原生型的政治衰退。二、传统政治运行模式在民主化过程中与西方政治制度的碰撞与妥协。经过相互影响的过程，传统政治运行模式也获得了新的存在方式。例如，以人情为中心组织政治生活，这在传统儒家社会曾经是主流的政治运作模式，但是却为西方民主制度所排斥，成为政治衰退的重要表现。但是，在东亚国家和地区中，西方民主制度的推行却无法立即改变民众的行为模式，也无法消除传统文化和价值观念的影响。易言之，非西方国家和地区在政治制度结构上虽然采用了西方政治制度，但是传统政治行为模式依旧广泛存在，传统政治文化心理依然强势。不过，由于传统政治结构与行为习惯已经失去了其发挥作用的原有制度基础，所以适应新的制度框架，并力求在其中寻求新的

---

① Richard Rose、Doh Chull Shin：《反向的民主化——第三波民主的问题》，《开放时代》，2007 年，3 期。

② 为什么具有不同发生学背景的政治衰退现象却表现出相似的样态，这本身又是另外一个课题，本书在这里不讨论这一问题。

生存方式。于是，在现代社会中，传统政治因素与西方政治制度的冲突成为政治衰退的一个重要来源。这种政治衰退可以称为继发型的政治衰退。如东亚社会政治生活中的庇护关系普遍存在、家族关系和情感动员发达、选举投票中去个人化倾向明显等。这两个方面的政治衰退均具有原生型和继发型相结合的特点，既有对西方民主制度和传统政治运行模式所具有政治衰退面向的继承，同时更体现了民主化过程中西方制度移入地的政治传统与西方民主制度的碰撞与妥协。

4.2.1　东亚文化传统对政治衰退的影响

本书在讨论文化传统对政治衰退的影响时就已经预设了两个前提：一、文化背景与民主化过程中的政治衰退是有关联的；二、拥有同质性文化的不同地区政治衰退相似程度更高。[①] 日本、韩国和中国台湾地区民主化过程中出现的相似政治衰退现象，在一定程度上与其相似的文化背景有关。

一般而言，特定的文化形态决定了人群的基本生活方式和社会组织方式，也决定了社会的观念结构、基本行为模式和社会统合模式。文化的影响是长期的和稳定的，对于政治行为的影响尤其如此。同质性的文化基本上决定了同质性的观念形态和政治行为模式。例如，在东亚社会，社会信任在社会和政治生活中特别重要。社会信任主要是以社会关系网络和亲属纽带为基础建立起来的。这些网络和纽带并没有因为工业化和民主化而中断，反而在新的条件下以新的形式表现出来。所以，在东亚社会，对教育的尊重，社会对个人信任而不是对契约或法律为基础的关系的偏爱，采取主动的、强有力的政府，都是从过去一直延伸过来的，在儒教亚洲更是如此。[②] 因为如此，在政治变迁过程中，文化往往以最为深层的因素影响着政治变迁的基本方向，决定了政治变迁的基本形态。

民主化过程意味着不同文化的交流、汇集与碰撞，我们在论述文化传统对政治变迁的影响时，就已经预设了文化共存、交汇与碰撞这一前提假设。因为文化交汇与碰撞是一个相互作用的过程，所以在讨论这个问题时，文化基线就成为分析的起点。殷海光先生认为，任何一种文化与另外任何一种文化接触时，它不可能站

---

① 这里需要提出说明的是，东亚的文化传统在民主化过程中与政治衰退的关联性并不否认文化传统与政治发展的关联性，不过本书的主旨在于讨论政治衰退，所以对政治发展不作论述。

② ［日］猪口孝著：《亚洲式民主？》，见［日］猪口孝，［英］爱德华·纽曼，［美］约翰·基恩编，林猛等译：《变动中的民主》，吉林人民出版社，1999 年，217 页。

在文化基线的零点上。无论如何，它不可能不站在它与该另一文化接触以前自己既有文化的积累上。这一既有的文化积累，也就是它与该另一文化接触时的文化基线。① 文化基线对政治变迁产生的影响既深且巨。在相当长的时期内，特别是在民主化的初期，文化基线是非常清晰的，对外来文化的抵抗也是顽强的。随着民主化的推展，文化基线会变得较为模糊，文化传统会在与西方民主制度文化妥协的基础上演变出新的文化形态。但是即使是这样，文化传统依然会以新的形式对政治变迁产生长期影响。

在日本、韩国和中国台湾地区，文化基线对民主化的影响是非常显著的。包括这些地区的东亚社会是较为公认的儒家社会。在这些社会的文化传统中，“家”是社会秩序的开始。有学者指出，除了家庭是传统农业社会最重要的单位之外，还因为由这里开始建构社会秩序最不吃力，最容易让人产生自愿顺从之情。在传统农业社会中，整个社会差不多就是扩大了的家庭。② 以家庭为中心建构起来的政治结构形成了这些传统社会的政治伦理与社会伦理基础，“自古以来，家是社会结构的单元，也是政治组织的基础，”家族也因此成为儒家（中国）传统文化的堡垒。③ 从某一时间点上的文化基线展开分析，一定的文化决定了政治行为的主要特征。只要是在同一文化下进行的行为，在这些行为的背后，以及它们彼此之间，是有一种规则结构的脉络可寻的。④ 大致来说，在儒家社会中，衍生出了重视人情、以血缘和拟血缘关系组织社会政治活动等文化特征。

东亚文化中的人情取向对政治变迁的影响在选民表达政治倾向的时候表现得最为鲜明。⑤ 在日本，参加政党后援会的选民中，有相当部分是出于情感认同。日本“明正选举推进协会众议院选举调查”就“选民加入后援会的理由是什么?”的问

---

① 殷海光著：《中国文化的展望》，上海三联书店，2002 年，92 页。

② 张德胜著：《儒家伦理与秩序情结——中国思想的社会学诠释》，（台湾）巨流图书公司，1989 年，93—94 页。作者同时指出，父权家长制并非中国所独有，但是西方的父权家长制强调男性家长的支配权威，而中国的父权家长制则强调“孝”的意涵，即强调子女的乐意顺从，权威之运用往往引致冲突与争端，而乐意服从则使关系融合。见张德胜此书 94 页。

③ 殷海光著：《中国文化的展望》，上海三联书店，2002 年，98 页。需要说明的是，日本和韩国的文化与中国文化还是有所区别，但是其作为儒家文化圈的成员却与中国文化有许多同质的地方。本书这里的文化指儒家文化的概念，而不单纯局限于中国文化。

④ ［美］孙隆基著：《中国文化的深层结构》，广西师范大学出版社，2004 年，9 页。作者在这里将规则结构称为“文法”结构，笔者认为这个概念和“规则结构”的概念内涵基本相同。

⑤ 文化对政治的影响是非常复杂的，涵盖的面向也非常多，本书因篇幅所限，主要论述东亚传统文化中的人情取向对政治变迁与政治衰退的影响。

题，从 1976 年到 1990 年期间做了跟踪调查。调查共列举了四条理由：一、喜欢候选人的人品和主张。二、基于各种人情和亲情关系。三、出于事业和职业上的关系。四、其他理由。调查结果显示，民众选择后援会时，人品主张、亲缘关系和职业上的理由大约各占 30% 左右，不同年份这三者所占比率略有不同，上下有所浮动，但是“三分天下”的局面没有太大变化。① 也就是说，在日本，不管候选人的政策如何，大概会有三成左右选民因为亲缘关系成为候选人的“铁票”。在韩国，文化的影响以另一种面貌表现出来，候选人所出身的选区多会支持该候选人。在表面上来看，这种情况是政治资源分配不均衡的结果，即某一地区的民众对其他地区的领导人能否公平分配政治资源表示怀疑。但是实质情况可能未必如此。对于领导人来说，敉平地区间的不平等和不平衡，为落后地区民众造福，也是其职责所在，更是取得道义支持的重要途径。领导者为了取得自己家乡之外的民众支持，也会采取一些相应的措施实现资源分配的平衡。但是地域性问题的长期存在本身就说明利用资源分配去获取自己家乡以外民众支持有很大的难度。这个问题见之于中国台湾，则是所谓“全民总统”根本不可为。对执政党来说，政治资源分配向政治对手倾斜未必能争取到他们的支持，反而有丧失自己内部同志支持的危险。陈水扁和马英九的经历都先后说明了这一事实。

台湾的选举活动中，情感取向在一定程度上淹没了政策理性。候选人通过与选民“博感情”的方式，形成了特殊的动员机制。② 按照一般的模式，政治人物为了培养固定的支持群体，汲汲于基层人际网络的经营，这种经营模式反映了传统社会重人情的特征。大致说，儒家社会的人际关系网络通常建立在亲族社会系统的基础上，以亲族成员为中心向四周扩散至其他的群体，形成了一个包括不同圈层的人际关系圈。对于亲族以外的群体，主要以拟血缘的方式形成人际关系网络。围绕这个人际关系网络，形成了政治人物的基本支持群体。也就是说，以亲族为中心形成的关系网络，在本质上是亲密的、情感的、忠诚的与合作的。这个支持群体的忠诚度一般都比较高，属于“铁票”群体。愈到基层，以亲族关系为中心、以人情关系为纽带组织政治生活的特征也就越为明显。人情是需要经营的，所以在政治人物的活动中，与选民“博感情”，争取他们的支持就是中心任务。“博感情”的手法多种

---

① 王振锁著：《战后日本政党政治》，人民出版社，2004 年，315—316 页。

② 这里选取的台湾个案的部分内容曾公开发表，见陈星著：《台湾选举文化论略》，《北京联合大学学报（人文社会科学版）》，2006 年 4 期。

多样，在“立法院”问政是一种方式，类似原来民进党某“立委”每天早晨去公园陪着选民跳舞之类的行为也可以成为一种有效方式。不管手段如何，目的是要取得选民的支持，选民的喜好决定了“博感情”的方式。

当然，在人情关系的背后还是利益在驱使，但是在人情规则下，却使这种利益交换多了一些温情的面纱。黄光国认为，在中国人社会中，人情既指人与人进行社会交易时，用来馈赠对方的一种资源；也指中国人社会中人与人应该如何相处的社会规范，即以馈赠礼物、互相问候、拜会等方式与其关系网内的其他人保持联系和良好的人际关系以及受了别人的恩惠，应当时时想办法回报的社会规范。①显然，这里的交易是暗的、附带的，而情感才是明的、主要的人际关系形式。这种情况下的交易强制性色彩并不浓厚。在台湾，政治活动人情化的情况非常明显。以政坛久为人诟病的“买票”行为为例，有研究表明，台湾社会对买票的看法并不符合西方民主理论中的应然规范。“买票在台湾人眼里不是被理解成贿选，而是被理解成人情往来以及与面子有关的东西。”从这个意义上说，台湾社会出现的买票现象和台湾地区经济发展水平、制度结构并不是线性相关的关系，它只是“人情”这一人类学现象在政治场域中的自然延伸而已。“是中国人社会里风俗民情和惯有行为模式在政治竞选中的表现。”② 也就是说，同样是利益交换，但是在人情社会中却和西方社会中表现形式不同，其特征及对政治的影响也有很大差异。

以情感取向为主要特征的政治行为与政策理性的诉求之间存在着本质上的紧张。一方面，在情感取向政治行为模式下，政策理性被挤压到了不起眼的角落，在选举中政策辩论处于一种可有可无的境地。在台湾的选举中，族群身份诉求在政治动员中可能比政策诉求更为有效。另一方面，在情感取向影响下，经常出现政治人物对制度的不尊重，从客观上降低了制度对政治运作规范的约束功能。陈水扁在执政八年中所宣示的“台独”理念和“去中国化”政策以及“一边一国”论调，根本就是违背“中华民国宪法”的。这种以政治理念来否定并公然违背“宪法”的现象，在世界民主史上也是不多见的。但是在蓝绿分裂的台湾社会，反对党却无力，或不愿对这些行为进行反制。故而多年以来尽管在台湾社会中有要求政治行为

① 黄光国著：《面子——中国人的权力游戏》，中国人民大学出版社，2004 年，11 页。
② 丁学良著：《从买票看中国的选举文化》，《天涯》，1999 年 1 期。

回归政策理性的呼声，但多处于曲高和寡的境地。

情感认同一旦出现，就会通过一定的机制进行自我生产和自我强化。情感认同可以产生凝聚力相对较高的团体（group），而团体一旦形成，团体思维（groupthink）也立即产生，使得“人们在决策及思考问题时会过分追求团体的一致”。[①] 这种情况会反过来对个体产生巨大压力，迫使个体服从。团体思维可以对民众的政治认知进行重新塑造，并逐渐通过选举内化为新的政治理念，系统改变民众的政治认知结构。

所以，猪口孝在谈到环太平洋亚洲地区的政党时认为，这一地区的典型政党都是一个有广泛包容性的组织。它的政策原则极为含糊，它的组织建设，它的运作，都是通过极其强大的个人网络来进行的。政党的主要作用，是从草根的层次上为政府招募支持者。[②] 个人网络的形成，既有情感的因素，也有“恩庇—侍从”的特征，这种情况的出现，与东亚地区的文化传统显然有很强的关联性。

4.2.2　制度移植、文化重构与政治衰退

东亚社会文化传统对政治衰退的影响无处不在。这种影响在不同类型的社会中有不同的表现形式。从原因上说，政治变迁可以分为两种类型：内生型政治变迁和外生型政治变迁。前者是指没有大规模外族军事和文化入侵的情况下，社会通过缓慢发展而实现的政治变迁。这种变迁是在自身文化基础上发展起来的，与自身的文化基础是相容的。后者是指在外来文化和政治冲击的情况下实现的政治变迁。这种变迁是在文化碰撞的基础上展开，变迁结果未必与社会自身原来的文化传统兼容，而是要或多或少地反映外来文化的影响。非西方社会的民主化进程显然是属于后者。于是，非西方社会的文化传统在民主化的过程中，与新制度和新文化的关系就较为复杂。一方面，文化传统会对民主制度表现出一定程度的抵抗；另一方面，西方民主制度会反过来影响文化传统，使其发生改变。

先来看文化传统对西方民主制度的抵抗。民主化不可能脱离文化传统的背景展开。英格哈特（Ronald Inglehart）说，20 世纪 90 年代从拉丁美洲到东欧与东亚的观察家得出一个结论，认为在民主化过程中遭遇问题时，文化因素扮演很重要的角

---

① 侯玉波著：《社会心理学》，北京大学出版社，2002 年，220 页。

② ［日］猪口孝著：《亚洲式民主?》，见［日］猪口孝，［英］爱德华·纽曼，［美］约翰·基恩编，林猛等译，《变动中的民主》，吉林人民出版社，1999 年，221 页。

色，只是采行民主制度是不够的。在文化中，信任、容忍富裕与参与的价值观，似乎特别重要。长期而言，不是通过改变制度或是领导阶层的大力推动民主就可以轻松获得，民主能否获得并存续下去，还是得依靠一般民众的价值观与信仰。[①] 民主化的成败与否，与民众对政治制度的认同有密切关系，而政治认同的改变并不一定取决于经济发展和制度设计，而是取决于社会和个人的价值系统。

在民主化过程中，虽然受到了强烈冲击，传统行为模式和文化认知顽强地保持着自己的核心内涵。金耀基先生在谈到台湾的文化变迁时说，经历了现代化的冲击，台湾社会已从一个强势的家族性形态组织趋向一个非家族性形态组织。越来越多的人重视的是核心家族的关系，而不是扩展性的家族关系。应指出者，台湾家庭结构与价值观尽管有了重要变化，但是中国家庭的核心价值却未丧失，几乎有一半的年轻人都把祖先联系视为生命中最重要的价值之一，并且继续做祖先崇拜的仪式。对家的忠诚依然，男女个人仍然珍重对父母和子女的关系，最可注意的是孝道观念仍然持续存在，“男大当婚，女大当嫁”、“结婚生子”几乎是一种普遍性的承担，而今日的台湾，父母为了子女未来还一样会在教育上作巨大的投资。研究者指出，台湾地区的“家”虽然在工业化、都市化的洗礼下已发生了剧变，但是中国“家”的特性却依然强力地维持下来。[②] 在民主化的过程中，文化传统的形式在变化，不变的是其内核。这种情况在日本和韩国也是如此。

在文化传统与民主化的激荡下，东亚社会形成了与西方不同的政治观念系统：一、由政府领导市场经济，不仅是必要的，也是最理想的；二、虽然法律是社会稳定最起码的条件，“构成整体所必需的团结”却是只有透过人道的方法才能获得，高压政治永远无法建立文明的模式；三、家庭是社会的基本单位，也是核心价值观传承的基本单位；四、公民社会在家庭之上，而在国家之下，但是其兴盛并非因为是介于两者之间的自治体，其内在优势在于介于家庭与国家之间，有相当大的影响力；五、教育应该是社会的宗教，教育的主要目的是培养人格，学校要培养健全的人，除了智育，也要强调德育；六、家庭规范、政府管理，以及世界和平的根源是

---

① ［美］英格哈特著：《文化与民主》，见［美］哈瑞森（L. E. Harrison）、［美］塞缪尔·亨廷顿主编，李振昌、林慈淑译：《为什么文化很重要》，（台湾）联经出版事业股份有限公司，2003 年，115—119 页。

② 金耀基著：《中国的“现代转向”》，Oxford University Press（China）Ltd，Hong Kong，2004，pp. 113 – 114.

自我约束，因此社会的生活品质决定于成员的自我约束能力。[①]这些看法与西方社会普遍存在的以个人为中心的政治认知有很大差异。所以，东亚民主化过程中的政治衰退问题，如果要追溯根源的话，还是要回到文化背景的原点上去讨论。在这个意义上说，东亚国家的政治衰退是具有东亚特色的，因为基本上每一种政治衰退都可以找到自身特有的文化根源，相应地，解决这些衰退问题也只有在东亚社会的文化基础上才能够找到合适的药方。

韩国前总统朴正熙对这种制度移植与文化基础冲突导致的政治衰退现象早就有过反省：西方的民主制度"不可能连根带土输入进来"，在"后进的民主国家里，过激地模仿西欧的文明制度结果会使既有的传统社会结构急速崩溃，这难以建构具有连续性的民主国家，社会的崩溃和不能与重建步调相一致的结果，包含着各种各样的危险和不安"。[②] 朴正熙说出了民主化对于发展中国家和地区最为凶险的关键所在：民主化国家和地区的制度变迁如果不能和文化等结构性变迁相协调，在相当多时候产生的是政治衰退而不是政治发展。韩国在二战结束后确实是按照美国的三权分立原则设计政治制度，但是后来这种制度结构不断遭到侵蚀，军事政变与政治动荡交替出现，行政权的高度集中也成为令人头疼的问题。

这里牵涉到的问题还是民主制度的"本土化"问题。西方民主制度在运作中，通过自身的不断调整以适应植入地的文化传统，同时也通过自己的影响改造植入地的文化样态。在这个过程中必然出现政治衰退，不过烈度不同而已。如果政治衰退没有超出整个社会可以接受的范围，社会还可以保持基本稳定，但是如果政治衰退的烈度超出了社会能够承受的范围，可能导致政治动荡甚至是政治崩溃。

所以，在上述东亚国家和地区的民主化过程中，制度移植不过是一个前奏，而

---

① 杜维明著：《东亚现代化意义初探》，［美］塞缪尔·亨廷顿主编，李振昌、林慈淑译：《为什么文化很重要》，（台湾）联经出版事业股份有限公司，2003 年，365—366 页。李路曲对于传统文化在现代的表现有较为简洁的看法，他认为：（1）在看待个人和集体的关系方面，它强调集体的地位，把家、国家或社会的利益放在第一位，要求个人服从集体和社会，个人只有与国家和社会保持一致才有自己的价值。因此，儒式社会反对个人主义，强调集体主义。（2）在看待国家体制方面，其现实表现是：儒式政治家大都主张强大的政府，认为管理最好的政府，就是那些管得最多的政府。他们实际上赞同传统的儒家社会观，即领导人应该是道德化的，而追随者应该绝对服从。见李路曲著：《东亚模式与价值重构》，人民出版社，2002 年，344—345 页。

② 曹中屏著：《韩国传统文化与现代化》，载《韩国学论文集》（第 2 辑），社会科学文献出版社，1995 年。转引自文勇、吴丛环著：《过渡与超越：韩俄政治民主化进程的比较分析》，《今日东欧中亚》，1998 年，4 期。

不是结果。比较日本、韩国和中国台湾地区的民主化进程，这些国家和地区的民主化都属于外生型的政治变迁。日本和韩国二战以后在美国保护之下建立了民主制度，不过不同的是美国对日本的控制更加严格而已。中国台湾的民主制度则是台湾光复以后直接由国民党当局带过去的。可以说，这些国家和地区走的是先有西方民主制度而后有民主化的道路。及至这些制度运作起来以后，事实证明，上述国家和地区仍然是按照文化传统所塑造的行为模式进行政治活动。所以，在东亚这些国家和地区的民主制度中，同样的政治制度，可能与西方社会有着几乎完全不同的实施结果。就政治参与来说，美国的政治参与推动了利益分化的出现，但是在东亚社会政治参与却推动了族群与地域区隔的出现。① 这种分化在韩国表现为地域政治，在中国台湾表现为省籍族群问题。这种差别反映出的是东西方政治参与者思考问题逻辑起点的不同。在西方社会，“理性人”假设不仅在经济领域存在，政治领域也存在，所以说西方有理性选择学派，安东尼·唐斯甚至将理性投票作为投票行为的基本逻辑起点。② 但是这种理性选择的逻辑在东亚儒家文化地区的分析功能无疑大打折扣。

民主制度本土化的另一面，是对植入地文化的影响。如果说文化是一种观念支配下的行为方式的话，那么制度无疑会对这些观念及行为方式产生影响。民主化过程中，法制观念、民权观念都不同程度地普及开来，以竞争性选举为中心展开的政治行为和社会治理方式也得到了越来越多的认可。这些观念改变成为民主制度新的支持基础。于是，文化传统与西方民主制度的契合性越来越高，文化传统在西方民主制度下找到了发挥影响的基本路径。正因为这样，杜维明认为东亚的民主化和现代化的成功，在于完成这个过程的同时却没有彻底西化，这说明文化传统对现代化和民主化过程的巨大影响。③ 其实，问题不在于“没有西化”，而在于根本不可能“完全西化”，民主化的过程就是制度移植与制度生长相结合的过程。文化的重构和制度与文化的重新契合是政治衰退的基本语境，民主化成果巩固的过程意味着政治发展的制度化，同时也意味着政治衰退的制度化。

---

① 这并不是说西方社会没有族群问题，加拿大的魁北克问题就是例子。本书意指，总体上说西方社会的民主参与还是以政策取向为主。

② ［美］安东尼·唐斯著，姚洋等译：《民主的经济理论》，上海世纪出版集团，2005 年，第一部分，第三章。

③ ［美］杜维明著：《东亚现代化意义初探》，［美］塞缪尔·亨廷顿主编，李振昌、林慈淑译：《为什么文化很重要》，（台湾）联经出版事业股份有限公司，2003 年，368—369 页。

4.2.3 民主化与政治衰退的制度化

比较日本、韩国和中国台湾地区的民主化进程及其结果可以看出，在民主化过程中，政治衰退有长期化和固定化的趋势。在这些国家和地区，民众对一些典型的政治衰退现象并不是不反对，诸如“黑金政治”、地域政治、派阀政治等问题，一直是民众久为诟病的问题，但是这些问题却一直难以解决。台湾的族群政治对社会荼毒甚深，也广遭民间非议，却一直是泛绿阵营的主流思维，挑动族群矛盾成为政治人物乐此不疲的选择。何以至此？

民主化过程本身就是治理模式的改变。在本书讨论的几个国家和地区中，民主化是二战以后，原有治理模式崩解和新治理模式确立的过程。新治理模式的核心就是以选举为中心的政治制度安排。有选举就会有动员，于是以最有效的方式动员起民众的支持并以此为基础取得政权，成为各个政党的首要目标。正如台湾的一位政治人物所说，如果没有政权的话，什么都不要谈。在这种情况下，民主的诉求与政治现实之间的差距就会显露出来。对于政治人物来说，政治动员的有效性与民主诉求的价值标准是可以分离的。也就是说，只要动员有效，讲不讲政治道德并不是政治人物要考虑的首要问题。在韩国，地域主义因为能够凝聚选票，所以就屡屡被政治人物所利用；中国台湾地区的族群问题也是在这种背景下被建构出来并不断被强化。民主化在放松了国家和政府对社会的控制之后，对这种与民主价值诉求相反的政治行为很难进行反制。于是，在民主化过程中，这些政治衰退现象日益增多。

民主化的过程同时也是新的社会治理模式（政治变迁）制度化的过程。目前有些学者在谈到“制度化”的概念时，对这个概念赋予了太多的价值色彩，一般认为“制度化”就是好的，意味着稳定与发展。但是事实并非如此。亨廷顿在谈到制度化时，并没有强调其价值色彩，相反，他认为政治组织和程序制度化的概念可以将政治发展与政治现代化区分开来。制度化可以用来对任何类型的政治系统进行分析，而不仅仅是现代政治系统。这里，“政治现代化”是带有价值色彩的，意味着“进步”与“发展”，而“制度化”的概念却没有。亨廷顿的“制度”概念是指“稳定的、可预期的和周期性发生的行为模式。”① 制度化则是“组织和程序获取价

---

① ［美］塞缪尔·亨廷顿著，王冠华等译：《变化社会中的政治秩序》，世纪出版集团，2008 年，10 页。王冠华译本中对“制度”概念的翻译似乎有些问题。作者的原文是：Institutions are stable, valued, recurring patterns of behavior. 王冠华的译本将 valued 翻成了“受珍重的”，但是比较上下文，似乎翻译成“可预期的”更为恰当一些。李盛平的译本将其翻译成“受尊重”，似乎也有问题。

值和稳定性的一种进程。"[①] 在亨廷顿的话语体系中，制度化的概念并不意味着政治系统的单向运动，相反，政府（或机构）一边成长、成熟，一边衰退、终结。更有意义的是，制度化概念强调正在发生的政治现代化进程与政治结构变化的相互作用。政治结构变化包括两个方面的意涵：一是政治结构的强化、稳定性增加或者是弱化；二是政治结构保持传统、转型或现代性的状态。[②] 制度化其实与价值无关，而且制度化和政治稳定并非呈现出线性相关的关系，政治动荡也可以以制度化的形式表现出来。所以，政治衰退在民主化过程中的制度化其实是民主政治发展的重要组成部分。在上面这三个国家和地区中，"恩庇—侍从"体制的制度化就是典型的例子。日本的派阀政治、中国台湾的派系政治、韩国的地域政治，[③] 都是政治衰退制度化的具体表现形式。

政治衰退制度化意味着政治衰退的影响长期化。制度化本身是一种政治观念和政治行为的积淀。以竞争性选举为中心的选举制度本身就是一种汰洗机制，它将不为社会主流所认同与支持的政治行为及政治认知清除出去，而将最为民众认同的部分保留下来。这里需要注意的是，保留下来的东西虽然有"民意基础"，但是并不意味着是合价值的。例如台湾的对立性族群建构，虽然得到了泛绿民众的支持，但对台湾社会族群和谐的消极影响是显而易见的。也可以反过来说，经过选举汰洗后留下来的东西不一定是好的，却一定是为大部分选民所承认的，至少是默认的。此即为政治行为和政治认同形成和发展的社会心理学基础，它往往反映出的是一个共同体最深层次的"文化无意识"对政治行为的影响。反过来说，民众的政治行为和政治认同又会对候选人的选举策略形成导向作用，从利益取向上形塑选举文化的形态。

在韩国，学界基本一致的看法是，地域主义是韩国的民主病之一。但是，在选

---

① ［美］塞缪尔·亨廷顿著，李盛平、杨玉生译：《变革社会中的政治秩序》，华夏出版社，1988年，12页。王冠华的译本将其翻译成"组织和程序获取价值观和稳定性的一种进程。"见亨廷顿上引书，10页。这个翻译似乎有问题，组织和程序如何能有"价值观"？所以，如果比较来看的话，还是李盛平的翻译较为合理。

② Samuel P. Huntington, "Political Development and Political Decay", World Politics, Vol. 17, No. 3 (Apr., 1965), p. 393.

③ 王菲易认为，地域主义虽然使韩国的政党极其脆弱，但是却推动了民主规则的制度化。主要的政党很少采取体系外的措施以打破持续运作的民主游戏，因为他们在现行的制度框架下有机会通过地域的联合分化以获取政权。见王菲易著：《地域主义与韩国民主化转型：一种过程分析》，《当代韩国》，2008年夏季号。

举动员机制下，却根本不可能在短期内消除这个问题。相反，由于政治人物在选举动员中的不断煽动，在一定时期内地域问题反而可能会变得更加严重。中国台湾的族群政治情况也大致相仿。再如，日本政治中大量存在的后援会，成为派阀政治和“金权政治”的重要中介，“派阀之争靠实力，实力靠选票，选票靠金钱。于是，自民党就形成靠金钱发展后援会，靠后援会拉选票的‘金权政治’，后援会成为自民党金权政治中的重要一环。”① 可以看出，“金权政治”有深厚的社会基础，要想消除其影响是一个几乎不可能的任务。易言之，在民主化过程中，这些政治衰退现象是因为民主化的需求而出现，又在政治变迁中实现了与制度的兼容，政治衰退本身就成为民主制度的一个组成部分。

4.3　政治衰退与社会治理

通过比较可以知道，政治衰退在东亚国家中是一个较为普遍的现象，那么接下来的一个问题是：政治衰退对社会治理有什么影响？正如我们看到，中国台湾地区、日本虽然存在着政治衰退的问题，但是政治变迁尚称平稳。中国台湾地区虽然出现了一定程度的动荡，但没有发生严重的社会失序和结构崩解。韩国虽然也经历了政治动荡，但经济发展和社会发展却没有停滞不前。所以，讨论政治衰退与社会治理之关系，就成为讨论台湾政治衰退理论意涵难以回避的题域。

4.3.1　政治衰退在民主化过程中的坐标

无论是原生型还是继发型的政治衰退，都意味着政治衰退是民主化过程中不可避免的现象。同时，政治衰退的基本样态也在一定程度上决定了民主化的成败，或者说，政治衰退的基本样态决定了经历民主化的国家与地区能否形成比较好的社会治理。

在最化约的层次上说，民主化的目标应该是社会的良好治理。这在政治学领域应该是较为一致的看法。李普塞特曾断言，民主必须满足两个基本条件，合法性与良治（good governance）。依他的看法，民主政府的基础应当是人民代表制，并且能对经济及行政机构作有效的控制。这是较为古典的关于民主目标的论述。当然，李

① 王振锁著：《战后日本政党政治》，人民出版社，2004 年，314 页。

普塞特所提出民主定义的前提假设是：所有的民主制度中都内在地包含了一种单一的价值体系。以这样的定义衡量的话，能够非常吻合李普塞特定义的只有西方民主制。这种判断的实质，主要是以美国的民主制度作为标准，对其他民主国家和地区的政治制度进行评价。① 后来，熊彼特给出了著名的民主程序性定义：民主方法就是那种为做出政治决定而实行的制度安排，在这种安排中，某些人通过争取人民的选票，取得做决定的权力。② 不过，熊彼特强调指出，单纯的程序性民主是没有意义的，"民主是一种政治方法，即为达到政治（立法与行政的）决定而做出的某种形式的制度安排。"因之其本身不能是目的。不管它在一定历史条件下产生的是什么决定都是一样，任何人要为民主下定义一定要以此为出发点。这里其实包含了两个方面的意涵：一、作为一种政治方法，民主同其他任何方法一样，本身不能是目的；二、对民主的合理忠诚必须有两个先决条件，即不但要有超理性价值的图式，而且要有可期望民主的命题，如果不限定一定的时间、地点和局势是没有意义的。③ 因此，达成社会治理即便不是民主化和政治变迁的终极预期，也是不可回避的目标。④

前面已经述及，实现良治的关键是治理能力。治理能力主要是指一个国家或地区的政府解决政治变迁过程中出现问题的能力。也有的理论认为，治理能力（governability）指一个国家或地区的政治机构指导该国家或地区经济和社会的能力，它依赖于政府本身的特点，同时也依赖于政府试图驾驭的那个社会的特征。⑤

---

① ［日］猪口孝著：《亚洲式民主?》，见［日］猪口孝、［英］爱德华·纽曼、［美］约翰·基恩编，林猛等译：《变动中的民主》，吉林人民出版社，1999 年，212 页。

② ［美］约瑟夫·熊彼特著，吴良健译：《资本主义、社会主义与民主》，商务印书馆，1999 年，395—396 页。

③ ［美］约瑟夫·熊彼特著，吴良健译：《资本主义、社会主义与民主》，商务印书馆，1999 年，359—360 页。

④ 至于民主化能否解决发展中出现的问题，则是另外一个题域。从世界范围内的民主化历程来看，民主化未必能解决一个国家和地区所关心的问题。所以，林兹（Juan Linz）曾经追问，民主化能够使社会的生产更加提高、更好地利用资源、更好地融入发达国家占优势的世界市场吗？民主化在给他们带来政治整合、利益重新分配、国家认同危机压力的同时，能够让他们取得科学技术上的突破吗？他认为，对这些问题显然不可能有确定的答案。见 Juan Linz，"Europe's Southern Frontier：Evolving Trends toward What?" Daedalus，Vol. 108，No. 1，Looking for Europe（Winter，1979），pp. 175 –209.

⑤ ［英］戴维·米勒、［英］韦农·波格丹诺主编，邓正来译：《布莱克维尔政治学百科全书·统治能力［governability］（制度卷）》，中国政法大学出版社，2002 年，311 页。本书将 governability 翻译成"统治能力"，但是其概念的内涵与本书的"治理能力"概念在相当程度上是重合的。"统治能力"概念出现的背景是：20 世纪 70 年代，民主政治体制的"统治能力"受到质疑，政府费用在不断增长，在好几个国家里出现了意识形态运动的端倪，政府解决社会问题的能力受到了怀疑。这里其实指的就是本书所说的"治理能力"，因此本书采用"治理能力"的译法。

治理能力至少包含以下几个层面的内容：一是政策执行的效率，即政治权威能够在多大程度上得以贯彻。二是政治整合及其制度化程度，以及强化整个社会的耦合机制以应对冲击的能力，这种冲击可能来自外部，也可能来自内部。这种能力所反映出的是制度的韧性和弹性。① 从这个意义上说，在民主化过程中，政治发展与政治衰退是伴生出现的，政治发展只有在政治衰退的镜像中才能形成自己基本样态的表达。

简单地说，通过民主化过程实现社会治理其实是新的社会统合模式如何与社会运作机制实现协调的过程，或者说，新的统合模式如何找到与被植入社会兼容的政治运作规则的过程。在东亚国家的民主化过程中，政治制度很多都是属于西方的舶来品，不管这些制度具有多少价值上的正当性，在现实政治生活中还必须要与本土政治的核心内容相结合才能生存下来。或者说，不管政治制度改变成什么样子，社会动员的基本模式都会在相当长的时间里维持运行已久的传统模式。在东亚社会，不管换了什么样的政治制度，人情社会对政治运作的影响在短期内不但不能消除，甚至削弱都很难。随着民主化的展开，围绕着文化传统展开的政治动员方式反而获得了更大的生存空间。在人情社会的背景下，以小恩小惠收买人心就成为可能。政治家也千方百计通过“感情投资”扩大自己的支持者群体。日本前首相田中角荣的“越山会”组织就是一个非常典型的例子。田中的选举地盘是远离城市的新潟县山区。精通土木建筑业的田中，利用他手中的权力在选区大搞筑路架桥等公共土木建筑工程，博得了当地选民的拥护。田中角荣在此基础上成立了“越山会”，扩大了自己的选举地盘，并把其他候选人排挤出去。到了 1983 年，越山会发展到了 317 个支部，拥有会员 95000 人。为了巩固越山会，田中十分注意与会员联络感情，每当会员有婚丧嫁娶等大事，越山会干部必以田中的名义前去祝贺、吊唁或送去礼品。越山会经常组织会员前去东京田中的住所拜访、参观，会员乘火车从新泻到东京，夕发朝至，田中每每以茶点招待，会员在两夜三天的日程中，浏览东京的名胜古迹。因此，越山会成为田中的铁杆“票仓”。② 在韩国和中国台湾地区，类似这样利用情感投资作为培养支持群体主要手段的情况也所在多是。

当然，随着民主化的展开，政治运作模式会有一定程度的改变，但这是一个长

① 见本书第一章第二节。

② 王振锁著：《战后日本政党政治》，人民出版社，2004 年，316 页。

期的过程。从心理学的角度说，政治行为一定是在文化传统的基础上展开。一方面，从心理上说，人类喜欢生活在一种可预测的环境中，惧怕脱离熟悉的环境，因此在心理上重视习惯远胜于创新，这也让传统的生活与思考方式获得相当大的影响力。[①] 另一方面，对于下层民众而言，根本没有去放弃传统的生活和思维方式的意识，或者说他们只会按照传统的方式去思考。所以说，激进的变革不易为人民所接受，即便被接受，又要被传统所改造。以是观之，民主化的过程其实是一个制度生长的过程，制度生长的最基本养料是传统的社会文化及其所决定的思维方式。从这个意义上说，民主化过程中的制度生长同时也是一个社会、文化选择和相互改造的过程。

从发生学的视角来看，民主化国家和地区的政治变迁过程表面上看是危机处理过程，即处理在民主化过程中出现的政治衰退问题，但是实质却是如何协调制度设计与政治运作机制的关系问题。能否实现社会治理和治理能力的高低是这种协调和整合的制度性后果。不过需要说明的是，在民主化过程中，政治衰退并不一定被消灭，或者说，政治衰退被消除不过是一部分的现象而已。在多数情况下，政治衰退作为政治运行结构被整合进了民主制度中来，成为民主化国家与地区民主运作机制中的一个有机组成部分。例如族群对立问题。到目前为止，族群的对立已经成为韩国与中国台湾民主制度中的重要机制，而族群矛盾在一定范围内的平衡也维持了民主制度的基本稳定。[②] 中国台湾的省籍族群区隔被民进党认为是政治动员的一个重要边界。韩国的地域族群区隔问题甚至被有的学者视为推动民主化的重要因素，认为地域对抗的空间形式对选举制度的演进、国家的成长、政党政治的发展产生着巨大影响。[③] 再如“金权政治”的问题，赫尔德指出，为了在自由民主的选举体制中保持权力，政府必须采取行动，确保私人得以有利可图和兴盛发达：他们（政府）依靠资本积累的过程，为了自身的目的，他们（政府）必须维护它。因此，政府的政策必须遵守政治的规则，保持至少有利于或偏向于发展私人企业和社团的基本取向。[④]

---

① 蔡东杰著：《民主的全球旅程：从欧洲走向世界》，（台湾）五南图书出版有限公司股份，2009年，87页。

② 当然，这不意味着族群问题的特征不会发生变化。事实上，随着民主化的进程，族群问题的样态一定会发生某种程度的改变，但是这个过程也是漫长的。短期内族群问题出现较大改变的可能性很小。

③ 王菲易著：《地域主义与韩国民主化转型：一种过程分析》，《当代韩国》，2008年夏季号。

④ ［英］戴维·赫尔德著，李少军、尚新建译：《民主的模式》，（台湾）桂冠图书有限公司，2002年，243—244页。

所以说，如果要形成良好的社会治理，政治系统就必须在新的民主制度下将诸如族群对立和政治腐败的结构和机制整合进来，否则这些机制在体制外运作，会对政治系统产生根本性冲击，对社会治理的实现影响很大。正因为如此，可以断定的是，经历了民主化过程的国家和地区虽然袭用了西方民主政治的基本框架，但是却在寻求制度生存的过程中形成了和西方民主制度不同的制度内核。

4.3.2　政治衰退与民主化过程中的社会治理

现在的问题是：民主化过程如何能够以比较平稳的方式将政治变迁的过程推展下去，而不被政治动荡和系统崩解打断呢？也就是说，民主化过程中政治系统如何处理政治衰退，从而可以使政治系统保持一定的治理能力呢？

桑奎斯特认为，社会特征从两个方面对治理能力产生影响：（1）社会分裂①程度。在语言、宗教、种族或地域上存在深刻政治分群标准的国家和地区，要比那些更具同一性的国家和地区难以治理。（2）全体国民的价值结构。治理能力和当时政府的合法性及权威性紧密相连。某些文化要比其他文化赋予权威以更高的价值，而其他文化中，传统的对家庭和其他社会集团的忠诚，会使得政府成为一个不那么重要的权威渊源。当政府不能激发象征性忠诚时，它就会在行使控制中遇到更多困难。② 这里的社会治理其实还是强调社会的控制及处理政治危机的能力，但是已经基本指明了政治衰退对社会治理的影响。

政治衰退对民主化过程中政治系统治理能力的影响主要取决于政治衰退的制度化水平。民主化过程中，政治系统的传统结构和运作机制，在制度安排调整后依然会发生影响，不过发生作用的模式不一样而已。在传统的东亚社会，家庭是组织社会政治生活的基本单位，以血缘关系为中心形成的恩庇关系得到鼓励，甚至在相当长的时期内成为政治运作模式的重要支柱。但是西方民主制度鼓吹个人价值和政治生活的政策理性，所以以恩庇关系为特征的传统政治行为在一定程度上成为政治衰退的表征。因此，能否实现政治传统与现代社会的兼容，将民主化过程中出现的政

---

① 这里的“社会分裂”概念和前文所说的“社会异质性”概念在内涵上是基本相同的。

② ［英］戴维·米勒、［英］韦农·波格丹诺主编，邓正来译：《布莱克维尔政治学百科全书·统治能力（制度卷）》，中国政法大学出版社，2002年，311—312页。桑奎斯特同时指出，影响治理能力的政府特征是：（1）公共官僚的素质；（2）官僚集团对当时政府目标的承诺同他们自己的组织目标或个人目标对立的程度；（3）政府决策的制度环境影响；（4）政党体制可能影响统治能力。这里已经省略了民主化过程中的政治变迁对社会治理的影响。

治衰退结构制度化并整合进政治系统，并在这个过程中逐步抑制其消极影响，是影响治理能力的关键。

例如，上文已经提到，在台湾民主化过程中，家庭基本结构虽然有了较大的变化，但是家庭的基本作用并没有消失。传统意义上的台湾地方派系就是在各种血缘及拟血缘关系的基础上组成的，大致上可以认为是家庭关系的扩大。按照赵永茂的定义，所谓地方派系，主要指以血缘、婚缘、地缘、语缘等关系为基础形成的政治结合或联盟，或者是借由为选民服务所建立的恩惠关系所形成的人际网络为政治动员的基础，通过选举的参与取得公职，再借由公职身份影响公共政策的制定，以汲取合法或非法的政治、经济和社会资源，再分配给派系网络成员的一种非正式政治团体。① 在台湾民主化的语境中，地方派系的功能类似于西方政治过程中的利益团体，发挥了利益表达的功能。上文已经提到，这其实是文化传统改造民主制度的过程，西方民主制度在传统的基础上寻求到可持续发展的运作模式。这一过程的根本，在于找到一个台湾民众和精英都可以接受的政治模式，可以在一定程度上降低政治冲突的强度。

同时，在民主化过程中，社会统合模式由刚性向柔性的转变使社会系统里面原本可以控制的矛盾变得难以驯服，而以竞争性选举为中心的政治运作模式又在客观上有强化分歧的功能。同时，社会控制力的减弱又在客观上强化了社会异质性的政治冲击力。于是，异质性社会的异质性在选举动员的过程中被不断放大，社会冲突也正是在这个基点上展开。前面提到，在上个世纪 60 年代以前韩国的地域性问题并不明显，但是随着选举的推进，地域性问题越来越成为韩国政治中一个难以治愈的痼疾。中国台湾的族群问题也大致相同。不过好在无论是韩国还是中国台湾，这些问题都是发生在同一民族和同一文化下面，族群矛盾引发的冲突不像在民族或种族异质性地区存在的族群冲突来得强烈。也就是说，韩国和中国台湾地区民主化过程中的族群问题所产生的政治衰退烈度并不高，也没有对政治制度形成根本性冲击。即便如此，如在台湾看到的那样，族群区隔带来的问题还是很严重。在 2009 年举行的高雄世界运动会其间，由于这是“泛绿的场子”，泛蓝的民众和政治人物，特别是北部的泛蓝民众和政治精英，有许多选择了不去参与的做法。同样，2008 年

---

① 赵永茂著：《地方派系与选举之关系：一个概念架构的分析》，（台湾）《中山社会科学季刊》，1989 年第 4 卷 3 期，第 58—70 页。

马英九上台执政后，民进党曾要求党籍公职人员辞去职务，以表达不合作的姿态。在这样的背景下，任何一场人事调整，只要是牵涉到蓝绿立场问题，都有可能变成“政治追杀”。泛蓝执政后台湾司法机关对陈水扁贪污案件的审理就被绿营说成是“政治迫害”。台湾社会对犯罪证据确凿的贪腐案件认知尚且如此分歧，更遑论其他了。

政治衰退是否对民主化过程中的社会治理形成致命冲击，主要取决于三个方面的因素：

一、政治衰退引发的政治冲突烈度是否足以威胁到制度的生存。这与上文桑奎斯特所讲的社会分裂程度有关。如果社会异质性表现为民族矛盾和宗教矛盾，则社会的异质性程度就比较深，因此引发的政治冲突就比较尖锐，甚至可能形成长期的敌对结构。在这种情况下，不但政权的合法性受到质疑，体制外的政治运动也会不断增加，甚至造成长期的政治对抗。本书比较的东亚几个国家和地区都是单一民族地区，宗教矛盾也不明显，所以相对来说社会异质性引发的政治冲突并烈度并不强。如果将比较的视野延伸到日本、韩国和中国台湾以外，高烈度政治冲突引发的政治动荡所在多是，前文提到的斯里兰卡就是一个典型例子。

二、各个政治势力是否能够形成在民主制度框架内进行竞争的共识。只要不突破以选举为中心之政治制度的基本框架，政治系统就有消解继发性政治衰退带来冲击的可能性。这要求各种政治势力都有遵守基本政治规则的共识。需要说明的是，这种共识在大多数情况下未必是主动的，而是客观环境促成的结果。以台湾为例。20 世纪 90 年代，民进党通过和李登辉的利益交换，在参与空间不断扩大的情况下，放弃了街头运动，向议会路线转化。90 年代民进党进行的政治转型一方面固然反映了民意的压力，另一方面也与李登辉对民进党的怀柔政策有关。在民意压力与李登辉“本土化独台路线”的一拉一推之下，体制内的选举路线在民进党内占了上风。自 1991 年以后，民进党内的务实“台独”派就逐步击败了“激进独派”而居于主流地位。1996 年民进党“总统”选举的惨败更是引发了民进党的分裂，使“台独”基本教义派脱离了民进党。该事件产生的一个重要结果就是，在民进党的政治路线中，“台独”虽然还是一个基本诉求，但是其工具性的色彩越来越浓，作为价值取向的色彩则越来越淡化。可以说，民进党转型的过程也是全面融入体制内斗争的一个过程。虽然民进党与国民党当局的权力争夺依然存在，并有越来越激化的趋势，但是民进党也越来越强调与李登辉当局的合作。事实上，在当时国民党一党独大的情况下，民进党与国民党采取对抗的策略并不能带领该党走上执政之路。李登辉与民进党在政治需求上的互补性和政治取向及政治诉求上的同质性，推动民进党选择了另外一条道路，即与国民党合作，组织“联合政府”，分享政权。许信良是这一理念的坚定推行者，他在接任党主席之后，开始全面推行与国民党的合作策略，并在1997年的“修宪”议题上与国民党结成了联盟。虽然这种做法遭到了以陈水扁为首的政治势力反对，但是并没有阻止民进党转入体制内。此后，民进党体制内斗争的方向越发明显，到1999年民进党通过“台湾前途决议文”时，首度承认“中华民国”，事实上可以认为是民进党在斗争路线上完全转入了体制内模式。于是，在台湾民主化过程中，虽然有低烈度的冲突，但是始终没有发生大规模流血冲突，也始终没有突破制度框架，这和民进党转向体制路线的取向有一定的关联。当然，这种斗争方式对当时处于弱势的民进党来说是最为有利的。

三、民主化解决问题的有效性，是影响社会治理能力的一个重要方面。显然，单纯为了民主化而民主化没有任何意义，不管何种形式的民主化都是要解决社会问题。所以，经历民主化过程的政治系统能否形成较为稳定的社会治理，必须要处理两个方面的问题：1. 处理物质层面的问题，即经济发展、惩治腐败、权力制衡等。同时，在文化传统的基础上，形成较为完善的制度运作机制，尽管这个机制与西方的政治运作机制已经大相径庭。2. 完成价值的整合，即建立起民众对民主制度的基本信任，最起码认同选举可以作为政府更迭的一个必要手段。与物质层面的处理问题能力比较起来，价值的整合更为重要。这种整合最重要的功能，在于理念的建构和价值共识的建立，一个社会价值系统共识对该社会的政治系统影响是巨大的。历史已经证明，在相当多的情况下，政治冲突并不是起源于真正地被剥夺，而是起源于相对被剥夺感。① 民众对西方民主制度的基本信任是支持这种民主制度能够存续的关键社会基础。

4.3.3 台湾的政治衰退与社会治理

民主化过程中出现的政治衰退对台湾社会治理的影响主要表现为不断强化的对

---

① ［美］约翰·弗里德尔著，李彬译：《社会与文化的变迁》，中国社会科学院民族研究所编：《民族学译文集3》，中国社会科学出版社，1991年，33页。相对的被剥夺感不仅在物质意义上出现，而且也在象征意义上出现。因此，当一个群体感到它的地位应比社会其他成员地位的更高时，就会产生一种相对的被剥夺感，相对被剥夺感只有在群体的层面上出现，才会成为导致社会运动的重要力量。

立结构对社会治理的冲击。李丁赞认为，台湾的民主进程是镶嵌在对立的意识形态之中。而这种政治上意识形态的分裂与对立，一方面往内发展，又镶嵌在本省/外省的族群政治之中，进而镶嵌在蓝绿的社会关系之中；往外则镶嵌在大陆与台湾的分立格局之中。[①] 在对立的政治结构下，一系列的政治衰退现象也随之而生，对社会治理造成很大影响。朱云汉教授从“良治”概念出发，明指台湾在政治稳定、政府效能、监管品质、法治指标及反贪污方面都落在香港之后，与新加坡更是不可同日而语。[②] 台湾政治衰退对社会治理的影响，概括起来说主要有以下几个方面。

一、“选择性正义观”加大了治理难度。在族群区隔的视角下，再加上“恩庇—侍从”体制的影响，台湾社会的价值观念系统显得较为混乱，在民进党及“台独”势力的操弄下，“何者为正义”的标准都变得非常模糊。这种情况在陈水扁家族弊案浮出水面后蓝绿阵营的攻防过程中表现得殊为明显。对于深绿的、支持陈水扁的选民来说，他们评价这一事件的标尺并不是道德准则，而是族群准则。对他们而言，贪污腐败本身并不重要，关键是谁在贪污，对属于外省人阵营的政治人物即自己政治对手的贪污，这些民众会不遗余力地追打，但是对“自己人”的、“本省人”的贪污却百般维护，这种“选择性正义观”的出现不过是台湾民主化过程中出现的较为极端的例子而已。是非观念的混乱反映出社会共识的缺失，在某种程度上也给政治衰退开辟了道路。对于当政的政治人物来说，假如贪污仍能够有大批的支持者，甚至可以不影响仕途的话，那么贪污的成本会大大降低。也正是因为这样，民进党内虽然发现大批高层人物出现腐败问题，但是该党却一直不愿面对这个问题，一直在包庇回护，甚至不惜运用自己手中的权力消灭证据，力图摆脱法律的制裁。对民进党而言，如果将贪腐的问题放到两岸关系的语境中，在民进党的支持者中会更具有“合理性”。在“台独”支持者那里，所有的行为都可以假“台独”的旗号进行，甚至陈水扁贪污的巨款都可以被解释成“台独建国基金”。按照石之瑜的说法，“台独执政以来，享受了许多非法利益，这种权力无边的感觉，又带来致命的吸引力，让台独领导浸淫其中，不能自拔。”[③] 这不过是选择性正义带来的政治

① 李丁赞著：《民主社会如何可能？二十年台湾经验的反省》，（台湾）《思想》第 11 辑：《民主社会如何可能》，（台湾）联经出版事业股份有限公司，2009 年，138 页。

② 蔡玮著：《复兴之路与衰亡之途：从失望到绝望?》，（新加坡）《联合早报》，2010 年，2 月 23 日。

③ 石之瑜著：《假——当代台湾的政治精神》，（台湾）海峡学术出版社，2006 年，8 页。

衰退对社会治理影响的一个例子而已。对一个社会来说，如果在一些基本的价值观上无法取得一致，这个社会要想达到良好治理，显然难度很大。

二、异质性社会中的政治对立和政治不作为。由于台湾存在社会异质性，政治对立的情况也很严重，社会生活泛政治化倾向就成为不可能避免的痼疾。在这种背景下，任何议题都有可能被包装成政治议题，政治斗争对整个社会生活的影响也会空前增加。从选举的角度来看，政治人物为了降低政治风险，往往会选择最为稳妥的方式施政，以免给政敌留下攻击的口实。因此，台湾行政当局往往给人一种处理问题能力弱化的印象。例如，对于两岸经贸来说，ECFA 的签署是不可避免的趋势，但是由于民进党的反对，国民党当局不得不一再推迟两岸相关协商的进度。因此，在台湾可以看到的吊诡现象是：虽然政治领导人的权力日益集中，且没有完善的制衡机制，但是执政当局处理问题的能力却逐渐弱化，社会治理能力在逐渐降低。

三、民粹主义盛行对社会治理能力的削弱。台湾的民粹主义政治是民主化的副产品，从根源上说是政治对立结构下的产物。在这种结构下，政治人物更容易走入民间动员起支持自己的基本群众。[①] 台湾民粹主义不仅具有民粹主义的一般特征，同时还具有自己的特点：1. 更多地表现为一种工具性的政治策略，一种被操纵的社会运动。2. 台湾民粹主义存在变为威权主义或民粹极权主义的危险。[②] 从对治理能力影响的角度上说，一方面民粹主义喜欢绕过制度进行政治动员，这本身对制度的权威性就是一个打击；另一方面政治人物通过民粹主义动员模式可以获得合法性，为其集权提供了便利，相反，对他们的监督却因为民粹的支持而难以加强。因此，民粹主义政治所带来的政治冲突对社会系统的整合能力是一个较大的考验。

在民主化过程中，由于国民党当局对整体政治局势的控制力较为强大，权力的开放也是渐进式的。在民主化过程中出现的政治衰退影响力的释放也是一个渐进的过程，而不是集中式和爆发式释放。同时，在台湾的民主化过程中，引发政治衰退的政治结构不断被整合到政治运作系统中来，成为政治运作规则的有机组成部分。例如，派系政治、“恩庇”结构、族群区隔等都成为台湾政治制度和政治运作规则的重要组成部分。经过了政治衰退的制度化过程，政治结构基本达到了相对平衡，政治局势也保持了相对平稳。当然，这一过程一直到现在还没有结束，政治变迁也

---

① 当然这并不是说民粹主义一定是在对立的结构上才能形成。事实上，在对立的结构上形成民粹政治不过是台湾的个案而已，本书不打算讨论其普遍性。

② 林红著：《民粹主义——概念理论与实证》，中央编译出版社，2007 年，273—275 页。

在缓慢向前发展。

台湾社会经过民主化过程后，虽然实现了相对稳定，但达成的只是一种低度治理。社会治理的程度可以按照定义，以其解决问题能力和结构整合能力为衡量标准。当然，政治稳定是实现良好社会治理一个非常必要的前提条件。政治衰退制度化导致其影响的长期化，台湾社会虽然实现了西方意义上的民主，但是社会异质性带来的冲突却依然存在，政治对立在短期内不可能消除，政治共识的形成更是需要长期的博弈与折冲。以是观之，台湾的社会治理要达到较高的程度，显然还有很长的路要走。

参考文献

（中文资料以作者姓名的拼音字母进行排序，英文资料以字母表顺序对作者姓名进行排列。）

一、中文

（一）专著

［英］爱德华·纽曼、［美］约翰·基恩编，林猛等译：《变动中的民主》，吉林人民出版社，1999 年。

［美］安东尼·唐斯著，姚洋等译：《民主的经济理论》，上海世纪出版集团·上海人民出版社，2005 年。

［英］安德鲁·海伍德著，吴勇译：《政治学核心概念》，天津人民出版社，2008 年。

［英］保罗·塔格特著，袁明旭译：《民粹主义》，吉林人民出版社，2005 年。

北京大学世界现代化进程研究中心主编：《现代化研究（第 3 辑）》，商务印书馆，2005 年。

［美］伯恩斯著，常健等译：《领袖论》，中国人民大学出版社，2006 年。

［比］J. M. 布洛克曼著，李幼燕译：《结构主义》，中国人民大学出版社，2003 年。

蔡东杰：《民主的全球旅程：从欧洲走向世界》，（台北）五南图书出版有限公司股份，2009 年。

蔡明惠著：《台湾乡镇派系与政治变迁》，（台湾）洪叶文化事业有限公司，

1998 年。

陈峰君著:《东亚与印度:亚洲两种现代化模式》,经济科学出版社,2000 年。

陈癸淼著:《论台湾》,(台湾)海峡学术出版社,2002 年。

陈国霖著:《黑金》,(台湾)商周出版,2004 年。

陈鸿瑜著:《政治发展理论》,吉林出版集团有限责任公司,2009 年。

陈荔彤著:《台湾主体论》,(台湾)元照出版有限公司,2004 年。

陈明通著:《派系政治与台湾政治变迁》,(台湾)新自然主义股份有限公司,2001 年。

淳于淼泠著:《宪政制衡与日本的官僚制民主化》,商务印书馆,2007 年。

辞海编辑委员会编:《辞海》,上海辞书出版社,2000 年。

[英] 大卫·马什、格里·斯托克编,景跃进、张小劲、欧阳景根译:《政治科学的理论与方法》,中国人民大学出版社,2006 年。

戴国煇著:《台湾研究集外集》,(台湾)远流出版事业有限公司·南天书局有限公司,2002 年。

戴国煇著:《台湾史探微——现实与史实的相互往还》,(台湾)远流出版事业有限公司·南天书局有限公司,2002 年。

戴国煇著:《台湾结与中国结》,(台湾)远流出版事业有限公司·南天书局有限公司,2002 年。

[英] 戴维·米勒、[英] 韦农·波格丹诺主编,邓正来译:《布莱克维尔政治学百科全书》,中国政法大学出版,2002 年。

戴正德著:《非常台湾——台湾人的意识与认同》,(台湾)望春风文化事业股份有限公司,2004 年。

[美] 丹尼·罗伊著,何振盛等译:《台湾政治史》,(台湾)商务印书馆股份有限公司,2004 年。

邓正来、J. C. 亚历山大编:《国家与市民社会》,中央编译出版社,2002 年。

[英] 弗里德里希·奥古斯特·哈耶克著,王明毅等译:《通往奴役之路》,中国社会科学出版社,1997 年。

[意] G·萨托利著,王明进等译:《政党与政党体制》,商务印书馆,2006 年。

高民政著:《台湾政治纵览》,华文出版社,2000 年。

[美] 格林斯坦、波尔斯比编,储复耘等译:《政治学手册精选》,商务印书

馆，1996年。

葛永光等著：《现代化的困境与调适——中华民国转型期的经验》，（台湾）幼狮文化公司，1989年。

关凯著：《族群政治》，中央民族大学出版社，2007年。

关海庭主编：《20世纪中国政治发展史论》，北京大学出版社，2002年。

郭定平著：《韩国政治转型研究》，中国社会科学出版社，2000年。

郭洪纪著：《台湾意识与中国情结》，（台湾）慧明文化事业有限公司，2002年。

郭秋永著：《当代三大民主理论》，（台湾）联经出版事业公司，2001年。

［美］哈罗德·D·拉斯韦尔著，杨昌裕译：《政治学》，商务印书馆，2000年。

［美］哈瑞森（L. E. Harrison）、［美］塞缪尔·亨廷顿主编，李振昌、林慈淑译：《为什么文化很重要》，（台湾）联经出版事业股份有限公司，2003年。

何明修著：《社会运动概论》，（台湾）三民书局股份有限公司，2005年。

侯玉波著：《社会心理学》，北京大学出版社，2002年。

胡佛著：《政治文化与政治生活》，（台湾）三民书局，1998年。

黄光国著：《面子——中国人的权力游戏》，中国人民大学出版社，2004年。

黄光裕著：《中国民国的政治发展——民国三十八年来的变迁》，（台湾）扬智文化事业股份有限公司，1996年。

黄嘉树、程瑞著：《台湾选举研究》，九州出版社，2002年。

黄俊杰著：《儒学与现代台湾》，中国社会科学出版社，2001年。

黄荣坚、许宗力等编纂：《月旦简明六法·中华民国宪法》，（台湾）元照出版有限公司，2009年。

［美］霍华德·威亚尔达著，刘青、牛可译：《新兴国家的政治发展——第三世界还存在吗?》，北京大学出版社，2005年。

［美］加布里埃尔·A·阿尔蒙德、西德尼·维巴著，马殿君等译：《公民文化——五国的政治态度和民主》，浙江人民出版社，1989年。

姜南扬著：《台湾大转型——40年政改之谜》，（台湾）克宁出版社，1995年。

金耀基著：《中国的“现代转向”》，Oxford University Press（China）Ltd，Hong Kong，2004。

鞠海涛著：《民进党社会基础研究》，九州出版社，2004年。

［德］卡尔·施米特著，刘宗坤等译：《政治的概念》，上海人民出版社，2004年。

［英］昆丁·史金纳著，奚瑞森、亚方译：《现代政治思想的基础·卷一·文艺复兴》，（台湾）左岸文化，2004年。

李非著：《台湾经济发展通论》，九州出版社，2004年。

李路曲著：《东亚模式与价值重构》，人民出版社，2002年。

李路曲著：《当代东亚政党政治的发展》，学林出版社，2005年。

［美］里普森著，刘晓等译：《政治学的重大问题：政治学导论》，华夏出版社，2001年。

李文主编：《东南亚：政治变革与社会转型》，中国社会科学出版社，2006年。

李文主编：《东亚：政党政治与政治参与》，世界知识出版社，2007年。

李义虎著：《地缘政治学：二分论及其超越》，北京大学出版社，2007年。

李永炽、李乔、庄万寿等编：《台湾主体性的建构》，（台湾）财团法人群策会李登辉学校，2004年5月。

廖小平著：《分化与整合：转型期价值观代际变迁研究》，高等教育出版社，2007年。

林昶著：《两岸观察评论选（共四册）》，（澳门）东望洋出版社，2008年。

林红著：《民粹主义——概念理论与实证》，中央编译出版社，2007年。

林纪东著：《中华民国宪法释论》，（台湾）大中国图书公司，1977年。

林修果著：《宗法秩序变迁与行政现代化：以农村城镇化为分析视角》，吉林人民出版社，2006年。

林浊水著：《共同体世界图像下的台湾》，（台湾）左岸文化出版，2006年。

刘国深著：《当代台湾政治分析》，九州出版社，2002年。

卢建荣著：《台湾后殖民国族认同》，（台湾）麦田出版，2003年。

卢正涛著：《新加坡威权政治研究》，南京大学出版社，2007年。

［美］罗伯特·达尔著，李培元译：《民主及其批判》，（台湾）韦伯文化国家出版有限公司，2006年。

［美］罗伯特·帕特南著，王列等译：《使民主运转起来：现代意大利的公民传统》，江西人民出版社，2001年。

罗荣渠、董正华编：《东亚现代化：新模式与新经验》，北京大学出版社，

1997 年。

吕亚力著:《政治发展》,(台湾) 黎明文化事业股份有限公司, 1995 年。

《马克思恩格斯选集》(第 1—4 卷), 中央编译局编, 人民出版社, 1995 年。

[德] 米歇尔斯著, 任军锋等译:《寡头统治铁律——现代民主制度中的政党社会学》, 天津人民出版社, 2003 年。

[意] 尼科洛·马基雅维利著, 潘汉典译:《君主论》, 商务印书馆, 1985 年。

潘一禾著:《观念与体制》, 学林出版社, 2002 年。

彭怀恩著:《台湾政治发展民主化》,(台湾) 风云论坛出版社有限公司, 2005 年。

彭怀恩著:《中华民国政治体系》,(台湾) 风云论坛出版社有限公司, 2003 年。

彭怀恩著:《台湾政治发展的反思》,(台湾) 风云论坛出版社有限公司, 2000 年。

[瑞士] 皮亚杰著, 倪连生、王琳译:《结构主义》, 商务印书馆, 1984 年。

[丹麦] 乔治·索伦森著, 李酉潭等译:《最新民主与民主化》,(台湾) 韦伯文化国际出版有限公司, 2003 年。

[日] 青木昌彦著, 周黎安译:《比较制度分析》, 上海远东出版社, 2001 年。

瞿海源著:《真假民主》,(台湾) 图神出版社有限公司, 2005 年。

屈武著:《中国国民党史》, 西安交通大学出版社, 1990 年。

[日] 若林正丈著, 许佩贤、翁金珠等译:《台湾分裂国家与民主化》,(台湾) 新自然主义股份有限公司, 2009 年。

[美] 塞缪尔·亨廷顿著, 王冠华等译:《变化社会中的政治秩序》, 上海世纪出版集团, 2008 年。

[美] 塞缪尔·亨廷顿著, 李盛平、杨玉生译:《变革社会中的政治秩序》, 华夏出版社, 1988 年。

[美] 塞缪尔·亨廷顿著, 刘军宁译:《第三波——20 世纪后期的民主化浪潮》, 上海三联书店, 1998 年。

[美] 塞缪尔·亨廷顿著, 江炳伦等合译:《转变中社会的政治秩序》,(台湾) 黎明文化事业股份有限公司, 1981 年。

[英] 珊妲·慕孚 (Chantal Mouffe) 著, 林淑芬译:《民主的吊诡》,(台湾)

巨流图书有限公司，2005 年。

沈文莉、方卿主编：《政治学原理》，中国人民大学出版社，2007 年。

［美］施密特、谢利、马迪斯等著，梅然译：《美国政府与政治》，北京大学出版社，2005 年。

施正锋著：《台湾民族主义》，（台湾）前卫出版社，2003 年。

施正锋著：《台湾政治建构》，（台湾）前卫出版社，1999 年。

石之瑜著：《假——当代台湾的政治精神》，（台湾）海峡学术出版社，2006 年。

宋玉波著：《民主政制比较研究》，法律出版社，2001 年。

宋志勇著，王振锁主编：《全球化与东亚政治、行政改革》，天津人民出版社，2003 年。

苏子琴著：《权与钱——透视台湾政商关系》，（台湾）新新闻文化事业股份有限公司，1992 年。

孙代尧著：《台湾威权体制及其转型研究》，中国社会科学出版社，2003 年。

［美］孙隆基著：《中国文化的深层结构》，广西师范大学出版社，2004 年。

孙晓莉编著：《国外廉政文化概略（第 3 辑）》，中国方正出版社，2007 年。

陶文钊主编：《冷战后的美国对华政策》，重庆出版社，2006 年。

［美］托德·兰德曼著，周志杰译：《比较政治的议题与途径》，（台湾）韦伯文化国际出版有限公司，2003 年。

［法］托克维尔著，董果良译：《论美国的民主》，商务印书馆，2004 年。

王邦佐等编：《新政治学概要》，复旦大学出版社，2006 年。

王彩波主编：《西方政治思想史——从柏拉图到约翰·密尔》，中国社会科学出版社，2004 年。

王甫昌著：《当代台湾社会的族群想象》，（台湾）群学出版有限公司，2003 年。

王建民著：《民进党政商关系研究》，九州出版社，2004 年。

王建民著：《台湾的“黑金政治”》，鹭江出版社，2000 年。

王乐理著：《政治文化导论》，中国人民大学出版社，2000 年。

王明珂著：《华夏边缘：历史记忆与族群认同》，社会科学文献出版社，2006 年。

王晓波著：《交锋：统独论战三十年》，（台湾）海峡学术出版社，2002 年。

王云五等编：《云五社会科学大辞典普及本（第一册）·社会学》，（台湾）商务印书馆股份有限公司，1971 年。

王振寰著：《谁统治台湾？转型中的国家机器与权力结构》，（台湾）巨流图书有限公司，1996 年。

王振锁著：《战后日本政党政治》，人民出版社，2004 年。

［英］韦伯斯特著，陈一筠译：《发展社会学》，华夏出版社，1987 年。

［美］沃尔特·W. 鲍威尔、保罗·J. 迪马吉奥主编，姚伟译：《组织分析的新制度主义》，上海人民出版社，2008 年。

吴重礼、吴玉山主编：《宪政改革——背景、运作与影响》，（台湾）五南图书出版股份有限公司，2006 年。

［美］西达·斯考切波著，何俊志、王学东等译：《国家与社会革命》，上海世纪出版集团，2007 年。

［美］西摩·马丁·李普塞特著，张华青等译：《一致与冲突》，上海人民出版社，1995 年。

夏潮基金会编：《中国意识与台湾意识》，（台湾）海峡学术出版社，1999 年。

萧新煌著：《变迁中台湾社会的中产阶级》，（台湾）巨流图书出版公司，1993 年。

辛鸣著：《制度论》，人民出版社，2005 年 10 月。

徐博东著：《透析台湾民进党》，台海出版社，2003 年 7 月。

徐万胜著：《日本自民党：一党优位制研究》，天津人民出版社，2004 年。

徐万胜著：《日本政治与对外关系》，人民出版社，2006 年。

许崇德等编：《宪法》，中国人民大学出版社，2007 年。

许介鳞著：《李登辉与台湾政治》，社会科学文献出版社，2002 年。

许倬云著：《从历史看时代转移：在台湾洪建全基金会的系列演讲》，广西师范大学出版社，2007 年。

［英］亚当·库珀、杰西卡·库珀编，复旦大学译：《社会科学百科全书》，上海译文出版社，1989 年 2 月。

［古希腊］亚里士多德著，颜一等译：《政治学》，中国人民大学出版社，2003 年。

[美] 亚当·普沃斯基著，郦青、张燕等译：《国家与市场：政治经济学入门》，上海出版集团·格致出版社，2009 年。

[美] 亚当·普沃斯基著，包雅均、刘忠瑞等译：《民主与市场——东欧与拉丁美洲的政治经济改革》，北京大学出版社，2005 年。

严强、魏姝主编：《社会发展理论——发展中国家视角》，南京大学出版社，2005 年。

晏扬清著：《中华民国宪法》，（台湾）高立图书有限公司，2008 年。

杨光斌著：《制度变迁与国家治理》，人民出版社，2006 年。

杨毅周著：《民进党的组织派系研究》，九州出版社，2004 年。

姚建宗著：《法律与发展研究导论：以经济与政治发展为中心的考察》，吉林大学出版社，1998 年。

殷海光著：《中国文化的展望》，上海三联书店，2002 年。

殷海光基金会主编：《民主·转型？台湾现象》，（台湾）桂冠图书股份有限公司，1998 年。

俞国良著：《社会心理学》，北京师范大学出版社，2006 年。

于国钦著：《巨变中的台湾经济》，（台湾）商讯文化事业股份有限公司，2006 年。

俞可平著：《治理与善治》，社会科学文献出版社，2000 年。

虞义辉著：《台湾意识的多面向》，（台湾）黎明文化事业股份有限公司，2001 年。

于宗先著：《浴火中的台湾经济》，（台湾）五南图书出版股份有限公司，2002 年。

袁锐锷著：《外国教育史新编》，广东高等教育出版社，2006 年。

[美] 约瑟夫·S. 奈（Josehp S. Nye Jr.）著，门洪华译：《硬权力与软权力》，北京大学出版社，2005 年。

[美] 约瑟夫·熊彼特著，吴良健译：《资本主义、社会主义与民主》，商务印书馆，1999 年。

曾思育编著：《环境管理与环境社会科学研究方法》，清华大学出版社，2004 年。

张德胜著：《儒家伦理与秩序情结——中国思想的社会学诠释》，（台湾）巨流图书公司，1989 年。

张凤阳等著：《政治哲学关键词》，江苏人民出版社，2006 年。

张京媛编：《后殖民理论与文化认同》，（台湾）麦田出版，1995 年。

张连月著：《政党执政纲鉴》，中央文献出版社，2006 年。

张茂桂、郑永年主编：《两岸社会运动分析》，（台湾）新自然主义股份有限公司，2003 年。

张沱生、［美］史文主编：《对抗 · 博弈 · 合作：中美安全危机管理案例分析》，世界知识出版社。

张小劲、景跃进著：《比较政治学导论》，中国人民大学出版社，2001 年。

张亚中：《全球化与两岸统合》，（台湾）联经出版事业股份有限公司，2003 年。

赵勇著：《台湾政治转型与分离倾向》，中央编译出版社，2008 年。

郑翰林编译：《传播理论简明辞典》，（台湾）风云论坛出版社有限公司，2003 年。

郑海麟著：《从对抗走向融合》，（香港）明报出版社，2002 年。

中共中央党校哲学教研部编：《邓小平发展理论与当代中国社会矛盾》，中共中央党校出版社，1999 年。

中国社会科学院民族研究所编：《民族学译文集 3》，中国社会科学出版社，1991 年。

中国社会科学院台湾研究所编：《台湾研究年度报告 · 2000 年》，时事出版社，2001 年。

周育仁著：《政治学新论》，（台湾）翰芦图书出版有限公司，2003 年。

［日］猪口孝著，高增杰译：《国家与社会》，经济日报出版社，1989 年。

朱敬一主编：《ECFA：开创两岸互利双赢新局面》，（台湾）财团法人两岸交流远景基金会，2009 年。

朱云汉、包宗和主编：《民主转型与经济冲突——90 年代台湾经济发展的困境与挑战》，（台湾）桂冠图书有限公司，2000 年。

（二）论文

蔡英文著：《以新本土观捍卫台湾》，（台湾）《中国时报》，2009 年 3 月 22 日。

陈孔立著:《台湾政治的“省籍—族群—本土化”研究模式》,《台湾研究集刊》, 2002 年 2 期。

陈尧著:《政治研究中的庇护主义——一个分析的范式》,《江苏社会科学》, 2007 年 3 期。

戴宝村著:《玉山地景与台湾认同的发展》, 台湾历史学会编:《国家认同论文集》,(台湾) 稻乡出版社, 2001 年。

戴炜华著:《论行为模式》,《上海理工大学学报》, 2001 年 3 月, 第 23 卷第 1 期。

丁学良著:《从买票看中国的选举文化》,《天涯》, 1999 年 1 期。

傅建中著:《马英九, 最后的希望》,(台湾)《中国时报》, 2009 年 1 月 6 日。

何高潮著:《政治制度与经济发展关系分析: 比较政治学的新视野——评〈民主与发展: 政治制度与各国的福利状况〉》,《管理世界》, 2005 年, 4 期。

黄建军、张千帆著:《论民主政治对市场纠偏和制衡作用》,《理论与改革》, 2005 年 6 期。

简锡堦著:《解构金权, 巩固民主》,(台湾)《台湾民主季刊》, 2008 年 9 月, 第 5 卷第 3 期。

蒋华栋著:《试析毛里求斯议会民主制对国内经济发展的影响》,《西亚非洲(月刊)》, 2006 年第 6 期。

金东日著:《韩国民主化过程论析》,《南开学报(哲学社会科学版)》, 2003 年 5 期。

金耀基著:《台湾的个案研究——后儒学文化》,(香港)《二十一世纪》, 1993 年 6 月号, 总第 17 期。

李丁赞著:《民主社会如何可能? 二十年台湾经验的反省》,《思想》第 11 辑:《民主社会如何可能》,(台湾) 联经出版事业股份有限公司, 2009 年。

李凯、李永洪著:《东亚民主化过程比较分析——以日本、韩国和中国台湾为比较对象》,《科学社会主义》, 2009 年第 2 期。

李素华著:《日本民主党兴起的政治社会基础》,《当代亚太》, 2007 年, 10 期。

梁文杰著:《郭冠英与族群平等法: 谈外省族群的政治策略》,《思想》第 12 辑:《族群平等与议论自由》,(台湾) 联经出版事业股份有限公司, 2009 年 6 月。

廖俊松等著:《地方政府行政治理能力之个案评估研究: 以南投县九二一灾后

生活重建为例》，（台湾）“行政院研究发展考核委员会”编印，2000年。

林佳龙著：《威权侍从政体下的台湾反对运动》，（台湾）《台湾社会研究季刊》，1989年春季号。

林劲、聂学林著：《民进党基层经营初探》，见周志怀主编：《台湾研究优秀成果获奖论文汇编》，九州出版社，2009年。

林震著：《论韩国民主化进程中的地域冲突问题》，《东北亚论坛》，第13卷第2期，2004年3月。

刘坚、程力著，《语境控制理论的跨文化传播意义》，《东北师大学报（哲学社会科学版）》，2007年4期。

彭汶坚著：《国民党属性的变迁与当前台湾的政治发展——十四全大会的反省与评估》，（台湾）成功大学社会科学学报，2003年12月，第6期。

秦亚青著：《建构主义：思想渊源、理论流派与学术理念》，《国际政治研究》，2006年第3期。

盛治仁著：《单一选区两票制对未来台湾政党政治发展之可能影响探讨》，（台湾）《台湾民主季刊》，2006年6月，第三卷第二期。

施正锋著：《台湾人的国家认同》，台湾历史学会编：《国家认同论文集》，（台湾）稻乡出版社，2001年，153页。

孙立平著：《异质性社会·政治整合·政治稳定》，《学习与探索》，1990年，第6期。

汤志杰著：《民主社会的结构可能性条件》，《思想》第11辑：《民主社会如何可能?》，（台湾）联经出版事业股份有限公司，2009年。

文勇、吴丛环著：《过渡与超越：韩俄政治民主化进程的比较分析》，《今日东欧中亚》，1998年第4期。

徐晓萍著：《台湾的族群问题与“台独”势力的政治利用》，《中央民族大学学报》，2006年6期。

徐珣著：《早期政治发展理论流脉及其价值探讨》，《江南大学学报（人文社会科学版）》，2008年5期。

杨光斌著：《政治冷漠论》，《中国人民大学学报》，1995年3期。

杨光斌著：《制度范式：一种研究中国政治变迁的途径》，《中国人民大学学报》，2003年3期。

杨洪常：《政治发展还是政治衰退：政治腐败的效应之争》，（台湾）《政治科学论丛》，2000 年 6 月，12 期。

杨剑著：《领袖心理、公众情绪和敌意的社会习得——李登辉现象的挫折攻击理论分析》，《台湾研究集刊》，2001 年 4 期。

杨剑著：《台湾政党政治与中间选民》，《世界政治与经济论坛》，2004 年 2 期。

杨先保著：《北洋军阀与政治衰朽》，《湖北大学学报（哲学社会科学版）》，2006 年 5 月，第 33 卷第 3 期。

易小明著：《差异语境下的马克思文本阅读》，《湘潭大学学报（哲学社会科学版）》，2007 年 5 月，第 31 卷第 3 期。

［韩］尹益洙著：《韩国由权威主义向政治民主化转型的回顾与思考》，《江苏社会科学》，2001 年 3 期。

于建福著：《儒家文化教育传统对"儒家文化圈"的影响》，《教育研究》，2005 年 4 期。

俞可平著：《民主是个好东西》，《书摘》，2007 年 3 月。

王菲易著：《地域主义与韩国民主化转型：一种过程分析》，《当代韩国》，2008 年夏季号。

王华著：《政治民主与经济绩效——印度发展模式考察》，《华东师范大学学报（哲学社会科学版）》，2003 年 3 月，第 39 卷第 2 期。

王业立、罗伟元著：《台湾的宪政发展与展望》，见《台湾——越南行政革新国际学术研讨会论文集》，（台湾）中山大学中山学术研究所主办，2005 年 5 月 20 日—21 日。

王瑜著：《日本自民党"一党优位制"的终结》，《当代世界与社会主义》（双月刊），2005 年第 3 期。

吴昊著：《语境是什么?》，《求索》，2007 年 12 期。

吴乃德著：《自由主义和族群认同：搜寻台湾民族主义的意识形态基础》，（台湾）《台湾政治学刊》，1996 年 7 月。

张伯玉著：《日本民主模式及政党制形态转变的可能性与不确定性》，《日本学刊》，2009 年 6 期。

张铁志著：《台湾新民主的诅咒？——金权政治与社会不平等》，《思想》第七辑：《解严以来：二十年目睹之台湾》，（台湾）联经出版事业股份有限公司。

赵世瑜著:《文本、文类、语境与历史重构》,《清华大学学报(哲学社会科学版)》,2008 年 1 期。

赵永茂著:《地方派系与选举之关系:一个概念架构的分析》,(台湾)《中山社会科学季刊》,1989 年,第 4 卷 3 期。

朱艳圣著:《不寻常的民主——自民党单一政党统治与日本式民主》,《当代世界与社会主义》(双月刊),2003 年第 5 期。

朱云汉著:《对民主与市场的反思——一个政治学者的沉痛思考》,《思想》第 3 辑:《天下、东亚、台湾》,(台湾)联经出版事业股份有限公司,2006 年。

二、外文

(一)专著

A · Downs, "An Economic Theory of Democracy", Harper & Row, New York, 1957.

Amiya Kumar Bagchi, "Democracy and Development", Macmillan Press LTD, London, 1995.

Arthur Rosett, Lucie Cheng and Margaret Y. K. Woo, " Asian Law – Universal Norms and Local Cultures", RoutledgeCurzon, London, 2003.

B. C. Smith, " Good Governance and Development", Palgrave Macmillan, New York, 2007.

Bruce. J. Dickson, "Democratization in China and Taiwan: The Adaptability of Leninist Parties", Clarendon Press, Oxford, 1997.

Bruce J. Dickson and Chien-min Chao, " Assessing the Lee Tenghui Legacy in Taiwan's Politics", M. E. Sharpe, Inc. , New York, 2002.

Gray D. Rawnsley and Ming – Yeh T. Rawnsley, "Political Communications in Greater China: the Construction and Reflection of Identity ", RoutlidgeCurzon, New York, 2003.

Hung-mao Tien, "The Great Transition: Political and Social Change in The Republic of China", Hoover Institution Press, California, 1989.

I Yuan, "Cross – Strait at the Turning Point: Institution, Identity and Democracy",

Institute of International Relations National Chengchi University, 2008.

J. G. A. Pocock, "The Machiavellian Moment", Princeton University Press, Princeton, 1975.

John F. Copper, "Taiwan in Troubled Times", World Scientific Publishing Co. Pte. Ltd. , Singapore, 2002.

Kwame Appiah, Henry Louis Gates, Jr. , "Identities", the University of Chicago Press, Chicago, 1995.

Li-min Hsueh, Chen-kuo Hsu, and Dwight H. Perkins, "Industrialization and The State: The Changing Role of The Taiwan Government in the Economy, 1945 - 1998", Harvard University Press, 2001.

Lowell Dittmer, Haruhiro Fukui, Peter N. S. Lee, "Informal Politics in East Asia", Cambridge University Press, Cambridge, 2000.

M. Shahid Alam, "Governments and Markets in Economic Development Strategies: Lessons from Korea, Taiwan, and Japan", Praeger Publishers, New York, 1989.

Martin C. Needler, "Political Development in Latin American", Random House, 1968.

Myron Weiner, Samuel P. Hungington, "Understanding Political Development", Little, Brown and Company, Boston Toronto, 1987.

Natalia Dinello, Vladimir Popov, "Political Institutions and Development", Edward Elgar Publishing, Inc. , Massachusetts, 2007.

Nigel Parsons, "The Political of the Palestinian Authority: From Oslo to al - Aqsa", Routledge Taylor and Francis Group, New York and London, 2005.

Philip Paolino and James Meernik, "Democratization in Taiwan: challenges in transformation", Ashgate, 2008.

Robert A. Dahl, "Who Governs? Democracy and Power in an American City", Yale University Press, New Haven, 1961.

S. N. Eisenstadt, "European Civilization in a Comparative Perspective: A Study in the Relations Between Culture and Social Structure", Norwegian University Press, Oxford, 1987.

S. N. Eisenstadt, "Patterns of Modernity Volume Ⅱ: Beyond the West", France

Pinter, London, 1987.

Strphen P. Gibert, William M. Carpenter, "America and Island China: A Documentary History", University Press of America, Inc. , 1989.

Susan J. Henders, "Democratization and Identity: Regimes and Ethnicity in East and Southeast Asia", Lexington Books, 2004.

Thomas W. Robinson, "Democracy and Development in East Asia: Taiwan, South Korea, and the Philippines", the Aei Press, Publisher for the American Enterprise Institute, Washington, D. C. , 1991.

Willem Van Kemenade, "China, Hong Kong, Taiwna, Inc. ", Alfred A. Knopf, New York, 1997.

（二）论文

Carole Pateman, "Political Culture, Political Structure and Political Change", British Journal of Political Science, Vol. 1, No. 3 (Jul. , 1971).

Chilik Yu, Chun - Ming Chen, Wen - Jong Juang and Lung - Teng Hu, "Does democracy breed integrity? Corruption in Taiwan during the democratic transformation period", Crime, Law and Social Change, 2008 Vol. 49 NO. 3.

Egil Fossum, "Political Development and Strategies for Change", Journal of Peace Research, Vol. 7, No. 1 (1970).

Gabriel A. Almond, "A Developmental Approach to Political Systems", World Politics, Vol. 17, No. 2 (Jan. , 1965).

Gerald J. Bender, "Political Socialization and Political Change", The Western Political Quarterly, Vol. 20, No. 2, Part 1 (Jun. , 1967).

Harry Eckstein, "A Culturalist Theory of Political Change", The American Political Science Review, Vol. 82, No. 3 (Sep. , 1988).

Henry C. Hart, "The Indian Constitution: Political Development and Decay", Asian Survey, Vol. 20, No. 4 (Apr. , 1980).

Herbert S. Yee, "Review: (untitled), Reviewed work (s): Governing Hong Kong: Legitimacy, Communication and Political Decay by Lo Shiu-hing", The China Quarterly, No. 172 (Dec. , 2002).

J. S. Nye, "Corruption and Political Development: A Cost - Benefit Analysis", The American Political Science Review, Vol. 61, No. 2 (Jun., 1967).

James C. Scott, "Patron - Client Politics and Political Change in Southeast Asia", The American Political Science Review, Vol. 66, No. 1 (Mar., 1972).

John R. Gillis, "Political Decay and the European Revolutions, 1789 - 1848", World Politics, Vol. 22, No. 3 (Apr., 1970).

Kempe Ronald Hope, Sr., "Development Solutions for Africa: The Need for Policy Reform and Good Governance, Issue: A Journal of Opinion", Vol. 25, No. 1, Commentaries in African Studies: Essays about African Social Change and the Meaning of Our Professional Work (1997).

L. P. Singh, "Political Development or Political Decay in India?", Pacific Affairs, Vol. 44, No. 1 (Spring, 1971).

Lucian W. Pye, "Introduction: Political Culture and Political Development," in Lucian W. Pye and Sidney Verba, eds., Political Culture and Political Development, Princeton University Press, 1965.

Mark E. Warren, "What Does Corruption Mean in a Democracy?" American Journal of Political Science, Vol. 48, No. 2 (Apr., 2004).

Michael MacKuen and Courtney Brown, "Political Context and Attitude Change", The American Political Science Review, Vol. 81, No. 2 (Jun., 1987).

Neil DeVotta, "Control Democracy, Institutional Decay, and the Quest for Eelam: Explaining Ethnic Conflict", Pacific Affairs, Vol. 73, No. 1 (Spring, 2000).

Omar Azfar, Young Lee, "Anand Swamy, The Causes and Consequences of Corruption", Annals of the American Academy of Political and Social Science, Vol. 573, Culture and Development: International Perspectives (Jan., 2001).

Pranab Bardhan, "Corruption and Development: A Review of Issues", Journal of Economic Literature, Vol. 35, No. 3 (Sep., 1997).

R. Hal Williams, "Review: (untitled), Reviewed work (s): The Politics of Disintegration: Political Party Decay in the United States, 1840 to 1900. by Garland A. Haas", The Journal of American History, Vol. 82, No. 2 (Sep., 1995).

Robert C. Lieberman, "Ideas, Institutions, and Political Order: Explaining Political

Change", The American Political Science Review, Vol. 96, No. 4 (Dec., 2002).

Robert W. T. Martin, "Context and Contradiction: Toward a Political Theory of Conceptual Change", Political Research Quarterly, Vol. 50, No. 2 (Jun., 1997).

Samuel Decalo, "Regionalism, Political Decay, and Civil Strife in Chad", The Journal of Modern African Studies, Vol. 18, No. 1 (Mar., 1980).

Samuel P. Huntington, "Democracy for the Long Haul". Journal of Democracy, Vol. 7, No. 2 (April 1996).

Samuel P. Huntington, "Political Development and Political Decay", World Politics, Vol. 17, No. 3 (Apr., 1965).

Sarah Joseph, "Democratic Good Governance: New Agenda for Change", Economic and Political Weekly, Vol. 36, No. 12 (Mar. 24-30, 2001).

Sumit Ganguly, "Explaining the Kashmir Insurgency: Political Mobilization and Institutional Decay", International Security, Vol. 21, No. 2 (Autumn, 1996).

Terry Lynn Karl, "Dilemmas of Democratization in Latin America", Comparative Politics, Vol. 23, No. 1 (Oct., 1990).

后　记

这本书是在我博士论文的基础上修改而成，算是对博士期间工作学习生活的一个交代。人大三年，不经意间流过，等到意识到时光飞逝，回过头来想仔细整理一下思绪的时候，毕业却已经如期而至。这篇文稿就是博士生活阶段的一个句点。在本书付梓之际，总想在文章的结尾留下一些文字，对这篇文稿的缘起和写作过程作个简单交代，更要对那些曾经帮助过自己的人表达谢意。

文章的选题来源于一次聊天引发的思考。记得是在2009年初与黄嘉树老师的一次谈话中提及亨廷顿的政治发展理论，提到了亨氏对政治衰退问题的关注。同时，台湾社会自2000年民进党上台以后在政治变迁过程中出现了比较典型的政治衰退现象，而学界在当时并没有对这些现象展开比较系统的理论反思。这次聊天之后形成了论文的选题：以台湾为典型个案，并与日本、韩国及新加坡等儒家文化圈内的国家和地区民主化过程的经验进行比较分析，针对民主化过程中出现的政治衰退问题展开探讨。本文当初设定的目标是在长时段的视阈中，对政治发展理论进行重新检视。于是我开始围绕着台湾民主化过程中出现的政治衰退问题为中心搜集资料。在此后一年多的时间里，经过与老师不断交流，文章的框架日益清晰，数易其稿后最终形成了目前的文本。

事物都有两面性，民主化也不例外。从世界范围内的经验来看，民主化在带来政治发展的同时，也有可能带来政治衰退。学界在研究民主化过程的时候，往往对于政治发展关注较多，对政治衰退却关注较少。事实上，政治衰退的基本样态决定了民主化的最终结果，也是决定民主化以后能否实现良好社会治理的决定性因素。

政治衰退概念的内涵主要有两个方面：（一）从功能角度说，主要指系统功能弱化和治理能力丧失，最极端的结果就是政治失序和政治系统崩溃；（二）从结构角度说，民主化过程中的政治衰退主要由政治制度动荡、社会结构变迁、政治文化改变等三个方面原因引起。相应地，政治衰退程度的具体测量标准主要有：权力制衡、社会共识建构、政治参与扩大及其影响、民主化对经济发展的影响、行政效率变化、政治腐败控制等六个方面。

台湾在半个多世纪的民主化进程中，实现了一定程度的政治发展，这是毋庸置疑的。但是同时也应该注意到，台湾在政治变迁过程中也出现了某种程度的政治衰退，这些政治衰退已经制度化并对台湾政治产生了既深且巨的影响。概括起来说主要有：一定程度上的权力制衡失灵、行政效率下降、社会分歧严重、族群撕裂和政治对立长期存在、政治腐败难以控制等。这些政治衰退经过了民主化进程，已经完成了制度化过程，成为台湾政治系统的组成部分。也正是因为如此，政治衰退成为影响台湾政治发展与社会治理的长期因素。

民主化是一个过程，主要内容是社会治理模式的改变。在民主化过程中，社会统合模式由刚性向柔性转变。这一过程可以归纳为两个面向上的调整：一是权力格局的重构，二是以意识形态重新调整为中心的价值分配格局重构。以此而言，台湾的政治变迁一方面表现为以政治利益分配为中心的权力分配格局重构，另一方面则表现为意识形态方面“台湾主体意识”的建构和统“独”意识的斗争。社会治理模式的柔性化导致民间力量在政治决策中地位上升，同时也为政治衰退程度加深和影响扩大提供了空间。

一个国家或地区的政治衰退基本样态与该地区的文化背景关系密切。在政治学理论研究中，这本来应该是一个不言自明的前提，但是在目前西方范式和概念仍为学术研究主流话语的情况下，能够做到依据在地情境进行分析并不是一件容易的事情。在对政治衰退问题进行分析时，确实可以看到文化传统产生的足以左右政治变迁方向的巨大影响。具体来说，文化是行为习惯的反映，是行为模式的集合。同质性的文化可能产生相似的行为模式，也可以产生相似的政治衰退现象。中国台湾地区、韩国、日本在民主化过程中，“恩庇—侍从”体制不但没有遭到削弱，反而得到强化，就是一个例子。这也从另外一个侧面说明语境分析在民主化理论建构与分析中的基础性作用。

以台湾的经验来看，民主化过程也是政治变迁制度化的过程，这一过程包含了政治发展和政治衰退的制度化。经过制度化的政治衰退成为政治系统的一个重要组成部分。以此而言，政治变迁是政治发展和政治衰退共同推进、互相影响的结果。两者形成的综合性结果决定了社会治理的品质。政治发展占主导地位的社会，会形成良治，否则可能导致低度治理或者是政治系统崩溃的结局。

当然，文章写完了并不意味着对政治衰退问题的理解有多深入。回过头来看，当初设定的对政治发展理论进行重新检视的目标仿佛仍在云端，遥不可及。在写作的过程中，随着思考范围的拓展，发现的问题也越来越多。民主化、政治发展、政治衰退、政治变迁等概念互相交缠，形成了复杂的概念谱系。清理这些概念的联系与区别，殊非易事。此外，政治衰退是世界范围内民主化国家和地区的普遍现象，但是由于各种限制，本文只能以中国台湾地区和东亚的日本、韩国为个案展开分析，无法对其他国家和地区进行更广泛的探讨。因此，不能不说本文是带着诸多遗憾杀青的。但是从另外一个层面上说，这些问题的存在也正说明了政治衰退研究题域的广阔，还有许多可以探讨的区域留待未来去开拓。

文章写作过程中得到人大许多老师的指导和点拨，受益良多。黄嘉树老师为这篇文章付出了大量心力，从选题到定稿，老师不断提出修改意见，为本文最后成稿做了许多细致工作。国际关系学院的周淑真老师、杨光斌老师、王续添老师、王英津老师、林红老师都曾经提供过启发性思考，在此深表谢忱。

人大三年的求学生涯，并非一篇毕业论文所能概括。三年来我的最大收获就是通过学习，思维方式发生了较大改变，老师们给我的思维训练是一笔巨大的财富。黄嘉树老师经常对我们说的话："建构自己的理论，解决本土的问题"，可以说凝聚了他多年治学的实践精华，对我思维方式改变起到了直接推动作用。此外，三年中，必修课之外，我旁听了杨光斌老师和周淑真老师的课，也经常到法学院、社会人口学院去旁听，与社会与人口学院的刘爽老师、法学院许崇德老师都有过交流。这些老师向我展示了开阔的研究视野、严格的学术思维、敏锐的问题意识和强烈的人文关怀，从他们那里领受到的人文情怀和社会科学方法训练将会使我受益终生。几度东风，几度飞花，斯时渐远，余意悠悠。中国人民大学对我而言，已经不仅仅是生命中的一个驿站，而是一个难以割离的组成部分了。

军事科学院王卫星研究员、白光炜研究员、《人民日报海外版》高级编辑郑固固老师、国务院台办孙升亮研究员、中华文化发展促进会郑剑研究员、中国社会科学院台湾研究所王建民研究员、对外经贸大学竞争法研究中心博士后相靖小姐、北京联合大学台湾研究院徐博东教授、刘红教授、谭文丛副院长、陈文寿教授、朱松岭教授、刘文忠教授、孙玉海副院长等前辈和师友以及台湾研究院的同事们，都为本文的写作或本人在人大的学习提供了许多具体而微的帮助，在此一并表示感谢。同时也感谢北京联合大学台湾研究院为本书提供出版资助。

作者　谨识

2013 年 2 月 30 日

新书简介

“九二共识”文集

本书汇集1992至2012年11月底两岸有关“九二共识”的存证资料，包括亲历香港会谈前后两会磋商和达成“九二共识”过程的权威人士的回忆；重要文件和新闻报道；两岸的权威宣示和阐述；海内外专家学者的研究成果和评论等。

许世铨 杨开煌　主编

定价：49.90元

潮起潮落

本书以纪实性的手法，全面展示了海协会、海基会机制的产生背景和两会成立以来的折冲与共处历史，深入挖掘了台湾各界对两岸关系的复杂反思与抉择过程，揭示了两岸筋骨相连的血脉联系和命运共同体关系。

郑　剑　著

定价：98.00元

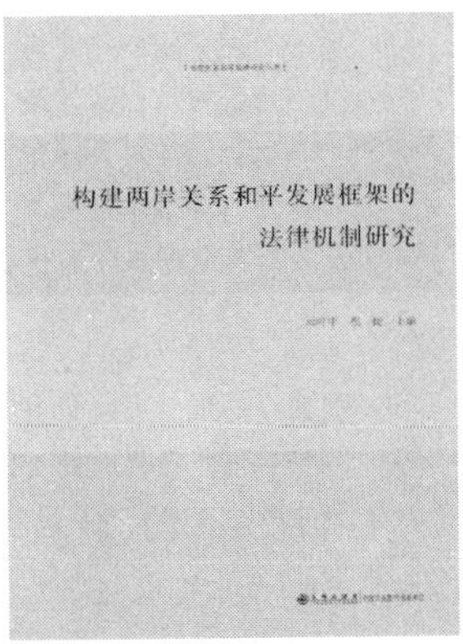

构建两岸关系和平发展框架的法律机制研究

本书以构建两岸和平发展框架的法律机制为研究对象，先从宏观方面论述宪法机制对于构建两岸和平发展框架的意义以及构建该框架的法律障碍和解决机制；进而从微观入手，论述构建行政合作机制及司法协调机制面临的困境。

周叶中　祝　捷　主编

定价：48.00元

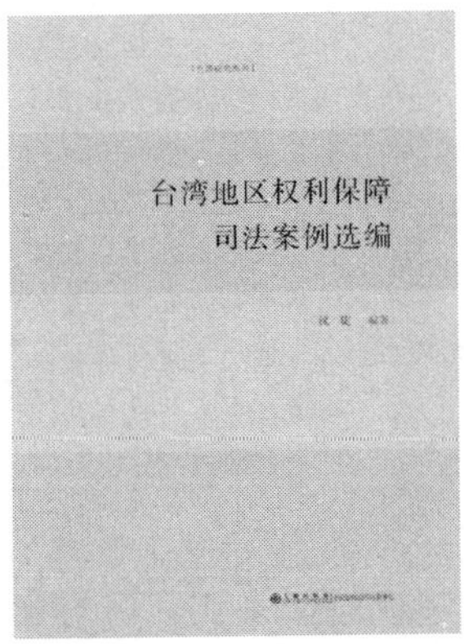

台湾地区权利保障司法案例选编

本书以台湾地区“宪政改革”后“大法官解释”为研究对象，分基本权利保障的总论和基本权利保障的分论两部分，对台湾地区法律制度进行介绍和分析，案例均与台湾地区人民的基本权利息息相关。

祝　捷　编著

定价：60.00元

依法行政与社会治理比较研究

本书共收录第十届海峡法学论坛精品论文50余篇，以“依法行政与社会治理”为主题，就现代中国社会治理模式创新、行政强制与行政处罚制度、行政诉讼及相关司法制度、行政决策与公众参与等问题，进行了深入研究。

张大共　主编

定价：98.00元

《海峡两岸法学研究》（第一辑）

本书为首届两岸和平发展法学论坛的论文集，大陆学者论文和台湾学者论文分别以简体字和繁体字排版，各自分为法治理论、民事法治和刑事法治三部分，既有两岸法治发展的理论分析，也有契合当下两岸事务和经贸往来的具体问题的讨论。

海峡两岸关系法学研究会　编

定价：78.00元

台湾 2012

本书是对 2012 年台湾的全面论述和介绍，包括综述、台湾大事记、祖国大陆对台重要文献和统计资料。深入介绍 2012 年的两岸关系以及台湾社会经济、文学艺术、教育、军事等各方面的情况，并为研究者提供详尽准确的参考资料。

全国台湾研究会　编　　周志怀　主编
定价：68.00元

中央政府赈济台湾文献·清代卷

本书为清政府赈济台湾相关原始文献的史料选编，包含起居注档案、兵部档案、户部档案、奏折等各种文献形式，说明了当时中央政府对台湾的有效管辖和治理，说明了当时台湾与大陆统一于一个中央政府的历史事实。

尹全海等　整理
定价：290.00元

厦台关系史料选编

厦门与台湾一衣带水，在日本殖民统治台湾期间（1895 年台湾被强占直至 1945 年台湾光复），两者关系尤为曲折复杂。该书汇集了这期间的历史档案和国内及厦门本地主要媒体的相关报道，全方位地展现了厦台关系的方方面面。

陈小冲　主编
定价：82.00元

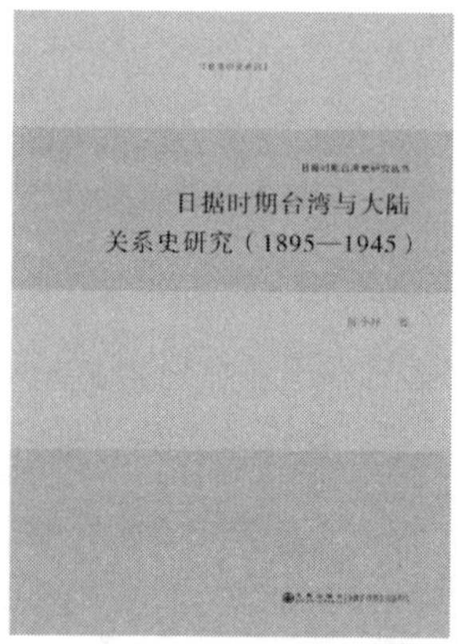

日据时期台湾与大陆关系史研究（1895-1945）

本书针对前期研究偏向于台湾义勇队、台湾籍民的状况，增加日据时期两岸人员往来、经贸联系、文化交流等的探讨；还搜集原始档案、报章杂志等罕见史料，展现了台湾与大陆关系在殖民当局隔离政策夹缝中的生存和发展。

陈小冲　著
定价：42.00元

根在中原：闽台大姓氏探源

本书以台湾陈、黄、林、郑、杨、王、蔡、张、刘、李十大姓为研究对象，利用正史、族谱及个人回忆录等史料，梳理了中原移民入闽迁台的史实，探寻前人辗转迁移的社会、历史原因，以追根寻源，了解祖先的生活历史。

尹全海　孙　炜　主编
定价：298.00元

两岸关系和平发展的巩固与深化

本书选编全国台湾研究会2012年学术研讨会精品论文，收入了台湾问题专家李逸舟、刘国深、杨立宪等的论文50余篇，是有关两岸关系、台湾问题最新、最权威的研究成果。

周志怀　主编
定价：88.00元